财务与会计类应用型创新系列规划教材

Accounting basis

会计基础

主　编　吴福喜
副主编　金　燕　万　迈　王寅秋

ZHEJIANG UNIVERSITY PRESS
浙江大学出版社

图书在版编目(CIP)数据

会计基础 / 吴福喜主编. —杭州:浙江大学出版社,2019.2

ISBN 978-7-308-18980-4

Ⅰ. ①会… Ⅱ. ①吴… Ⅲ. ①会计学—教材 Ⅳ. ①F230

中国版本图书馆 CIP 数据核字(2019)第 031492 号

会计基础

主　编　吴福喜

副主编　金　燕　万　迈　王寅秋

责任编辑　王元新

责任校对　杨利军　汪　潇

封面设计　春天书装

出版发行　浙江大学出版社

　　　　　(杭州市天目山路 148 号　邮政编码 310007)

　　　　　(网址:http://www.zjupress.com)

排　　版　杭州中大图文设计有限公司

印　　刷　杭州高腾印务有限公司

开　　本　787mm×1092mm　1/16

印　　张　20

字　　数　518 千

版 印 次　2019 年 2 月第 1 版　2019 年 2 月第 1 次印刷

书　　号　ISBN 978-7-308-18980-4

定　　价　48.00 元

高校的会计教学通常从"会计学原理"或者"会计基础"课程起步,后续通过"财务会计"或"中级财务会计""高级财务会计"课程走得更深与更广。在内容的选择和结构安排上,《会计学原理》和《会计基础》教材与国外同类教材一样,通常都采用了与经典的"会计理论"著作相似的框架体系。这种状况一直没有太大的改变。

教材的框架体系能够确立,并且长期维持不变,必然有其合理性。大部分《会计学原理》和《会计基础》教材多年来一直采用上述的框架体系,其至少有以下两个优点:

第一,"会计学原理"或者"会计基础"课程是提供给会计初学者的,因此将会计的原理进行透彻的阐述,有利于学生理解会计运动规律,打好基础。

第二,《会计学原理》和《会计基础》教材虽然在内容和结构上与经典的"会计理论"著作相似,但内容比较简单和浅显,以工具直观反映会计原理和运动规律,如 T 账户等。

然而,随着社会变迁、新技术的运用和高等教育的改革,学生的学习方式和学习状态正在发生根本性的变化。传统的教材和教法正面临挑战。《会计学原理》和《会计基础》教材现有框架体系的不足也逐渐显现,具体如下:

第一,会计的准则、要素、记账方法等,对于初学者来说是不容易理解的,而教材整体的逻辑结构偏重于会计理论的直接阐述,这与当前学生"快速学习、逐层深化"的知识获取方式不相适应。

第二,教材内容"原理化"、描述"符号化",与会计实际工作存在较大的差距,学生在完成了课程学习后,有可能仍然无法看懂实际的会计资料。当这些因素相互叠加时,教与学就会受到影响。

由此可见,在学情发生变化的背景下,教材和教法如果不做出适当调整,就不符合"因材施教"原则,就有可能影响教学效果和教学质量。

本教材在内容和结构上,做出了一些调整,主要体现"理实一体化"的特点。

"理",本教材保留了现有教材关于会计理论和会计原理的全部必要内容,在提高可阅读性的同时,不影响必要理论的学习。

"实",是实物、实务和实训的结合,即将会计资料的实物安排在最前面加以介绍,同时,

每一章节都附有会计资料的实物图片,符合"从感性认识上升到理性认识"的认识规律;内容也是强调实务性的。本教材虽然不是一部实训教材,但内容与形式都能够与实训进行同步配套,可以实现"学中做、做中学"的学习方式。

同时,本教材每一章都可以通过扫描二维码,快速链接到有关学习网站,享受会计初级资格考试网络资源,为读者学习提供方便。因此,本教材也可以作为会计入门的教材来使用。

本教材主编浙江树人大学吴福喜老师,具有实际会计工作经历,并且从事会计教学和培训工作多年,在课堂教学、实践教学方面进行了长期的探索,积累了丰富的经验,曾获得首届全国高校微课教学比赛一等奖,也是中国最大的会计网校——中华会计网校签约名师。

本教材在编写之际,就受到不少单位的关注,最终得到了浙江红石梁集团有限公司管理学实践教育基地(2014年浙江省大学生校外实践教育基地建设项目)的资助。相信本教材能为普通本科尤其是应用型经济管理类专业的"会计学原理"或者"会计基础"教育教学带来帮助。我们有理由对本教材的使用效果有所期待。

中国数量经济学会理事

浙江省企业管理研究会副会长

浙江省高等学校教学名师

余克艰　教授

2018 年 10 月

　　本教材由国内会计一线教学专家编写,参考著名出版社推出的会计从业高效立体式学习书籍,独创会计学习"理实一体化"的教学方法,融入会计、实训"1+1"(即"1本教材+1本实训手册"二合一)的教学工具,创新"以实际工作为导向"的"先实践、后理论"的会计理论与实操一体化的学习模式。本教材能让您的会计学习过程更有趣、学习内容更实用、通过考试更简单。

　　本教材是国内会计基础的教学专家与会计实践专家团队共同精心编写的力作,他们从初学者的思路出发,搭建每章的学习结构:本章内容导读、本章基本要求、每章(节)内容情境(案例)导入、知识点提要、知识点演练。这种课前课中课后相结合的学习方式,使学生熟练掌握每个知识点。

　　本教材颠覆传统的编写结构:初学者从认识原始凭证开始学习,通过学习会计的记账方法,进而学会编写记账凭证,再学习登记会计账簿、编写财务报表,同时配套《实训手册》的六个实训项目,这些项目与前述内容环环相扣。这种完全以会计实际工作为导向的"理实一体化"学习模式,不仅帮助学生理解会计理论知识,有利于通过考证,而且帮助学生学习会计真账,提高会计实操能力。

　　本教材由吴福喜任主编。同时感谢财会教研室主任金燕副教授、教研室副主任黄嫦娇副教授和万迈副教授在百忙之中认真完成了本书的审核并提出许多有益的建议。

　　由于我们水平有限,无法使教材尽善尽美,存在缺点和错误在所难免,敬请广大读者提出宝贵意见。

编　者

2018年9月

t 目录
contents

导　言　会计思维导入——会计的概念与目标 ································· 1

第一章　原始凭证 ·· 21
　　第一节　会计凭证概述 ···································· 21
　　第二节　原始凭证的概念、种类和基本内容 ··············· 24
　　第三节　原始凭证的填制和审核 ························· 35
　　【习题一】 ··· 40

第二章　会计的对象、要素、等式、科目 ······················ 42
　　第一节　会计对象 ······································ 42
　　第二节　会计要素 ······································ 44
　　第三节　会计等式 ······································ 53
　　第四节　会计科目与账户 ································ 59
　　【习题二】 ··· 72

第三章　会计记账方法 ·· 77
　　第一节　会计记账方法的种类 ··························· 77
　　第二节　借贷记账法 ···································· 79
　　【习题三】 ··· 92

第四章　借贷记账法下主要经济业务的账务处理 ··············· 95
　　第一节　企业的主要经济业务 ··························· 95
　　第二节　资金筹集业务的账务处理 ······················ 96
　　第三节　固定资产业务的账务处理 ······················ 103
　　第四节　材料采购业务的账务处理 ······················ 112
　　第五节　生产业务的账务处理 ··························· 119
　　第六节　销售业务的账务处理 ··························· 124
　　第七节　期间费用的账务处理 ··························· 130
　　第八节　利润形成与分配业务的账务处理 ················· 134
　　【习题四】 ··· 144

第五章 记账凭证 ································· 151

    第一节 记账凭证的种类和基本内容 ··············· 151

    第二节 记账凭证的填制和审核 ················· 159

    第三节 会计凭证的传递与保管 ················· 166

    【习题五】 ···························· 169

第六章 会计账簿 ································· 171

    第一节 会计账簿概述 ····················· 171

    第二节 会计账簿的启用与登记要求 ·············· 197

    第三节 会计账簿的格式与登记方法 ·············· 201

    第四节 对账与结账 ······················ 209

    第五节 错账查找与更正的方法 ················· 214

    第六节 会计账簿的更换与保管 ················· 219

    【习题六】 ···························· 220

第七章 财产清查 ································· 223

    第一节 财产清查概述 ····················· 223

    第二节 财产清查的方法 ···················· 227

    第三节 财产清查结果的处理 ·················· 232

    【习题七】 ···························· 239

第八章 财务报表 ································· 241

    第一节 财务报表概述 ····················· 241

    第二节 资产负债表 ······················ 249

    第三节 利润表 ························· 263

    【习题八】 ···························· 271

第九章 账务处理程序 ······························ 272

    第一节 账务处理程序概述 ··················· 272

    第二节 记账凭证账务处理程序 ················· 274

    第三节 科目汇总表账务处理程序 ··············· 276

    第四节 汇总记账凭证账务处理程序 ·············· 279

    【习题九】 ···························· 282

第十章 会计基本理论 ······························ 284

    第一节 会计的目标 ······················ 284

    第二节 会计的职能与方法 ··················· 285

    第三节 会计基本假设与会计基础 ··············· 288

    第四节 会计信息的使用者及其质量要求 ··········· 292

    第五节 会计准则体系 ····················· 295

    【习题十】 ···························· 297

习题答案 ···································· 299

导　言
会计思维导入——会计的概念与目标

　　虽说会计是一门商业语言,是政府与企业、企业与企业、企业与个人交流的工具,会计工作,就类似于"翻译",把日常的经济事项用会计的语言表达出来;但是会计具有自己的专业术语,具有自己独特的方法,很多初学者被这些抽象的、难以入门的知识挡在门外。笔者认为,在系统学习会计之前,初学者有必要转换思维,即把自己的思维转化成会计思维,以"会计工作"为导向学习会计,因为对大多数学习者来说,学习会计的主要目的是掌握会计的理论知识并将其应用于实际工作,简言之就是学会做账,所以笔者认为初学者在学习会计知识之前,至少先学习以下两方面的知识。

一、会计的概念与特征

(一)会计的概念

　　《企业会计准则》给出的会计的概念是:会计是以货币为主要计量单位,运用专门的方法,核算和监督一个单位经济活动的一种经济管理工作。单位是国家机关、社会团体、公司、企业、事业单位和其他组织的统称。未特别说明时,本书主要以《企业会计准则》为依据介绍企业经济业务的会计处理。

　　会计已经成为现代企业一项重要的管理工作。企业的会计工作主要是通过一系列会计程序,对企业的经济活动和财务收支进行核算和监督,反映企业财务状况、经营成果和现金流量,反映企业管理层受托责任履行情况,为会计信息使用者提供有用的决策信息,并积极参与经营管理决策,提高企业经济效益,促进市场经济的健康有序发展。

(二)会计的基本特征

　　会计的基本特征如下:

　　(1)会计是一种经济管理活动。会计为企业经济管理提供各种数据资料,而且通过各种方式直接参与经济管理,对企业的经济活动进行核算和监督。此外,会计又不仅仅是管理经济的工具,它本身就具有管理的职能,是人们从事管理的一种活动。

（2）会计是一个以提供财务信息为主的经济信息系统。会计作为一个经济信息系统，将企业经济活动的各种数据转化为货币化的会计信息，这些信息是企业内部管理者和外部利益相关者进行相关经济决策的重要依据。

（3）会计以货币作为主要计量单位。货币是商品的一般等价物，是衡量一般商品价值的共同尺度，具有价值尺度、流通手段、储藏手段和支付手段等特点。

在会计的确认、计量和报告过程中，选择货币作为基础进行计量是由货币的本身属性决定的。经济活动中通常使用劳动计量单位、实物计量单位和货币计量单位三种计量单位。重量、长度、容积、台、件等计量单位只能从一个侧面反映企业的生产经营情况，无法在量上进行汇总和比较，不便于会计计量和经营管理。只有选择货币尺度进行计量，才能充分反映企业的生产经营情况。所以，《企业会计准则》规定，会计确认、计量和报告应选择货币作为计量单位。

（4）会计具有核算和监督的基本职能。

会计的职能是指会计在经济管理活动中所具有的功能。

会计的基本职能表现在两个方面：①进行会计核算。通过确认、计量、记录、报告，从数量上反映各单位已经发生或完成的经济活动，为经营管理提供会计信息。②实施会计监督。按照一定的目的和要求，利用提供的会计信息，对各单位的经济活动进行控制，使之达到预期目标。

（5）会计采用一系列专门的方法。会计方法是用来核算和监督会计对象，实现会计目标的手段。会计方法具体包括会计核算方法、会计分析方法和会计检查方法等。其中，会计核算方法是最基本的方法。会计分析方法和会计检查方法等主要是在会计核算方法的基础上，利用提供的会计资料进行分析和检查所使用的方法。这些方法相互依存、相辅相成，形成了一套完整的方法体系。

（三）会计的发展历程

会计是随着人类社会生产的发展和经济管理的需要而产生、发展并不断得到完善的。其中，会计的发展可划分为古代会计、近代会计和现代会计三个阶段。

现代会计按服务对象不同，主要分为财务会计和管理会计。

经济越发展，会计越重要。经济全球化促进了会计国际化。随着计算机、网络、通信等先进信息技术与传统会计工作的融合，会计信息化不断发展，为企业经营管理、控制决策和经济运行提供了实时、全方位的信息。

（四）实际会计工作人员的理解

看完会计的概念及特征，初学者会觉得非常抽象，用时髦的话说就是非常"高大上"，不能真正掌握会计概念的内涵。

一般，在企业工作的财务经理和会计人员对会计的理解是：

会计＝会计工作＋会计方法＋管理思维

会计是一项工作。会计人员在工作时，在遵守会计准则的前提下，运用专业的会计方法，**记录**、**监管**好本企业资金的来龙去脉，即**"钱从哪里来，用到哪里去"**；为了使财务工作做得更好,还必须从财务管理的思维来开展工作。

二、会计的工作流程

简单地说,会计的工作流程就是三个字:证、账、表,如图 0-1 所示。

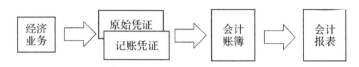

经济业务 ⇨ 原始凭证 记账凭证 ⇨ 会计账簿 ⇨ 会计报表

图 0-1 会计工作流程

(一)证

证是指会计凭证,包括原始凭证和记账凭证。

管理人员吴星出差期间取得的高铁票(见图 0-2)、住宿发票(见图 0-3)、餐饮发票(见图 0-4)等都属于原始凭证。

图 0-2 高铁车票

图 0-3　住宿发票

图 0-4　餐饮发票

　　王玲出差回来填写差旅费报销单(见图 0-5),将本次出差的各种发票、车票等原始凭证粘贴在差旅费报销单后面,经过相关负责人签字后到财务部门办理报销手续,会计人员根据审核无误的原始票据填写记账凭证(见图 0-6)。

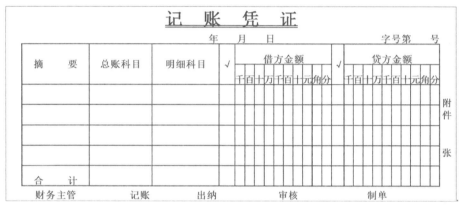

差旅费报销单

2019 年 01月 23日　　　　单据及附件共4 张

所属部门	销售部	姓名	吴星	出差事由	推介产品

出发		到达		起止地点	交通费	住宿费	伙食费	其他
月	日	月	日					
01	02	01	03	杭州—北京—杭州	1600.00	300.00	200.00	
							现金付讫	
合计	大写金额：贰仟壹佰元整			￥2100.00	预支旅费	3,000.00	退回金额	900.00
							补付金额	

总经理：　财务经理：张丽　会计：张雯　出纳：　部门经理：　报销人：吴星

图 0-5　差旅费报销单

记　账　凭　证

年　月　日　　　　字号第　号

摘　要	总账科目	明细科目	√	借方金额										√	贷方金额									
				千	百	十	万	千	百	十	元	角	分		千	百	十	万	千	百	十	元	角	分
合　计																								

附件　张

财务主管　记账　出纳　审核　制单

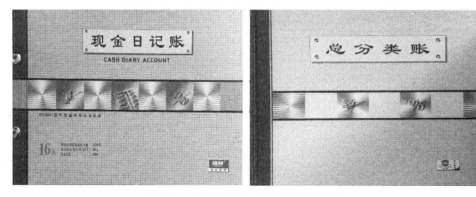

图 0-6　记账凭证

（二）账

账即账簿，每个单位的账簿至少包括：由会计登记的总分类账和明细分类账、由出纳登记的库存现金日记账和银行存款日记账，有的单位还要登记备查账。本例中，会计要登记“管理费用”的总分类账、“管理费用—差旅费”的明细分类账和“库存现金”的总分类账，出纳要登记库存现金的日记账。账本封面和账页样式如图 0-7、图 0-8 和图 0-9 所示。

图 0-7　现金日记账、总分类账封面样式

现金日记账

第 页

年		凭证		摘要	借方								贷方								借或贷	余额								核对
月	日	种类	号数		亿	千	百	十	万	千	百	十	元	角	分	亿	千	百	十	万	千	百	十	元	角	分		亿千百十万千百十元角分	

图 0-8 现金日记账账页样式

总 分 类 账

第 页

年		凭证		摘要	借方								贷方								借或贷	余额								核对
月	日	种类	号数		亿	千	百	十	万	千	百	十	元	角	分	亿	千	百	十	万	千	百	十	元	角	分		亿千百十万千百十元角分	

图 0-9 总分类账账页样式

（三）表

表即会计报表，企业常用的报表有资产负债表、利润表、现金流量表和所有者权益变动表。资产负债表和利润表如表 0-1 和表 0-2 所示。

表 0-1 资产负债表

会企 01 表

编制单位：　　　　　　　　　　　年　月　日　　　　　　　　　　　单位：元

资　　产	期末余额	年初余额	负债和所有者权益（或股东权益）	期末余额	年初余额
流动资产：			**流动负债：**		
货币资金			短期借款		
交易性金融资产			交易性金融负债		
衍生金融资产			衍生金融负债		
应收票据及应收账款			应付票据及应付账款		
预付款项			预收款项		
其他应收款			合同负债		
存货			应付职工薪酬		

会计思维导入——会计的概念与目标

续表

资　　产	期末余额	年初余额	负债和所有者权益 （或股东权益）	期末余额	年初余额
合同资产			应交税费		
持有待售资产			其他应付款		
一年内到期的非流动资产			持有待售负债		
其他流动资产			一年内到期的非流动负债		
流动资产合计			其他流动负债		
非流动资产：			**流动负债合计**		
债权投资			**非流动负债：**		
其他债权投资			长期借款		
长期应收款			应付债券		
长期股权投资			其中：优先股		
其他权益工具投资			永续债		
其他非流动金融资产			长期应付款		
投资性房地产			预计负债		
固定资产			递延收益		
在建工程			递延所得税负债		
生产性生物资产			其他非流动负债		
油气资产			**非流动负债合计**		
无形资产			**负债合计**		
开发支出			**所有者权益（或股东权益）**		
商誉			实收资本（或股本）		
长期待摊费用			其他权益工具		
递延所得税资产			其中：优先股		
其他非流动资产			永续债		
非流动资产合计			资本公积		
资产总计			减：库存股		
			其他综合收益		
			盈余公积		
			未分配利润		
			所有者权益（或股东权益） 合计		
			负债和所有者权益 （或股东权益）总计		

单位负责人：　　　　会计主管：　　　　　　　复核：　　　　制表人：

表 0-2 利 润 表

会企 02 表

编制单位：　　　　　　　年　月　　　　　　　　　　　单位：元

项 目	行 次	本期金额	本年累计金额
一、营业收入	1		
减：营业成本	2		
税金及附加	3		
销售费用	4		
管理费用	5		
财务费用	6		
其中：利息费用			
利息收入			
资产减值损失	7		
信用减值损失			
加：其他收益	8		
投资收益（损失以"－"号填列）	9		
其中：对联营企业和合营企业的投资收益	10		
净敞口套期收益（损失以"－"号填列）			
投资收益（损失以"－"号填列）			
二、营业利润（亏损以"－"号填列）	11		
加：营业外收入	12		
减：营业外支出	13		
其中：非流动资产处置损失	14		
三、利润总额（亏损总额以"－"号填列）	15		
减：所得税费用	16		
四、净利润（净亏损以"－"号填列）	17		
五、其他综合收益的税后净额	18		
（一）不能重分类进损益的其他综合收益	20		
1.			
2.			
3.			
4.			
（二）以后将重分类进损益的其他综合收益	21		
1.			

续表

项　目	行　次	本期金额	本年累计金额
2.			
3.			
4.			
5.			
六、综合收益总额	22		
七、每股收益	23		
（一）基本每股收益	24		
（二）稀释每股收益	25		

单位负责人：　　　　　会计主管：　　　　　复核：　　　　　制表人：

　　本例中，会计根据上述业务填写资产负债表项目："货币资金"项目期末数减少2300元，如果不考虑所得税，"未分配利润"项目减少2300元。

　　利润表中"管理费用"项目增加2300元。

　　会计工作除了完成上述证、账、表外，还要在规定的时期内向税务部门完成纳税申报。

　　会计工作详细流程如图0-10所示。

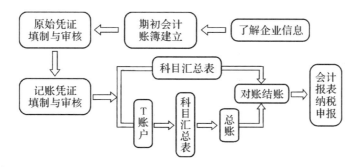

图0-10　会计工作流程（科目汇总表账务处理程序）

　　在学习会计的概念与特征，详细了解会计工作流程之后，初学者一定会对会计及会计工作有了比较形象的认识，会计不再那么抽象和深奥。对大部分学习者来说，会计是一项工作，是前程似锦的工作，俗话说"会计越老越吃香"，祝愿各位初学者在之后的会计学习中顺顺利利、不断提高，在会计的康庄大道上勇往直前。

报销单据粘贴单

金额_____ 单据_____ 张

差旅费报销单

年 月 日

单据及附件共　张

所属部门		姓名		出差事由		

出发		到达		起止地点	交通费	住宿费	伙食费	其他
月	日	月	日					

合计	大写金额：		预支旅费	
			退回金额	
			补付金额	

总经理：　　财务经理：　　经理：　　会计：　　出纳：　　部门经理：　　报销人：

浙江国家税务局通用机打发票

发票代码 133011740519

发票号码 18964118

物价监督电话 浙话省杭州市出租车行
12328
12328

手写无效	车号	D-T231
	证号	216135
	上车	2017年01月20日15:12
	下车	16:37
	单价	2.00/公里
	里程	24.2公里
	等候	00：42.37元
	金额	50.00元

卡号

原额

余额

Z62L080863 检票:2A

杭州东站 G164 北京站
Hangzhoudong Beijing

2017年01月02日 13:41开 16车06D号

¥ 800 元 网 一等座

已检

3603131985****1130 吴星

买票请到12306 发货请到95306
中国铁路祝您旅途愉快

I6804300620326L080863 杭州东售

Z62L080800 检票:A09

北京站 G165 杭州东站
Beijing Hangzhoudong

2017年01月03日 13:41开 16车06D号

¥ 800 元 网 一等座

已检

3603131985****1130 吴星

买票请到12306 发货请到95306
中国铁路祝您旅途愉快

I6804300620326L080863 北京售

校验码 18347 78799 78787 27789

0104174189

北京增值税普通发票

№ 0123456789

开票日期：2017年01月02日

购货单位	名 称：	杭州众兴财纺织贸易有限公司
	纳税人识别号：	91330100122573S912L
	地 址、电 话：	杭州市上城区梅花碑8号0571-86009687
	开户行及账号：	中国建设银行上城支行33001019581080000056

密码区

```
000 1 *0 - *00* >0000000000 0>0/>00
0/0/1/00<0><>0000000/00000*0 1
000 + *0 - *00* >0000000000 0 >0/>00 -
0/0/ + /00<0><>000000/00000*0+
```

货物或应税劳务名称	规格型号	单 位	数 量	单 价	金 额	税 率	税 额
餐费			1	194.17	194.17	3%	5.83
合 计					￥194.17		￥5.83

价税合计（大写） ⊗ 贰佰元整 （小写）￥200.00

销货单位	名 称：	北京格味餐饮有限公司
	纳税人识别号：	12132135654546322
	地 址、电 话：	北京市北二环89号 010-7887699
	开户行及账号：	中国银行北京支行33250114794582147

收款人：　　　　　　复核：　　　　　　开票人：孙璐　　　　销货单位：（章）

税总函〔2015〕888号 黑黑黑印刷厂有限公司

|第一章|
原始凭证

 本章内容导读

笔者按照导言介绍的会计工作流程——证、账、表的顺序,证即会计凭证,包括原始凭证和记账凭证,于是笔者把原始凭证单独作为一章,并放在第一章的位置。这是因为本章是日常会计工作的起点,也是"新手"在学习会计之前已经熟悉的内容,无论从知识角度还是从考试角度,本章内容都非常容易,稍加理解、记忆和练习,您就会成为掌握本章知识的"能手"。

熟练掌握本章知识不仅有助于从业的考试,还有助于单位会计基础工作的规范,更有助于非会计人员与财务人员的工作对接,如正确填写报销单、正确书写大写的汉字数字等。

 本章基本要求

了解	会计凭证的概念与作用
熟悉	原始凭证的种类
掌握	原始凭证的基本内容、填制要求、审核

第一节 会计凭证概述

 情境导入及实训项目一

2019 年 1 月 2 日,众兴财、吴烦恼各出资 5 万元到工商局成功注册众兴财纺织贸易有限公司,招聘王玲为人力资源部经理,杜文杰为财务经理,何萍为会计,宋秋月为出纳。1 月 2 日,吴星从杭州坐高铁出差到北京,吃住都在北京长城国际大酒店,1 月 3 日吴星回杭州,1 月 22 日,吴星填写差旅费报销单到财务部门报销。

此例中,吴星会拿出以下票据:出租车发票、高铁票、住宿发票、餐饮发票等,这些就是我们要讲解的单据。如图 1-1 所示高铁发票。

图 1-1　高铁票

准备：高铁票、出租车发票、住宿发票、餐饮发票和差旅费报销单各一张。

要求：填制差旅费报销单。

一、会计凭证的概念与作用

（一）会计凭证的概念

会计凭证是指记录经济业务发生或者完成情况的书面证明，是登记账簿的依据。

填制和审核会计凭证是会计核算工作的基础。每个企业都必须按一定的程序填制和审核会计凭证，根据审核无误的会计凭证进行账簿登记，如实反映企业的经济业务。由执行和完成该项经济业务的人员和会计人员填制会计凭证，写明经济业务的内容和数量，并在凭证上签名盖章，明确经济责任。根据会计信息质量可靠性的要求，在会计核算中，处理任何一项经济业务都必须以会计凭证为依据。没有真凭实据就不能任意收付款项和动用财产物资，也不能进行账务处理。所有会计凭证都要由会计部门审核。只有经过审核无误的会计凭证才能作为经济业务的证明和登记账簿的依据。因此，填制和审核会计凭证就成为会计核算的一种专门方法。它体现了会计信息质量可靠性的要求，是核算和监督经济活动与财务收支的基础。

（二）会计凭证的作用

合法地取得、正确地填制和审核会计凭证，是会计核算的基本方法之一，也是会计核算工作的起点，对于保证会计资料的真实性和完整性、有效进行会计监督、明确经济责任等都具有重要意义。

会计凭证的作用主要有以下几项：

（1）记录经济业务，提供记账依据。通过填制和审核会计凭证，可以正确、及时地反映各项经济业务的发生或完成情况，可以保证会计核算资料真实可靠。在会计核算中，对每笔经济业务，都要取得和填制会计凭证，并经审核无误后再分门别类地登记到账簿中去。通过会计凭证的填制和汇总，可以简化和方便登记账簿工作，减少和避免记账当中的技术错误，保证账簿记录的正确性。

（2）明确经济责任，强化内部控制。任何会计凭证除记录有关经济业务的基本内容外，还必须由有关部门和人员签章，对会计凭证所记录经济业务的真实性、完整性、合法性负责，以防止舞弊行为的发生，强化内部控制。

（3）监督经济活动,控制经济运行。通过对会计凭证的审核,可以查明每一项经济业务是否符合国家有关法律、法规制度的规定,是否符合计划、预算的进度,是否有违法乱纪、铺张浪费行为等。对于查出的问题,应积极采取措施予以纠正,实现对经济活动的事中控制,保证经济活动健康运行。

【演练1·单选题】 （　　）是记录经济业务完成情况、明确经济责任,并据以登记账簿的书面证明,是登记账簿的依据。

A.原始凭证　　　　B.记账凭证　　　　C.会计凭证　　　　D.会计账簿

二、会计凭证的种类

会计凭证的形式多种多样,可以按照不同的标准分类。按照凭证填制的程序和用途,会计凭证可分为原始凭证和记账凭证两类。

（一）原始凭证

原始凭证是指在经济业务发生或完成时取得或填制的,用以记录或证明经济业务的发生或完成情况的原始凭据。它是进行会计核算的原始资料和主要依据。虽然经济业务的内容千变万化,原始凭证的种类也十分繁杂,但基本可以按两种方法进行分类:一是按原始凭证的取得来源分类;二是按原始凭证记录经济业务的次数和时限的不同分类。

原始凭证的作用主要是记载经济业务的发生过程和具体内容。原始凭证记载的信息是整个企业会计信息系统运行的起点,原始凭证的质量将影响会计信息的质量。常用的原始凭证有现金收据、发货票、银行进账单、差旅费报销单、产品入库单、领料单等。

（二）记账凭证

记账凭证,又称记账凭单,是指会计人员根据审核无误的原始凭证,按照经济业务的内容加以归类,并据以确定会计分录后所填制的会计凭证,作为登记账簿的直接依据。记账凭证可以按反映经济业务的内容以及填制及传递方法的不同进行分类。

记账凭证根据复式记账法的基本原理,确定了应借、应贷的会计科目及其金额,将原始凭证中的经济信息转化为会计语言,是介于原始凭证与账簿之间的中间环节。记账凭证的主要作用是确定会计分录,进行账簿登记。

 知识点提要

会计凭证按照填制的程序和用途不同,分为原始凭证和记账凭证两类		
会计凭证的种类	原始凭证	又称单据,是在经济业务发生或完成时取得或填制的,用以记录或证明经济业务的发生或完成情况的原始凭证。由有关**经办人(不是会计人员)**向会计部门提供证明
	记账凭证	是**会计人员根据审核无误的原始凭证**或汇总原始凭证,按照经济业务的内容加以归类,并据以确定会计分录后所填制的会计凭证,作为**登记账簿的直接依据**

【演练2·单选题】 下列各项中,作为将会计凭证分为原始和记账凭证两大类的依据的是( )。

A.凭证填制的时间 　　　　　　　B.凭证填制的方法

C.凭证所反映的经济内容 　　　　D.凭证填制的程序和用途

本节演练答案及解析

1.C 【解析】本题考核会计凭证的概念。会计凭证是记录经济业务完成情况、明确经济责任,并据以登记账簿的书面证明,是登记账簿的依据。

2.D 【解析】根据凭证填制的程序和用途,可以将会计凭证分为原始凭证和记账凭证。

第二节　原始凭证的概念、种类和基本内容

一、原始凭证的概念

原始凭证是在经济业务发生或完成时取得或填制的,用以记录或证明经济业务已经发生或完成情况的原始单据。原始凭证记载着大量的经济信息,又是证明经济业务发生的初始文件,与记账凭证相比较,具有较强的法律效力。需要注意的是,企业签订的经济合同、材料请购单、生产通知单等文件,不能证明经济业务的发生和完成,因此不能算作原始凭证,也不能作为会计核算的依据。此外,未经对方单位签章,不具备法律效力的凭证,或不具备凭证基本内容的白条,也同样不能算作原始凭证。

二、原始凭证的基本内容

原始凭证的格式和内容因经济业务和经营管理的不同而有所差异,但应当具备以下基本内容(也称为原始凭证要素,见图1-2):

(1)凭证的名称,如购货发票、销货发票等。原始凭证的名称,能基本反映所载经济业务的类型。

(2)填制凭证的日期。通常为经济业务发生的日期。

(3)填制凭证单位名称或者填制人姓名。

(4)经办人员签名或者盖章。这是明确具体经济责任所必需的,也是日后核查的依据。

(5)接收凭证单位名称。它是证明此经济业务为本单位所发生的依据,是本单位交易活动的真实表现。

(6)经济业务内容(含数量、单价、金额等)。原始凭证对经济业务内容的反映,主要通过凭证的摘要栏、数量、单价和金额等进行,它是经济活动完整反映的表现,也是会计记录的要求所在。

(7)数量、单价和金额。

【演练3·单选题】 下列各项中,不属于原始凭证的基本内容的是( )。

A.接收凭证单位的全称

图 1-2　增值税专用发票

B. 交易或事项的内容、数量、单价和金额

C. 经办人员签名或盖章

D. 应记会计科目名称和记账方向

三、原始凭证的种类

原始凭证可以按照取得来源、格式、填制的手续和内容进行分类。

（一）按取得的来源分类

原始凭证按照取得的来源可分为自制原始凭证和外来原始凭证。

1. 自制原始凭证

自制原始凭证是指由本单位有关部门和人员，在执行或完成某项经济业务时填制的，仅供本单位内部使用的原始凭证。如收料单、领料单、限额领料单、产品入库单、产品出库单、借款单、工资发放明细表、折旧计算表等。

单位内部使用的出库单格式如图 1-3 所示。

2. 外来原始凭证

外来原始凭证是指在经济业务发生或完成时，从其他单位或个人直接取得的原始凭证。如购买原材料取得的增值税专用发票，职工出差报销的飞机票、火车票和餐饮发票等。如图 1-4 所示为职工出差报销的高铁票。

（二）按照格式分类

原始凭证按照格式的不同可分为通用凭证和专用凭证。

出库单

N° 0023942

单位：杭州众兴财纺织贸易有限公司　　　　　　　　2019 年 01 月 12 日

产品名称	型　号	单位	分配数	实			数	二财务
				数　量	单　价	总（元）价		
印花布		KG		1500	42.16	63247.86		
产品金额总计（大写） 陆万叁仟贰佰肆拾柒圆捌角陆分							¥ 63247.86	
到站及地址：					管理费6%			
总计（大写）							¥ 63247.86	

制单：王凯　　　　仓库保管：戴梦兰　　　记账：　　　　　　提货：李丹

图 1-3　出库单

图 1-4　高铁发票

1. 通用凭证

通用凭证是指由有关部门统一印制、在一定范围内使用的具有统一格式和使用方法的原始凭证。通用凭证的使用范围因制作部门的不同而有所差异，可以是分地区、分行业使用，也可以全国通用，如某省印制的在该省通用的发票、收据等；由中国人民银行制作的在全国通用的银行转账结算凭证、由国家税务总局统一印制的全国通用的增值税专用发票等。如图 1-5 所示为中国工商银行系统通用的进账单格式。

2. 专用凭证

专用凭证是指由单位自行印制、仅在本单位内部使用的原始凭证。如领料单、差旅费报销单、折旧计算表和工资费用分配表等。众兴财纺织贸易有限公司专用的差旅费报销单格式如图 1-6 所示。

ICBC 中国工商银行 进账单(贷方凭证) 1

2019 年 01 月 12 日 №

出票人	全称	杭州众兴财贸易有限公司	收款人	全称	金陵易能达商贸有限公司
	账号	1298010002000316285		账号	1208736877823412463
	开户银行	中国工商银行杭州支行		开户银行	中国工商银行金陵上地支行
金额	人民币(大写)	叁万元整	亿 千 百 十 万 千 百 十 元 角 分		¥ 3 0 0 0 0 0 0
票据种类	转账支票	票据张数	1		
票据号码					
备注:			杭州支行 业务专用章	复核:	记账:

此联由收款人开户银行作贷方凭证

175*85mm GH066011

图 1-5 进账单

差旅费报销单

2019 年 01 月 23 日 单据及附件共 4 张

所属部门				销售部	姓名	吴星	出差事由	推介产品	
出发		到达		起止地点	交通费		住宿费	伙食费	其他
月	日	月	日						
01	02	01	03	杭州—北京—杭州	1600.00		300.00	200.00	
								现金付讫	
合计	大写金额:贰仟壹佰元整			¥2100.00	预支旅费		3,000.00	退回金额	900.00
								补付金额	

总经理: 财务经理:张丽 会计:张雯 出纳: 部门经理: 报销人:吴星

图 1-6 差旅费报销单

(三)按填制的手续和内容分类

原始凭证按照填制的手续和内容可分为一次凭证、累计凭证和汇总凭证。

1. 一次凭证

一次凭证是指一次填制完成,只记录一笔经济业务且仅一次有效的原始凭证。如收据、借款单、收料单、发货票和银行结算凭证等。借款单格式如图 1-7 所示。

2. 累计凭证

累计凭证是指在一定时期内多次记录发生的同类型经济业务且多次有效的原始凭证。

累计凭证的特点是在一张凭证内可以连续登记相同性质的经济业务,随时结出累计数和结余数,并按照费用限额领料以进行费用控制,期末按实际发生额记账。限额领料单的一般格式如图 1-8 所示。

3. 汇总凭证

汇总凭证是指对一定时期内反映经济业务内容相同的若干张原始凭证,按照一定标准综合填制的原始凭证。汇总原始凭证合并了同类型经济业务,简化了记账工作。发料凭证汇总表是一种常见的汇总凭证,其格式如表 1-1 所示。

借　据

2019年1月2日

兹因	临时业务	借到
人民币(大写)：	壹仟圆整	¥ 1000.00

此　据

借款人　王凯

单位主管：李有财　　　分管领导：吴星　　　部门领导：宋秋月　　　审核：杜文杰

图 1-7　借款单

限额领料单

领料单位：生产车间　　　　　　2019 年　01 月　　　　　　发料仓库：仓库一

用途：产品生产　　　　　　　　　　　　　　　　　　　凭证编号：0802

材料类别	材料编号	材料名称	计量单位	领料限额	实际领用	单价	金额	备注	
原材料	1001	密度板	张	500	450	200.00	90000.00		第二联　仓库联票

日期	请领		实发			限额结余	退库		
	数量	签章	数量	发料人	领料人		数量	退库单	
2017-01-09	150		150	周白	李林	350			
2017-01-15	200		200	周白	李林	150			
2017-01-28	100		100	周白	李林	50			
合计	450		450			50			

供应部门负责人：　　　　　　生产部门负责人：张雯　　　　　　仓库负责人签章：周白

图 1-8　限额领料单

表 1-1　发料凭证汇总表

生产车间领用材料汇总表

单位：众兴财纺织贸易有限公司　　　　时间：　年　月　日　　　　　　　计量单位:元

材料名称	单　价	生产车间				合计	
		办公椅数量	金额	办公桌数量	金额	数量	金额
密度板							
打磨纸							
乳　胶							
滑　道							
螺　丝							
拉　手							
合　计							

复核:周白　　　　　　　　　　　　　　　　　　　　　　　制表人:张慧

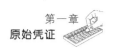
【演练4·单选题】 下列关于出差人员预借差旅费应当填写借款单的表述中,正确的是( )。

A.借款单是一种自制的原始凭证　　　B.借款单是一种外来原始凭证

C.借款单是一种付款凭证　　　　　　D.借款单是一种单式凭证

 知识点提要

原始凭证的基本内容		(1)凭证的名称;(2)填制凭证的日期;(3)填制凭证单位名称或者填制人姓名;(4)经办人员的签名或者盖章;(5)接受凭证单位名称;(6)经济业务内容;(7)数量、单价和金额	
原始凭证的种类	按取得的来源不同	自制原始凭证	例如,**收料单、领料单、入库单**,还包括限额领料单、产成品出库单、**借款单、工资发放明细表、折旧计算表**等
		外来原始凭证	由供货单位开具的增值税专用发票、飞机票、车船票等
	按照格式的不同	通用凭证	由有关部门统一印制,在一定范围内使用的具有统一格式和使用方法的原始凭证。例如,某省的**发货票、收据、银行转账结算凭证**等
		专用凭证	由单位自行印制,仅在本单位内部使用的原始凭证。如**领料单、差旅费报销单、折旧计算表、工资分配表**等
	按填制的手续和内容的不同	一次凭证	一次填制完成,只记录一笔经济业务且仅一次有效的原始凭证。如**购货发票、销货发票、收据、领料单、借款单、银行结算凭证**等
		累计凭证	指在一定时期内多次记录发生的同类型经济业务且多次有效的原始凭证。如"**限额领料单**"
		汇总凭证	对一定时期内反映经济业务内容相同的若干张原始凭证,按照一定标准综合填制的原始凭证。如**发出材料汇总表、工资结算汇总表、销售日报表、差旅费报销单**等

本节演练答案及解析

3.D 【解析】本题考核原始凭证的基本内容。应记会计科目名称和记账方向是记账凭证的基本内容。

4.A 【解析】借款单是一种自制的原始凭证。

中国工商银行
现金支票存根
30909320
03592920

附加信息

出票日期　　　年　月　日

收款人：

金　额：

用　途：

单位主管　　　　会计

中国工商银行 现金支票

30909320
03592920

出票日期（大写）　　　年　月　日

收款人：

人民币
（大写）

付款行名称：

出票人账号：

亿	千	百	十	万	千	百	十	元	角	分

用途

上列款项请从

我账户内支付

出票人签章

密码

行号

复核　　　　记账

付款期限自出票之日起十天

上海金达证券印制有限公司 · 2012 年印制

根据《中华人民共和国票据法》等法律法规的规定，签发空头支票由中国人民银行处以票面金额 5% 但不低于 1000 元的罚款。

（ 贴 粘 单 处 ）

收款人签章
年　月　日

发证机关：

身份证件名称：

号码

附加信息：

上海金达证券印制有限公司 · 2012 年印制

第三节　原始凭证的填制和审核

 实训项目二

资料:2019 年 1 月 22 日,公司出纳人员开出现金支票,用于支付管理人员吴星的差旅费,请填制现金支票。

准备:现金支票一张

要求:填制现金支票

一、原始凭证填制

（一）原始凭证填制的基本要求

原始凭证的填写,必须符合下列要求:

（1）记录真实。原始凭证所填列的经济业务内容必须真实可靠,符合实际情况,不得弄虚作假,不得随意填写,所反映的经济业务合法、合理、合规。经办人员应对所取得或填制的原始凭证的真实性负责。

（2）内容要完整。原始凭证上的日期、经济业务内容、所有数据、凭证的号码等各项内容都必须填列齐全,不得随意省略或遗漏。

（3）手续要完备。经办人和有关部门的负责人必须在凭证上签字或盖章,以示对凭证的真实性和正确性负责。例如,对外开出的原始凭证,应加盖本单位的公章或有关部门的专用章;从外部取得的原始凭证,应盖有填制单位（或个人）的公章或专用章（签名或盖章）;自制的原始凭证,应有经办单位负责人或指定人员的签名或盖章等。

（4）书写要清楚。原始凭证只能用蓝（黑）色墨水填写,不得使用铅笔或圆珠笔填写;字迹应工整、清晰,易于辨认;不得使用未经国务院颁布的简化字;阿拉伯数字要逐个填写,不得连写;文字数字书写应紧靠行格底线,上方应留有适当空距,以防写错字时有更改的空间,不得满格（顶格）书写;金额数字的填写要符合规范性的要求,具体的写法见本章第二节。

（5）编号要连续。各种凭证都必须连续编号,以备查找;事先已经印好编号的凭证作废时,应在作废的凭证上加盖"作废"戳记,连同存根一起保存,不得随意撕毁。

（6）不得涂改、刮擦、挖补。原始凭证记载的各项内容均不得涂改、刮擦、挖补。原始凭证有错误的,应当由出具单位重开或更正,更正时应当加盖出具单位印章。原始凭证金额有错误的,应当由出具单位重开,不得在原始凭证上更正。

（7）填制要及时。有关经办人员必须在经济业务发生或完成时及时填制原始凭证,并尽快按规定的程序传递给会计部门。

（二）自制原始凭证的填制要求

不同的自制原始凭证,填制要求也有所不同。

1.一次凭证的填制

一次凭证应在经济业务发生或完成时,由相关业务人员一次填制完成。该凭证往往只能反映一项经济业务,或者同时反映若干项同一性质的经济业务。一次凭证是一次有效的凭证,如领料单、发货票、支票等都属于一次凭证。

2.累计凭证的填制

累计凭证应在每次经济业务完成后,由相关人员在同一张凭证上重复填制完成。该凭证能在一定时期内不断重复地反映同类经济业务的完成情况。

累计凭证是多次有效的原始凭证。其特点是在一张凭证内可以连续登记相同性质的经济业务,随时结出累计数及结余数,并按照费用限额进行费用控制,期末按实际发生额记账。它们的填制手续不是一次完成的,而是在规定时期内把同类经济业务在一张凭证中连续按行记载,直到期末求出总数以后,才作为记账的原始依据。例如,限额领料单就是一种累计凭证。

3.汇总凭证的填制

汇总凭证应由相关人员在汇总一定时期内反映同类经济业务的原始凭证后填制完成。该凭证只能将类型相同的经济业务进行汇总,不能汇总两类或两类以上的经济业务。例如,月末根据月份内所有领料单编制的发料凭证汇总表就是一种汇总凭证。

(二)外来原始凭证的填制要求

外来原始凭证应在企业同外单位发生经济业务时,由外单位的相关人员填制完成。外来原始凭证一般由税务局等部门统一印制,或经税务部门批准由经营单位印制,在填制时加盖出具凭证单位公章方为有效。对于一式多联的原始凭证必须用复写纸套写或打印机套打。

【演练5·单选题】 按填制的手续及内容分类,下列对差旅费报销单性质的描述中,正确的是(   )。

A.专用凭证   B.汇总凭证   C.一次凭证   D.累计凭证

(三)常见原始凭证填制举例

1.银行支票的填写

例 1-1 2019 年 2 月 3 日,开具一张转账支票(见图 1-9)支付前欠杭州超越科技股份有限公司货款 5600 元。

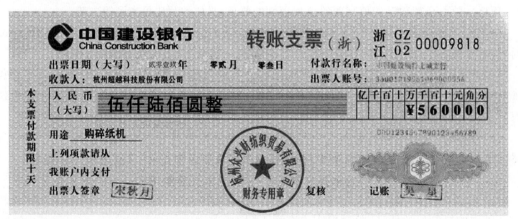

图 1-9 转账支票

2.增值税专用发票的开具

增值税一般纳税人资格的企业可以到主管国税部门申请领购增值税专用发票,并通过防伪税控系统开具。企业的开票系统和税务局相连,增值税发票只能是机打的,不可以手写。在开票时,双方的开票信息必须填写完整(公司名称、税号、账号、开户行名称、开户行号、地址、电话)。而且在开票时要把相关信息核实清楚,每张发票的金额不能超过税务局对本公司规定的最大金额度。待输入完毕后,要再次进行核实,确保没问题再打印。

例 1-2 2019 年 2 月 1 日,杭州众兴财纺织贸易公司向增值税一般纳税人佛山市南海钜鸿服饰有限公司销售印花布 1500 千克,每千克不含税单价 15 元,请通过防伪税控开票系统,开具增值税专用发票,并打印。如图 1-10 所示。

图 1-10　增值税专用发票

3.月末计提结转自制表单填写

例 1-3 2019 年 1 月 31 日,摊销本月应负担的无形资产摊销费用,请编制无形资产摊销表,如表 1-2 所示。

表 1-2　无形资产摊销表

编制单位:杭州众兴财纺织贸易有限公司　2019 年 1 月 31 日　　　　　　　　　　　　单位:元

序号	名称	原值	摊销期限	本月摊销金额
1	财务材料	2800.00	1 年	233.33
合计		2800.00		233.33

制表:张　雯

二、原始凭证的审核

为了如实反映经济业务的发生和完成情况,充分发挥会计的监督职能,保证会计信息的真实、合法、完整和准确,会计人员必须对原始凭证进行严格审核。审核的内容主要包括以下内容。

(一)审核原始凭证的真实性

审核原始凭证所记载的经济业务是否与实际业务情况相符合,包括与经济业务有关的当事单位和当事人是否真实,经济业务发生的时间、地点和填制凭证的日期是否准确,经济业务的内容及数量方面(包括实物数量、计量单位、单价、金额)是否与实际情况相符等。

(二)审核原始凭证的合法性

审核原始凭证所反映的经济业务是否符合国家法律法规,是否履行了规定的凭证传递和审核程序,是否有贪污腐化等行为。

(三)审核原始凭证的合理性

审核原始凭证所反映的经济业务是否符合企业经济活动的需要、是否符合有关的计划和预算等。

(四)审核原始凭证的完整性

审核原始凭证填制的内容是否完整,有关手续是否齐全,有无遗漏的项目,文字和数字是否书写清楚,有关人员签章是否齐全,凭证联次是否正确等。

(五)审核原始凭证的正确性

审核原始凭证记载的各项内容是否正确,包括:
(1)接受原始凭证单位的名称是否正确。
(2)金额的填写和计算是否正确。阿拉伯数字分位填写,不得连写。小写金额前要标明"¥"字样,中间不能留有空位。大写金额前要加"人民币"字样,大写金额与小写金额要相符。
(3)更正是否正确。原始凭证记载的各项内容均不得涂改。原始凭证金额有错误的,应当由出具单位重开,不得在原始凭证上更正。原始凭证有其他错误的,应当由出具单位重开或者更正,更正处应当加盖出具单位印章。

(六)审核原始凭证的及时性

原始凭证的及时性是保证会计信息及时性的基础。原始凭证应在经济业务发生或完成时及时填制并及时传递。审核时应注意审查凭证的填制日期,尤其是支票、银行汇票、银行本票等时效性较强的原始凭证,更应仔细验证其签发日期。

原始凭证的审核是一项十分重要的工作,经审核的原始凭证应根据不同情况处理:
(1)对于完全符合要求的原始凭证,应及时据以填制记账凭证入账。

（2）对于真实、合法、合理但内容不够完整、填写有错误的原始凭证,应退回给有关经办人员,由其负责将有关凭证补充完整、更正错误或重开后,再办理正式会计手续。

（3）对于不真实、不合法的原始凭证,会计人员有权不予接受,并向单位负责人报告。

【演练6·多选题】 下列属于审核原始凭证时应当注意的事项的有(　　　)。

A.从外单位取得的原始凭证,必须盖有填制单位的公章

B.自制的原始凭证,必须有经办部门和经办人员的盖章或者签名

C.经济业务应当符合国家有关政策、法规、制度的规定

D.原始凭证所记录的经济业务应当符合会计主体经济活动的需要

知识点提要

原始凭证的填制要求	1.记录真实	
	2.内容完整	
	3.手续完备	
	4.书写清楚、规范	大写金额数字一律用**正楷**或行书书写
		大写金额到**元**或**角**为止的,后面要写"**整**"或"**正**"字,有分的,不写"**整**"或"**正**"字
	5.编号连续	发票、支票等重要的原始凭证,在写坏作废时,应加盖"**作废**"戳记,并妥善保管,不得撕毁
	6.不得涂改、乱擦、挖补	原始凭证金额有错误的,应当由出具单位重开,不得在原始凭证上更正
	7.填制及时	
原始凭证的审核	真实性、合法性、合理性、完整性、正确性、及时性	
	经审核的原始凭证应根据不同情况处理	(1)对于完全符合要求的原始凭证,应当及时据以编制记账凭证入账;(**完全正确**)
		(2)对于真实、合法、合理但内容**不够完整**、填写有错误的原始凭证,应退回给有关经办人员,由其负责将有关凭证**补充完整**、**更正错误**或**重开**后,再办理正式会计手续;(**形式问题**)
		(3)对于**不真实**、**不合法**的原始凭证,会计机构、会计人员有权**不予接受**,并向单位负责人报告。(**实质违法**)

本节演练答案及解析

5.B 【解析】企业的报销单往往汇总很多原始单据,如车票、餐饮发票、住宿发票等,都粘贴在报销单上,报销单上也往往记载了出差人员的各种行程记录,所以属于汇总凭证。

6.ABCD 【解析】原始凭证的审核内容:原始凭证的真实性、合法性、合理性、完整性、正确性、及时性。选项AB都为审核原始凭证的真实性,选项CD都为审核原始凭证的合法性。

【习题一】

一、单项选择题

1. 限额领料单按来源分，属于（　　）。

A. 外来原始凭证　　B. 累计凭证　　　C. 自制原始凭证　　D. 汇总原始凭证

2. 差旅费报销单属于（　　）。

A. 一次原始凭证　　B. 汇总原始凭证　　C. 外来原始凭证　　D. 累计原始凭证

3. 会计人员在审核原始凭证时发现有一张外来原始凭证金额出现错误，其正确的更正方法是（　　）。

A. 由经办人员更正，并报单位负责人批准

B. 由出具单位更正，并在更正处加盖公章

C. 由审核人员更正，并报会计机构负责人审批

D. 由出具单位重新开具

4. 以下凭证属于累计凭证的是（　　）。

A. 借款单　　　　B. 发料凭证汇总表　　C. 差旅费报销单　　D. 限额领料单

5. 以下各项中，不属于原始凭证所必须具备的基本内容的是（　　）

A. 凭证名称、填制日期和编号　　　　B. 经济业务内容摘要

C. 对应的记账凭证号数　　　　　　　D. 填制、经办人员的签字、盖章

二、多项选择题

1. 填制原始凭证要求做到（　　）。

A. 记录真实　　　B. 内容完整　　　C. 手续完备　　　D. 书写清楚、规范

2. 以下关于原始凭证数字及文字填写表述正确的有（　　）

A. 中文大写金额数字应用正楷或草书填写，如果金额数字书写中使用繁体字，银行也可以受理。

B. 中文大写金额数字到"元"为止的，在"元"之后，应写"整"（或"正"字），在"角"之后，可以不写"整"（或"正"）字。大写金额数字有"分"的，"分"后面可以不写"整"（或"正"）字。

C. 阿拉伯数字中间连续有几个"0"时，中文大写金额中间可以只写一个"零"字。

D. 中文大写金额数字前应表明"人民币"字样，大写数字应紧接"人民币"字样填写。

3. 下列各项中，属于自制原始凭证的包括（　　）

A. 借款单　　　　　　　　　　　　B. 领料单

C. 工资结算汇总表　　　　　　　　D. 材料请购单

4. 原始凭证按其格式不同分为（　　）

A. 外来原始凭证　　B. 通用凭证　　　C. 自制原始凭证　　D. 专用凭证

5. 以下属于通用原始凭证的有（　　）

A. 增值税发票　　B. 差旅费报销单　　C. 商业汇票　　　D. 支票

6. 原始凭证的审核包括审核原始凭证的（　　）

A. 真实性　　　　B. 合法性　　　　C. 及时性　　　　D. 正确性

7. 审核原始凭证的真实性是指（　　）

A. 凭证日期是否真实、数据是否真实

B.对通用原始凭证,还应审计凭证本身的真实性,防止以假冒的原始凭证记账

C.对外来原始凭证,必须有填制单位公章和填制人员签章

D.业务内容是否真实

三、判断题

1.累计凭证是指在一定时期内多次记录发生的同类型经济业务的原始凭证。　（　　）

2.原始凭证是记录经济业务发生和完成情况的书面证明,也是登记账薄的唯一依据。　（　　）

3.在一定时期内连续记录若干项同类经济业务的会计凭证是汇总凭证。　（　　）

4.在每项经济业务发生和完成时取得或自行填制的会计凭证是原始凭证。　（　　）

5.一次凭证是指一次填制完成的,可以记录多笔经济业务的原始凭证。一次凭证是一次有效的凭证,是在经济业务发生或者完成时,由经办人员填制的。　（　　）

|第二章|
会计的对象、要素、等式、科目

 **本章内容导读**

会计"新手"学习原始凭证的主要目的是填制记账凭证,但填制记账凭证不是"新手"一时半会学得会的,它们之间需要有两座桥梁,第一座桥梁就是学习本章内容。

本章从会计的对象即资金运动入手,通过众兴财和吴烦恼创业的案例引出两大会计等式,而两大会计等式的组件就是六个会计要素,会计"新手"想用会计要素填制记账凭证可能会把会计"能手""惹怒"的,因为会计要素太粗泛,还需要把它进一步分类,于是就有了会计科目和账户。

会计"新手"必须拿下本章,因为本章的内容不仅是我们从事会计工作的基础、工具、"核心"和"灵魂",还是会计从业考试的重点和难点。

 本章基本要求

了解	会计的对象与目标、会计要素的含义与分类、会计科目的概念与分类、账户的概念与分类
熟悉	会计的计量、会计等式的表现形式、经济业务及其对会计等式的影响、会计科目的设置
掌握	会计要素的确认、账户的功能和结构、账户与会计科目的关系

第一节 会计对象

会计对象是指会计核算和监督的内容,具体是指社会再生产过程中能以货币表现的经济活动,即资金运动或价值运动。企业的资金运动表现为资金投入、资金运用和资金退出三个过程。如图 2-1 所示揭示了制造业企业的资金运动过程。

企业的资金投入包括企业所有者投入的资金和债权人投入的资金,前者形成企业的所有者权益,后者形成企业的负债。投入企业的资金一部分形成流动资产,另一部分形成企业固定资产等非流动资产。

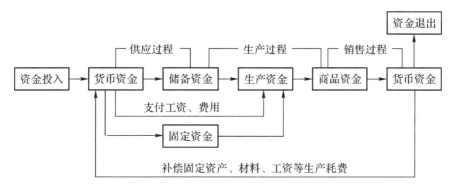

图 2-1　制造业企业的资金运动过程

　　企业的资金运用是指资金投入企业后,在供应、生产和销售等环节不断循环与周转。在供应阶段,企业根据制订的生产经营计划,购买生产所需的各种原材料,支付材料的买价、运输费、装卸费等采购费用,与供货方结算货款。在生产阶段,领用原材料进行产品生产,支付职工薪酬和计提固定资产折旧,劳动者借助劳动手段将劳动对象加工成特定的产品,这些产品成为使用价值和价值的统一体。在销售阶段,将生产的产品对外销售,收回货款和支付销售费用等。综上所述,资金的循环与周转就是从货币资金开始依次转化为储备资金、生产资金、商品资金,最后回到货币资金的过程。

　　企业的资金退出包括偿还各项债务(还债)、缴纳各项税费(交税)、向所有者分配利润(分红)等,这部分资金将离开企业,退出企业的资金循环与周转。

【演练 7·单选题】　下列属于企业资金运动起点的是(　　　)。

A. 资金的退出　　　　　B. 资金的使用　　　　　C. 资金的分配　　　　　D. 资金的筹集

知识点提要

会计对象		会计所核算和监督的内容;特定主体能以货币表现的经济活动;资金运动
资金运动	资金投入	包括企业所有者投入的资金(所有者权益)和债权人借入的资金(债权人权益——负债)两部分,**资金投入是资金运动的起点**
	资金运用(资金的循环与周转)	$钱 \longrightarrow 物 \longrightarrow 钱$;完成一次:循环;完成多次:周转
	资金退出	包括偿还各项债务(**还债**)、上交各项税金(**交税**)、向所有者分配利润(**分红**)等

本节演练答案

7. D

第二节 会计要素

一、会计要素的含义与分类

（一）会计要素的含义

会计要素是指根据交易或者事项的经济特征所确定的财务会计对象的基本分类。会计要素是会计核算对象的具体化，是对资金运动第二层次的划分。它是构成财务会计报告的基本因素，也是设置会计科目的依据。

（二）会计要素的分类

我国《企业会计准则》将会计要素划分为资产、负债、所有者权益、收入、费用和利润六类，其中，资产、负债和所有者权益是组成资产负债表的会计要素，也称资产负债表要素，反映企业在一定时期的财务状况，属于静态要素。收入、费用和利润是组成利润表的会计要素，也称利润表要素，反映企业在一定时期内的经营成果，属于动态要素。

资金运动有显著的运动和相对静止状态，在相对静止状态，企业的资金表现为资金占用和资金来源两方面，其中资金占用的具体形式就是企业的资产，资产的来源又可以分为所有者投入和债权人投入两类。债权人对资产的求偿权称为债权人权益，表现为企业负债；企业所有者对净资产（资产和负债差额）的所有权称为所有者权益。资产、负债和所有者权益是构成资产负债表的基本框架，收入、费用和利润是构成利润表的基本框架。因此，这六要素又称为会计报表要素。

二、会计要素的确认

（一）资产

1.资产的含义与特征

资产是指由企业过去的交易或者事项形成的、由企业拥有或控制的、预期会给企业带来经济利益的资源。

从定义上看，资产具有以下特征：

（1）资产是由企业过去的交易或者事项形成的。过去的交易或者事项，是指企业已经发生的交易或事项，包括购买、生产、建造等交易或事项。预期在未来发生的交易或者事项不形成资产。例如，某企业6月与销售方签订了一份购销合同，计划在10月购买一批原材料，则甲企业不能在6月将该批原材料确认为资产，而应在10月购买之后才能将这批材料确认为企业的资产。

（2）资产是企业拥有或者控制的资源。由企业拥有或者控制，是指企业享有某项资源的所有权,或者虽然不为企业所拥有,但在某些条件下,该资源能被企业所控制。例如,甲企业临时租用乙企业的运输车辆,甲企业没有取得其所有权,所以该运输车辆不能算作甲企业的资产;而乙企业虽然将运输车辆出租,但乙企业具有该车辆的所有权,能够对其实施控制,该运输车辆仍然要作为乙企业的资产。其反映了客观的经济实质,是实质重于形式原则的具体表现。

(3)资产预期会给企业带来经济利益。预期会给企业带来经济利益,是指直接或者间接导致现金或现金等价物流入企业的潜在能力。例如,企业购买的原材料、固定资产等可以用于制造商品或者提供劳务,产品对外出售后收回货款,这里的货款即为企业所获得的经济利益。所以,原材料、固定资产等就是企业的资产。如果企业原来拥有的一批原材料已经发生霉烂变质或毁损,既不能用于生产经营,也不能对外转让,已不能给企业带来经济利益,就不符合资产的定义,那么这部分原材料就不能再作为企业资产确认。

2.资产的确认条件

将一项资源确认为资产,除需要符合资产的定义外,还应同时满足以下两个条件:

(1)与该资源有关的经济利益很可能流入企业;

(2)该资源的成本或者价值能够可靠计量。

3.资产的分类

资产按流动性进行分类,可以分为流动资产和非流动资产。

(1)流动资产,是指预计在一个正常营业周期中变现、出售或耗用,或者主要为交易目的而持有,或者预计在资产负债表日起1年内(含1年)变现的资产,以及自资产负债表日起1年内交换其他资产或清偿负债的能力不受限制的现金或现金等价物。

一个正常营业周期是指企业从购买用于加工的资产起至实现现金或现金等价物的期间。正常营业周期通常短于1年,在1年内有几个营业周期。但是,也存在正常营业周期长于1年的情况。在这种情况下,与生产循环相关的产成品、应收账款、原材料尽管是超过1年才变现、出售或耗用,仍应作为流动资产。当正常营业周期不能确定时,应当以1年(12个月)作为正常营业周期。

流动资产按其变现能力的大小又可分为货币资金、交易性金融资产、应收及预付款项、存货等。

①货币资金,包括库存现金、在银行及其他金融机构的存款。

②交易性金融资产,主要是指企业为了近期出售而持有的金融资产。

③应收及预付款项,包括应收票据、应收账款、其他应收款、预付货款等。

④存货,是指企业在日常生产经营过程中持有以备出售,或者仍然处在生产过程中,或者在提供劳务过程中将消耗的材料或物料等。存货主要包括各类材料、商品、在产品、半成品、产成品等。

(2)非流动资产,是指流动资产以外的资产,主要包括长期股权投资、固定资产、无形资产、长期待摊费用等。

长期股权投资,是指企业投出的期限在1年以内(不含1年)的各种股权性质的投资,包括购入的股票和其他股权等。

固定资产,是指企业为生产商品、提供劳务、出租或经营管理而持有的,使用寿命超过一个会计年度的有形资产,包括房屋、建筑物、机器设备、运输工具等。

无形资产,是指企业拥有或控制的、没有实物形态的可辨认的非货币性资产,包括专利权、非专利技术、商标权、著作权、土地使用权等。

长期待摊费用,是指企业已经发生但应由本期和以后各期负担的、分摊期限在1年以上(不含1年)的各项费用,包括以经营租赁方式租入固定资产发生的改良支出等。

【演练8·单选题】 下列不属于企业资产的是(　　)。

A.非专利技术　　　B.股本　　　　C.经营租出的厂房　　D.融资租入的设备

(二)负债

1.负债的含义与特征

负债是指由企业过去的交易或者事项形成的,预期会导致经济利益流出企业的现时义务。负债具有以下特征:

(1)负债是由企业过去的交易或者事项形成的。换言之,只有过去的交易或者事项才形成负债,企业的承诺、签订的购买合同等交易或者事项,不形成负债。

(2)负债是企业承担的现时义务。这是负债的一个基本特征。其中,现时义务是指企业在现行条件下已承担的义务。未来发生的交易或者事项形成的义务,不属于现时义务,不应当确认为负债。这里所指的义务可以是法定义务,也可以是推定义务。其中,法定义务是指具有约束力的合同或者法律法规规定的义务,通常必须依法执行。例如,企业购买原材料形成应付账款,企业向银行借入款项形成借款,企业按照税法规定应当交纳的税款等,均属于企业承担的法定义务,需要依法予以偿还。推定义务是指根据企业多年来的习惯做法、公开的承诺或者公开宣布的政策而导致企业将承担的责任,这些责任也使有关各方形成了企业将履行义务解脱责任的合理预期。

(3)负债预期会导致经济利益流出企业。这也是负债的一个本质特征。只有企业在履行义务时会导致经济利益流出企业的,才符合负债的定义,如果不会导致经济利益流出,就不符合负债的定义。在履行现时义务清偿负债时,导致经济利益流出企业的形式多种多样,例如,用现金偿还或以实物资产形式偿还;以提供劳务形式偿还;以部分转移资产、部分提供劳务形式偿还;将负债转为资本等。

2.负债的确认条件

将一项现时义务确认为负债,不仅需要符合负债的定义,还应当同时满足以下两个条件:

(1)与该义务有关的经济利益很可能流出企业。负债的确认应当与经济利益流出企业的不确定性程度的判断相结合。如果有确凿证据表明,与现时义务有关的经济利益很可能流出企业,就应当将其确认为负债;反之,不应将其确认为负债。

(2)未来流出的经济利益的金额能够可靠计量。负债的确认在考虑经济利益流出企业的同时,对于未来流出的经济利益的金额应当能够可靠计量。对于与法定义务有关的经济利益流出金额,通常可以根据合同或者法律规定的金额予以确定,考虑到经济利益流出的发生通常在未来期间,而且有时未来期间较长,所以有关金额的计量需要考虑货币时间价值等因素的影响。

对于与推定义务有关的经济利益流出金额,企业应当根据履行相关义务所需支出的最佳估计数进行估计,并综合考虑有关货币时间价值、风险等因素的影响。

3.负债的分类

按偿还期限的长短,一般将负债分为流动负债和非流动负债。

流动负债是指预计在一个正常营业周期中偿还,或者主要为交易目的而持有,或者自资产负债表日起1年内(含1年)到期应予以清偿,或者企业无权自主地将清偿推迟至资产负债表日以后1年以上的负债,包括短期借款、应付票据、应付账款、应付职工薪酬、应交税费、预收账款等。

非流动负债是指流动负债以外的负债,包括长期借款、应付债券、长期应付款等。

【演练9·单选题】 下列属于非流动负债的是( )。

A. 应付职工薪酬　　　B. 其他应付款　　　C. 应付债券　　　D. 应付股利

(三)所有者权益

1.所有者权益的含义及特征

所有者权益是指企业资产扣除负债后由所有者享有的剩余权益。公司的所有者权益又称为股东权益。

所有者权益具有以下特征:

(1)除非发生减资、清算或分派现金股利,企业不需要偿还所有者权益;

(2)企业清算时,只有在清偿所有的负债后,所有者权益才返还给所有者;

(3)所有者凭借所有者权益能够参与企业利润的分配。

2.所有者权益的确认条件

所有者权益的确认、计量主要取决于资产、负债、收入、费用等其他会计要素的确认和计量。所有者权益在数量上等于企业资产总额扣除债权人权益后的净额,即为企业的净资产,反映所有者(股东)在企业资产中享有的经济利益。

3.所有者权益的分类

所有者权益的来源包括所有者投入的资本、直接计入所有者权益的利得和损失、留存收益等,具体表现为实收资本(或股本)、资本公积(含资本溢价或股本溢价、其他资本公积)、盈余公积和未分配利润。

(1)所有者投入的资本,包括实收资本和资本公积。它是指所有者投入企业的资本部分,既包括构成企业注册资本(实收资本)或者股本部分的金额,也包括投入资本超过注册资本或者股本部分的金额,即资本溢价或者股本溢价,这部分投入资本在我国企业会计准则体系中被计入了资本公积,并在资产负债表中的资本公积项目反映。

(2)直接计入所有者权益的利得和损失,是指不应计入当期损益、会导致所有者权益发生增减变动的、与所有者投入资本或者向所有者分配利润无关的利得或者损失。

利得是指由企业非日常活动所形成的、会导致所有者权益增加的、与所有者投入资本无关的经济利益的流入。

损失是指由企业非日常活动所发生的、会导致所有者权益减少的、与所有者分配利润无关的经济利益的流出。

(3)留存收益是指企业实现的净利润留存于企业的部分,包括计提的盈余公积和未分配利润。

【演练 10 · 单选题】 关于所有者权益与负债的区别,下列说法中不正确的是( )。

A. 负债的求偿力高于所有者权益

B. 所有者的投资收益取决于企业的经营成果

C. 债权人的求偿权有固定到期日

D. 所有者承受的风险低于债权人

 知识点提要

会计要素	含义	指根据交易或者事项的经济特征所确定的财务会计对象的基本分类
	分类	企业的六大会计要素为资产、负债、所有者权益(资产＝负债＋所有者权益),收入、费用和利润(收入－费用＝利润)
		1. 资产＝负债＋所有者权益:①是某一日期(时点)的要素;②表现资金运动的相对静止状态,称为静态会计要素;③反映企业的财务状况;④是编制资产负债表的依据;⑤是会计上的第一等式;⑥是复式记账法的理论基础
		2. 收入－费用＝利润:①是某一时期的要素;②表现资金运动的显著变动状态,称为动态会计要素;③反映企业的经营成果;④是编制利润表的依据;⑤是会计上的第二等式
资产	含义	指过去的交易或者事项形成的、由企业拥有或控制的、预期会给企业带来经济利益的资源
	特征	(1)资产是企业过去的交易或者事项所形成的。作为企业资产,必须是现实的而不是预期的资产。未来发生的交易或事项可能产生的结果,不属于现在的资产
		(2)资产是企业拥有或者控制的资源(控制,如融资租入固定资产) 【解释】承租方虽然对融资租入固定资产没有所有权,但是该固定资产的风险和报酬已经从出租方转移到了承租方,承租方拥有实际控制权,在会计上将该固定资产确认为承租方的资产,即遵循了"实质重于形式"的原则
		(3)预期给企业带来经济利益
	分类	按其流动性可分为流动资产和非流动资产两类
		流动资产：指一个会计年度内变现、出售或耗用的资产,主要包括库存现金、银行存款、交易性金融资产、应收及预付款项和存货等
		非流动资产：指流动资产以外的资产,主要包括持有至到期投资、可供出售金融资产、长期股权投资、固定资产、无形资产和长期待摊费用等
负债	含义	指企业由过去的交易或者事项形成的、预期会导致经济利益流出企业的现时义务
		未来发生的交易或者事项形成的义务不属于现时义务,不应当确认为负债
	分类	按其偿还期限的长短可分为流动负债和非流动负债。
		流动负债：指1年内到期应予以清偿的债务,包括短期借款、应付及预收款项、应交税费、应付职工薪酬等
		非流动负债：指流动负债以外的负债,主要包括长期借款、应付债券和长期应付款等
		【注意】区别流动负债和非流动负债的具体内容,如流动负债一般包含短期、应付、应交和预收等词组,非流动负债一般包括长期等词组,特别注意"应付债券"(3年期、5年期的债券大于1年)属于非流动负债

续表

所有者权益	分类	所有者投入的资本	包括构成企业注册资本或者股本部分的金额,也包括资本(或股本)溢价。记入**实收资本、资本公积—资本溢价等科目**
		直接计入所有者权益的利得和损失	由企业**非日常活动**发生或形成的,记入其他综合收益科目
		留存收益	包括**计提的盈余公积和未分配利润**

（四）收入

1.收入的含义与特征

收入是指企业在日常活动中形成的、会导致所有者权益增加的、与所有者投入资本无关的经济利益的总流入。日常活动是指企业为完成其经营目标所从事的经常性活动以及与之相关的活动。

收入具有以下特征:

(1)收入是企业在日常活动中形成的。

(2)收入会导致所有者权益增加。

(3)收入是与所有者投入资本无关的经济利益的总流入。

2.收入的分类

收入包括主营业务收入和其他业务收入。主营业务收入是由企业的主营业务所带来的收入;其他业务收入是除主营业务活动以外的其他经营活动实现的收入。

收入按性质不同,可分为销售商品收入、提供劳务收入、让渡资产使用权收入等。

【演练11·单选题】 下列不属于收入的是( )。

A.商品销售收入　　　B.劳务收入　　　　C.代收款项　　　　D.租金收入

（五）费用

1.费用的含义与特征

费用是指企业在日常活动中发生的、会导致所有者权益减少的、与向所有者分配利润无关的经济利益的总流出。

费用具有以下特征:

(1)费用是企业在日常活动中发生的。

(2)费用会导致所有者权益减少。

(3)费用是与向所有者分配利润无关的经济利益的总流出。

2.费用的确认条件

费用的确认除了应当符合定义外,至少应当符合以下条件:

(1)与费用相关的经济利益应当很可能流出企业。

(2)经济利益流出企业的结果会导致资产的减少或者负债的增加。

(3)经济利益的流出额能够可靠计量。

3.费用的分类

费用包括生产费用与期间费用。

（1）生产费用是指与企业日常生产经营活动有关的费用,按其经济用途可分为直接材料、直接人工和制造费用。生产费用应按其实际发生情况计入产品的生产成本;对于生产几种产品共同发生的生产费用,应当按照受益原则,采用适当的方法和程序分配计入相关产品的生产成本。

（2）期间费用是指企业本期发生的、不能直接或间接归入产品生产成本,而应直接计入当期损益的各项费用,包括管理费用、销售费用和财务费用。

【演练12·多选题】 企业发生费用时,可能受到影响的会计要素有(　　)。

A. 资产　　　　　　B. 利润　　　　　　C. 收入　　　　　　D. 负债

（六）利润

1. 利润的含义与特征

利润是指企业在一定会计期间的经营成果。利润反映收入减去费用、直接计入当期利润的利得减去损失后的净额。通常情况下,如果企业实现了利润,表明企业的所有者权益将增加,业绩得到了提升;反之,如果企业发生了亏损（即利润为负数）,表明企业的所有者权益将减少,业绩下降。利润是评价企业管理层业绩的指标之一,也是投资者等财务会计报告使用者进行决策时的重要参考依据。

2. 利润的确认条件

利润的确认主要依赖于收入和费用,以及直接计入当期利润的利得和损失的确认,其金额的确定也主要取决于收入、费用、利得、损失金额的计量。

3. 利润的构成

利润包括收入减去费用后的净额、直接计入当期损益的利得和损失等。其中,收入减去费用后的净额反映企业日常活动的经营业绩;直接计入当期损益的利得和损失反映企业非日常活动的业绩。

直接计入当期损益的利得和损失,是指应当计入当期损益、最终会引起所有者权益发生增减变动的、与所有者投入资本或者向所有者分配利润无关的利得或者损失。企业应当严格区分收入和利得、费用和损失,以便全面反映企业的经营业绩。

【演练13·单选题】 利润的确认主要依赖于收入和费用以及本期利得和损失的确认,其金额的确定取决于(　　)的计量。

A. 资产、负债、所有者权益、收入和费用

B. 收入、费用、利得和损失

C. 收入和费用

D. 收入、费用、直接计入当期利润的利得和损失

知识点提要

收入	含义	指企业在日常活动中形成的、会导致所有者权益增加的、与所有者投入资本无关的经济利益的总流入	
	分类	按性质	分为销售商品收入、提供劳务收入和让渡资产使用权收入
		按经营业务的主次	**主营业务收入** 指企业主要经营业务所带来的收入,包括销售商品收入、提供劳务收入等
			其他业务收入 指企业除主营业务活动以外的其他经营活动所带来的收入,如工业企业出租固定资产、出租无形资产、出租包装物和商品、销售材料等实现的收入 【速记】出租材料,联想谐音拓展"猪吃饲料"
费用	含义	指企业在日常活动中发生的、会导致所有者权益减少的、与向所有者分配利润无关的经济利益的总流出	
		费用只有在经济利益很可能流出从而导致企业资产减少或者负债增加,且经济利益的流出额能够可靠计量时才能予以确认	
	分类	**生产费用** 指与企业日常生产经营活动有关的费用,按经济用途可分为直接材料、直接人工和制造费用	
		期间费用 期间费用包括**管理费用**、**财务费用**和**销售费用**等	
利润	含义	指企业在一定会计期间的经营成果	
		收入一费用+利得一损失=利润	
	分类	日常活动	收入(主营业务收入、其他业务收入)一费用
		非日常活动	资产处置损益(贷)一资产处置损益(借)
		【注意】营业外收入不属于"收入",营业外支出不属于"费用"	

三、会计要素的计量

会计要素的计量是为了将符合确认条件的会计要素登记入账并列报于财务报表而确定其金额的过程。企业应当按照规定的会计计量属性进行计量,确定相关金额。

(一)会计计量属性及其构成

会计计量属性是指会计要素的数量特征或外在表现形式,反映了会计要素金额的确定基础,主要包括历史成本、重置成本、可变现净值、现值和公允价值等。

1. **历史成本**

历史成本,又称实际成本,是指为取得或制造某项财产物资实际支付的现金或其他等价物。在历史成本计量下,资产按照其购置时所支付的现金或者现金等价物的金额,或者按照购置资产时所付出的对价的公允价值计量。负债按照其因承担现时义务而实际收到的款项或者资产的金额,或者承担现时义务的合同金额,或者按照日常活动中为偿还负债

预期所需要支付的现金或者现金等价物的金额计量。

2.重置成本

重置成本,又称现行成本,是指按照当前市场条件,重新取得同样一项资产所需要支付的现金或者现金等价物金额。在重置成本计量下,资产按照现在购买相同或者相似资产所需支付的现金或者现金等价物的金额计量。负债按照现在偿付该项债务所需支付的现金或者现金等价物的金额计量。在实务中,重置成本多用于盘盈固定资产的计量等。

3.可变现净值

可变现净值是指在正常的生产经营过程中,以预计售价减去进一步加工成本和预计销售费用以及相关税费后的净值。在可变现净值计量下,资产按照其正常对外销售所能收到现金或者现金等价物的金额扣减该资产完工时估计将要发生的成本、估计的销售费用以及相关税费后的金额计量。可变现净值通常应用于资产减值情况下的后续计量。

4.现值

现值是指对未来现金流量以恰当的折现率进行折现后的价值,是考虑货币时间价值的一种计量属性。在现值计量下,资产按照预计从其持续使用和最终处置中所产生的未来净现金流入量的折现金额计量。负债按照预期期限内需要偿还的未来净现金流入量的折现金额计量。现值通常用于非流动资产可收回金额和以摊余成本计量的金融资产价值的确定等。例如,在确定固定资产、无形资产等可收回金额时,通常需要计算资产预计未来现金流量的现值;对于持有至到期投资、贷款等以摊余成本计量的金融资产,通常需要使用实际利率法将这些资产在预期存续期间或使用的更短时间内的未来现金流量折现,再通过相应的调整确定其摊余成本。

5.公允价值

公允价值是指市场参与者在计量日发生的有序交易中,出售一项资产所能收到或者转移一项负债所需支付的价格。在公允价值计量下,资产和负债按照在公平交易中熟悉情况的交易双方自愿进行资产交换或者债务清偿的金额计量。公允价值主要应用于交易性金融资产、可供出售资产的计量等。

(二)计量属性的运用原则

企业在对会计要素进行计量时,一般应当采用历史成本。采用重置成本、可变现净值、现值、公允价值计量的,应当保证所确定的会计要素金额能够持续取得并可靠计量。

 知识点提要

可变现净值	可变现净值=预计售价-进一步加工成本-预计销售费用-相关税费
公允价值	指市场参与者在计量日发生的**有序交易**中,出售一项资产所能收到或者转移一项负债所需支付的价格

【演练14·单选题】对盘盈的固定资产进行计量,常用的会计计量属性是(   )。

A.历史成本　　　　B.重置成本　　　　C.可变现净值　　　　D.现值

本节演练答案及解析

8. B

9. C

10. D 【解析】所有者承受的风险高于债权人。

11. C

12. ABD

13. D 【解析】利润金额的确定取决于收入、费用、直接计入当期利润的利得和损失。

14. B 【解析】重置成本是指按照当前市场条件,重新取得同样一项资产所需支付的现金或现金等价物的金额。重置成本多应用于盘盈固定资产的计量。

第三节　会计等式

会计等式,又称会计恒等式、会计方程式或会计平衡公式,是表明各会计要素之间基本关系的等式。

会计对象是社会再生产过程中的资金运动,具体表现为会计要素的增减变化。企业发生的每一项交易或事项,都是资金运动的一个具体过程;资金运动过程必然涉及相应的会计要素。在资金运动过程中,会计要素之间存在一定的相互联系,会计要素之间的这种内在关系,可以通过会计平衡公式表现出来。从形式上看,会计等式反映了各项会计要素之间的内在联系;从本质上看,会计等式揭示了会计主体的产权关系和基本财务状况。会计等式是设置账户、复式记账和编制财务报表的理论依据。

一、会计等式的表现形式

(一)财务状况等式

任何企业要进行经济活动,都必须拥有一定数量和质量的、能给企业带来经济利益的经济资源。企业资产最初来源于两个方面:一是由企业所有者投入;二是由企业向债权人借入。所有者和债权人将其拥有的资产提供给企业使用,就应该相应地对企业的资产享有一种要求权,这种对资产的要求权在会计上称为"权益"。

资产表明企业拥有什么经济资源和拥有多少经济资源;权益表明经济资源的来源渠道,即谁提供了这些经济资源。可见,资产与权益是同一事物的两个不同方面,两者相互依存,不可分割,没有无资产的权益,也没有无权益的资产。因此,资产和权益两者在数量上必然相等,在任一时点都必然保持恒等的关系,可用公式表示为:

$$资产＝权益$$

企业的资产来源于企业的债权人和所有者,所以,权益又分为债权人权益和所有者权益,在会计上称债权人权益为负债,于是,上式可以写成:

$$资产＝负债＋所有者权益$$

财务状况等式,亦称基本会计等式或静态会计等式,是用以反映企业某一特定时点资产、负债和所有者权益三者之间平衡关系的会计等式。这一等式是复式记账法的理论基础,也是编制资产负债表的依据。

(二)经营成果等式

企业经营的目的是获取收入,实现盈利。企业在取得收入的同时,必然要发生相应的费用。通过收入与费用的比较,才能确定一定时期的盈利水平,确定实现的利润总额。在不考虑利得和损失的情况下,它们之间的关系用公式表示为:

$$收入-费用=利润$$

收入、费用、利润等会计要素之间的这种基本关系,实际上是利润计量的基本模式,其含义为:①收入的取得和费用的发生,直接影响企业利润的确定;②来自于特定会计期间的收入与其相关费用进行配比,可以确定该期间企业的利润数额;③利润是收入与相关费用比较的差额。

这一等式反映了利润的实现过程,称为经营成果等式或动态会计等式,是用以反映企业一定时期收入、费用和利润之间恒等关系的会计等式,也是编制利润表的依据。

(三)财务状况与经营成果相结合的等式

"资产=负债+所有者权益"反映的是资金运动的静态状况,"收入-费用=利润"反映的是资金运动的动态状况。运动是绝对的,静止是相对的,但运动的结果最终总要以相对静止的形式表现出来。因此,资金运动的动态状况最后必然反映到各项静态会计要素的变化上,从而使两个会计等式之间建立起钩稽关系。收入可导致企业资产增加或负债减少,最终会导致所有者权益增加;费用可导致企业资产减少或负债增加,最终会导致所有者权益减少。所以,一定时期的经营成果必然影响一定时点的财务状况。六个会计要素之间的关系可用下式表示:

$$资产=负债+所有者权益+(收入-费用)=负债+所有者权益+利润$$

【演练 15·单选题】 下列关于会计恒等式"资产=负债+所有者权益"的表述中,不正确的是(   )。

A. 反映了企业在某一时点的财务状况

B. 反映了资金运动三个静态要素之间的内在联系

C. 负债和所有者权益是构成资产负债表的最基本要素

D. 资产、负债及所有者权益是构成资产负债表的三个基本要素

二、经济业务对会计等式的影响

经济业务,又称会计事项,是指在经济活动中使会计要素发生增减变动的交易或者事项。

企业经济业务按其对财务状况等式的影响不同可以分为以下九种基本类型:

(1)一项资产增加,一项资产减少的经济业务;

(2)一项资产增加,一项负债增加的经济业务;

(3)一项资产增加,一项所有者权益增加的经济业务;

(4)一项资产减少,一项负债减少的经济业务;

(5)一项资产减少,一项所有者权益减少的经济业务;

(6)一项负债增加,一项负债减少的经济业务;

(7)一项所有者权益增加,一项所有者权益减少的经济业务;

(8)一项负债增加,一项所有者权益减少的经济业务;

(9)一项所有者权益增加,一项负债减少的经济业务。

上述九类基本经济业务的发生均不影响财务状况等式的平衡关系,具体分为三种情形:基本经济业务(1)、(6)、(7)、(8)、(9)使财务状况等式左右两边的金额保持不变;基本经济业务(2)、(3)使财务状况等式左右两边的金额等额增加;基本经济业务(4)、(5)使财务状况等式左右两边的金额等额减少。

上述九种情形如表 2-3 所示。

表 2-3　九种情形

经济业务类型	资　产		负　债		所有者权益	对资产总额影响
(1)	增加、减少					不变
(2)	增加		增加			增加
(3)	增加				增加	增加
(4)	减少	=	减少	+		减少
(5)	减少				减少	减少
(6)			增加、减少			不变
(7)			增加		减少	不变
(8)			减少		增加	不变
(9)					增加、减少	不变

现举例说明,假设众兴财纺织贸易公司 2019 年 1 月 1 日拥有资产 150000 元,其中债权人提供的资金及负债为 50000 元,所有者权益为 100000 元。如表 2-4 所示。

表 2-4　期初余额

业务分析	资　产		负　债		所有者权益
期初余额	150000 元	=	50000 元	+	100000 元

2019 年 1 月份发生如下经济业务:

(1)1 月 5 日,向银行提取现金 400 元备用。

该经济业务的发生,使企业一方面一项资产——现金增加了 400 元,另一方面一项资产——银行存款减少了 400 元,产生这一变化后,资产和负债及所有者权益的平衡关系如表 2-5 所示。

表 2-5　变化后的平衡关系(一)

业务分析	资　产		负　债		所有者权益	对资产总额影响
业务发生前余额	150000	=	50000	+	100000	
业务(1)	+400 −400					不变
业务发生后余额	150000		50000		100000	

资产中一项资产增加 400,另一项资产减少 400,故资产总额不变,负债和所有者权益无变化,资产和负债及所有者权益双方金额仍为 150000 元,仍然保持平衡关系。属于上述第(1)种经济业务类型。

(2)1 月 8 日,从龙飞公司购进价值 6000 元的原材料,货款未付。

该经济业务的发生,使企业一方面增加了新资产——6000 元的原材料,另一方面增加了一项新的负债——应付账款 6000 元。产生这一变化后,资产和负债及所有者权益的平衡关系如表 2-6 所示。

表 2-6　变化后的平衡关系(二)

业务分析	资　产		负　债		所有者权益	对资产总额影响
业务发生前余额	150000	=	50000	+	100000	
业务(2)	+6000		+6000			增加
业务发生后余额	156000		56000		100000	

资产和负债双方各增加金额 6000 元,总额均为 156000 元,仍然保持平衡关系。属于上述第(2)种经济业务类型。

(3)1 月 10 日,收到金八交来银行存款 150000 元,作为对本公司的投资。

该经济业务的发生,使企业的资产——银行存款增加 150000 元,同时使所有者权益——实收资本增加 150000 元。产生这一变化后,资产和负债及所有者权益的平衡关系如表 2-7 所示。

表 2-7　变化后的平衡关系(三)

业务分析	资　产		负　债		所有者权益	对资产总额影响
业务发生前余额	156000	=	56000	+	100000	
业务(3)	+150000				+150000	增加
业务发生后余额	306000		56000		250000	

资产和所有者权益双方各增加 150000 元,总额均为 306000 元,仍然保持平衡关系。属于上述第(3)种经济业务类型。

(4)1 月 11 日,以银行存款 20000 元偿还短期借款。

该经济业务的发生,使企业的负债——短期借款减少 20000 元,资产——银行存款也减少 20000 元。产生这一变化后,资产和负债及所有者权益的平衡关系如表 2-8 所示。

表 2-8　变化后的平衡关系(四)

业务分析	资　产		负　债		所有者权益	对资产总额影响
业务发生前余额	306000	=	56000	+	250000	
业务(4)	−20000		−20000			减少
业务发生后余额	286000		36000		250000	

资产和负债双方各减少20000元,总额均为286000元,仍保持平衡关系。属于上述第(4)种经济业务类型。

(5)1月25日,按法定程序报经批准,以银行存款8000元退还个人投资款。

该经济业务的发生,使企业的资产——银行存款减少8000元,同时使所有者权益——实收资本减少8000元。产生这一变化后,资产和负债及所有者权益的平衡关系如表2-9所示。

表 2-9　变化后的平衡关系(五)

业务分析	资　产		负　债		所有者权益	对资产总额影响
业务发生前余额	286000	=	36000	+	250000	
业务(5)	−8000				−8000	减少
业务发生后余额	278000		36000		242000	

资产和所有者权益双方各减少8000元,总额均为278000元,仍然保持平衡关系。属于上述第(5)种经济业务类型。

(6)1月26日,经向银行申请,银行同意将短期借款30000元转作长期借款。

该经济业务的发生,使企业的一项负债——短期借款减少30000元,另一项负债——长期借款增加30000元。产生这一变化后,资产和负债及所有者权益的平衡关系如表2-10所示。

表 2-10　变化后的平衡关系(六)

业务分析	资　产		负　债		所有者权益	对资产总额影响
业务发生前余额	278000	=	36000	+	242000	
业务(6)			+30000 −30000			不变
业务发生后余额	278000		36000		242000	

负债中一项负债增加30000元,另一项负债减少30000元,故负债总额不变,资产和所有者权益不变,资产和负债及所有者权益双方金额仍为278000元,仍然保持平衡关系。属于上述第(6)种经济业务类型。

(7)1月28日,按规定将盈余公积10000元转增投资者资本。

该经济业务发生,使企业的一项所有者权益——盈余公积减少10000元,另一项所有者权益——实收资本增加10000元,增减金额均为10000元。产生这一变化后,资产和负债及所有者权益的平衡关系如表2-11所示。

表 2-11 变化后的平衡关系(七)

业务分析	资 产		负 债		所有者权益	对资产总额影响
业务发生前余额	278000	=	36000	+	242000	
业务(7)					+10000 -10000	不变
业务发生后余额	278000		36000		242000	

所有者权益中一项所有者权益增加 10000 元,另一项所有者权益减少 10000 元,故所有者权益总额不变,资产和负债不变,资产和负债及所有者权益双方金额仍为 278000 元,仍然保持平衡关系。属于上述第(7)种经济业务类型。

(8)1 月 29 日,按规定计算出应付给投资者利润 12000 元。

该经济业务发生,使企业的负债——应付利润增加 12000 元,同时使所有者权益——未分配利润减少 12000 元。产生这一变化后,资产和负债及所有者权益双方的平衡关系如表 2-12 所示。

表 2-12 变化后的平衡关系(八)

业务分析	资 产		负 债		所有者权益	对资产总额影响
业务发生前余额	278000	=	36000	+	242000	
业务(7)			+12000		-12000	不变
业务发生后余额	278000		48000		230000	

一项负债增加 12000 元,一项所有者权益减少 12000 元,资产和负债及所有者权益双方金额仍为 278000 元,仍然保持平衡关系。属于上述第(8)种经济业务类型。

(9)1 月 30 日,经双方协商同意,将应偿还给阳光公司的货款 18000 元转作其对本企业的投资。

该经济业务发生,使企业的所有者权益——实收资本增加 18000 元,负债——应付账款减少 18000 元。产生这一变化后,资产和负债及所有者权益双方的平衡关系如表 2-13 所示。

表 2-13 变化后的平衡关系(九)

业务分析	资 产		负 债		所有者权益	对资产总额影响
业务发生前余额	278000	=	48000	+	230000	
业务(7)			-18000		+18000	不变
业务发生后余额	278000		30000		248000	

一项所有者权益增加 18000 元,一项负债减少 18000 元,资产和负债及所有者权益双方金额仍为 278000 元,仍然保持平衡关系。属于上述第(9)种经济业务类型。

由此可见,每一项经济业务的发生,都必然引起会计等式的一边或两边有关项目相互联系地等量变化,即当涉及会计等式的一边时,有关项目的金额发生相反方向的等额变动;当涉及会计等式的两边时,有关项目的金额发生相同方向的等额变化,但始终不会影响会计等式的平衡关系。

【演练 16·单选题】 甲公司向银行借款 20 万元存入银行,下列关于甲公司资产、负债或所有者权益变化的表述中,正确的是(　　)。

A.资产增加,负债增加

B.负债增加,所有者权益减少

C.资产增加,所有者权益增加

D.资产增加,负债减少

 知识点提要

财务状况等式(资产＝负债＋所有者权益)	资产＝权益,此处的权益包括负债(债权人权益)和所有者权益
	即基本的恒等式(第一等式)和静态会计等式,是用以反映企业某一特定时点资产、负债、所有者权益三者之间平衡关系的会计等式。此等式是复式记账法的理论基础,也是编制资产负债表的依据
经营成果等式(收入－费用＝利润)	经营成果等式即**动态会计等式、第二会计等式**,用以反映企业一定时期收入、费用和利润(经营成果)之间恒等关系的会计等式,**是编制利润表的依据**
	资产＝负债＋所有者权益＋利润＝负债＋所有者权益＋收入－费用 **【解释】**期初:资产 15＝负债 5＋所有者权益 10 　　　　本期:收入 9－费用 6＝利润 3 　　　　期末:由于利润属于所有者权益,在期末新的所有者权益＝10＋3＝13 　　　　　　即新的资产 18＝负债 5＋所有者权益 10＋利润 3 　　　　　　　　　　＝负债 5＋所有者权益 10＋收入 9－费用 6
	收入大于费用,企业产生利润,使资产增加或负债减少,财务状况好转; 收入小于费用,企业发生亏损,使资产减少或负债增加,财务状况恶化

本节演练答案

15.C　16.A

第四节　会计科目与账户

一、会计科目的概念

会计科目是对会计要素的具体内容进行分类核算的项目,是进行会计核算和提供会计信息的基础。

二、会计科目的分类

会计科目可按其反映的经济内容(即所属会计要素)、所提供信息的详细程度及其统驭关系分类。

1.按反映的经济内容分类

会计科目按其反映的经济内容不同,可分为资产类科目、负债类科目、共同类科目、所有者权益类科目、成本类科目和损益类科目。会计对象、会计要素的分类与会计科目的分类之间的对应关系如表 2-14 所示。

表 2-14 会计对象、会计要素与会计科目的对应关系

会计对象	会计要素	会计科目		
指会计核算和监督的内容,即以货币表现的经济活动	资产	资产类	库存现金、银行存款等	
	负债	负债类	短期借款、应付账款等	
	所有者权益	所有者权益类	实收资本、资本公积等	
	利润			
	收入	损益类	收入(益)	主营业务收入、其他业务收入、营业外收入等
	费用		费用(损)	主营业务成本、其他业务成本、管理费用等
		成本类	生产成本、制造费用等	

(1)资产类科目,是对资产要素的具体内容进行分类核算的项目,按资产的流动性分为反映流动资产的科目和反映非流动资产的科目。

反映流动资产的会计科目,如"库存现金"、"银行存款"、"交易性金融资产"、"应收账款"、"应收票据"、"其他应收款"、"应收利息"、"预付账款"、"原材料"、"周转材料"、"库存商品"等;反映非流动资产的科目,如"长期股权投资"、"固定资产"、"无形资产"、"长期待摊费用"等。

在资产类会计科目中,还有一些是用来反映资产价值损耗或损失的科目,如"累计折旧"、"累计摊销"、"坏账准备"、"存货跌价准备"等。这些会计科目反映相应资产的价值损耗或损失,其目的是确定资产的账面价值。

(2)负债类科目,是对负债要素的具体内容进行分类核算的项目,按负债的偿还期限分为反映流动负债的科目和反映非流动负债的科目。

反映流动负债的会计科目,如"短期借款"、"应付账款"、"应付票据"、"其他应付款"、"应付利息"、"预收账款"、"应付职工薪酬"、"应交税费"等;反映非流动负债的会计科目,如"长期借款"、"应付债券"、"长期应付款"等。

(3)共同类科目,是既有资产性质又有负债性质的科目,主要有"清算资金往来"、"外汇买卖"、"衍生工具"、"套期工具"、"被套期项目"等科目。

(4)所有者权益类科目,是对所有者权益要素的具体内容进行分类核算的项目,按所有者权益的形成和性质可分为反映资本的科目和反映留存收益的科目。

反映资本的会计科目,如"实收资本"(股份制企业为"股本")、"资本公积"等;反映留存收益的会计科目,如"盈余公积"、"本年利润"、"利润分配"等。

(5)成本类科目,是对可归属于产品生产成本、劳务成本等的具体内容进行分类核算的项目,按成本的内容和性质的不同可分为反映制造成本的科目、反映劳务成本的科目等。

反映制造成本的会计科目,如"生产成本"、"制造费用"等;反映劳务成本的会计科目,如"劳务成本"等。

(6)损益类科目,是对收入、费用等的具体内容进行分类核算的项目。

反映收入的会计科目,如"主营业务收入"、"其他业务收入"等;反映费用的会计科目,如"主营业务成本"、"其他业务成本"、"税金及附加"、"管理费用"、"财务费用"、"销售费用"、"所得税费用"等。

2.按提供信息的详细程度及其统驭关系分类

会计科目按其提供信息的详细程度及其统驭关系,可以分为总分类科目和明细分类科目。

(1)总分类科目,又称总账科目或一级科目,是对会计要素的具体内容进行总括分类,提供总括信息的会计科目。如"原材料"、"应收账款"、"应付账款"、"实收资本"等科目。

(2)明细分类科目,又称明细科目,是对总分类科目做进一步分类,提供更为详细和具体的会计信息的科目。如"原材料"科目可按原材料的品种、规格等设置明细科目,分别反映各品种、规格的原材料"应收账款",科目可按债务人设置明细科目,分别反映应收账款的具体对象及其分布情况。对于明细科目较多的总分类科目,可在总分类科目与明细科目之间设置二级或多级科目。例如,在企业基本生产和辅助生产的产品或劳务种类较多的情况下,"生产成本"总分类科目下可设置"基本生产成本"和"辅助生产成本"两个二级科目。

3.总分类科目和明细分类科目的关系

总分类科目对所属的明细分类科目起着统驭和控制作用,而明细分类科目是对其所归属的总分类科目的补充和说明,且总分类账户与其所属明细分类账户在总金额上应当相等,如表2-15所示。

表2-15 应收账款总分类科目与所属明细分类科目之间的关系

总分类科目 (一级科目)	明细分类科目	
	二级科目	三级科目
应收账款	广东省	广州发达公司
		深圳发财公司
	浙江省	杭州发钱公司
		宁波发福公司

【演练17·单选题】 某企业设置了"原材料—燃料—焦炭"会计科目,在此科目中,"燃料"属于( )。

A.总分类科目

B.二级明细科目

C.一级明细科目

D.三级明细科目

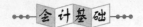

 知识点提要

分类	按反映的经济内容（其归属的会计要素）分类	资产类科目	按流动性	流动资产
			非流动资产
		负债类科目	按偿还期限	流动负债
			非流动负债
		共同类科目	——
		所有者权益类科目	反映资本的科目
			反映留存收益的科目
		成本类科目	反映制造成本的科目
			反映劳务成本的科目
		损益类科目	是对收入、费用等的具体内容进行核算
	按提供信息的详细程度及其统驭关系分类	(1)**总分类科目**，又称一级科目或总账科目，它是对会计要素具体内容进行总括分类、提供总括信息的会计科目。总分类账户是根据总分类科目设置的账户，如"应收账款""应付账款""原材料"等
		(2)**明细分类科目**，又称明细科目，是对总分类科目做进一步分类、提供更详细和具体的会计信息的科目。明细分类账户是根据明细分类科目设置的账户
		总分类科目和明细科目的核算内容相同，总分类科目对其所属的明细分类科目具有统驭和控制作用，而明细分类科目是对其所归属的总分类科目的补充和说明

三、会计科目的设置

（一）会计科目设置的原则

各单位由于经济业务活动的具体内容、规模大小与业务繁简程度等情况不尽相同，在具体设置会计科目时，应考虑其自身特点和具体情况，但设置会计科目时都应遵循以下原则：

(1)合法性原则：指所设置的会计科目应当符合国家统一的会计制度的规定。企业在设置会计科目时，要根据国家规定的会计科目及有关规定进行选择，符合合法性要求，如会计科目的名称、编号、核算内容、账务处理程序及账户余额等应符合国家的统一规定，不得擅自改变，以保证提供的会计信息口径一致。

(2)相关性原则：指所设置的会计科目应为有关各方提供所需要的会计信息服务，满足对外报告与对内管理的要求。会计信息使用者包括投资者、债权人、政府及其有关部门和社会公众等。会计信息使用者需要的信息包括企业盈利能力、资产运营水平、偿债能力和可持续发展能力等信息。这类信息主要是由通用财务会计报告和内部会计报表等载体来提供的。会计信息系统提供的会计信息应尽量满足会计信息使用者的需要，符合相关性原则。

(3)实用性原则:指所设置的会计科目应符合单位自身特点,满足单位实际需要。在能够提供统一会计信息的前提下,各会计主体应根据本单位自己的具体情况,结合会计信息使用者的要求,删减或者增补会计科目。

另外,会计科目要简明、适用,并要分类、编号。每一个会计科目都应有特定的核算内容。在设置会计科目时,必须严格、明确地界定每一个会计科目特定的核算内容,不能混淆。会计科目的名称应与其核算的内容相一致,并要含义明确、通俗易懂。会计科目的编号是会计科目的数字代码。统一规定会计科目的编号,是为了便于编制会计凭证、登记会计账簿,查阅账目,实行会计电算化。单位在填制会计凭证、登记会计账簿时,应当填列会计科目的名称,或者同时填列会计科目的名称和编号,不应当只填会计科目编号,不填会计科目名称。

【演练18·单选题】 下列( )不是会计科目的设置原则。

A. 合法性原则   B. 相关性原则   C. 实用性原则   D. 真实性原则

 知识点提要

设置原则	合法性原则	设置会计科目应该符合国家统一会计制度
	相关性原则	设置会计科目应当为有关各方提供所需要的会计信息服务,满足对外报告和对内管理的要求
	实用性原则	设置符合企业需要的会计科目

(二)常用会计科目

企业常用的会计科目如表2-16所示。

表 2-16   常用的会计科目参照

编号	名　称	编号	名　称
	一、资产类		**二、负债类**
1001	库存现金	2001	短期借款
1002	银行存款	2201	应付票据
1012	其他货币资金	2202	应付账款
1101	交易性金融资产	2203	预收账款
1121	应收票据	2211	应付职工薪酬
1122	应收账款	2221	应交税费
1123	预付账款	2231	应付利息
1131	应收股利	2232	应付股利
1132	应收利息	2241	其他应付款
1221	其他应收款	2501	长期借款
1231	坏账准备	2502	应付债券

续表

编号	名称	编号	名称
1401	材料采购	2701	长期应付款
1402	在途物资	2711	专项应付款
1403	原材料	2801	预计负债
1404	材料成本差异	2902	递延所得税负债
1405	库存商品		三、共同类(略)
1406	发出商品		四、所有者权益类
1407	商品进销差价	4001	实收资本
1408	委托加工物资	4002	资本公积
1471	存货跌价准备	4003	其他综合收益
1501	债权投资	4101	盈余公积
1502	债权投资减值准备	4103	本年利润
1503	其他债权投资	4104	利润分配
1504	其他权益工具投资	4401	其他权益工具
1511	长期股权投资		五、成本类
1512	长期股权投资减值准备	5001	生产成本
1521	投资性房地产	5101	制造费用
1531	长期应收款	5201	劳务成本
1601	固定资产	5301	研发支出
1602	累计折旧		六、损益类
1603	固定资产减值准备	6001	主营业务收入
1604	在建工程	6051	其他业务收入
1605	工程物资	6101	公允价值变动损益
1606	固定资产清理	6111	投资收益
1701	无形资产	6115	资产处置损益
1702	累计摊销	6117	其他收益
1703	无形资产减值准备	6301	营业外收入
1711	商誉	6401	主营业务成本
1801	长期待摊费用	6402	其他业务成本
1811	递延所得税资产	6403	税金及附加
1901	待处理财产损益	6601	销售费用
		6602	管理费用
		6603	财务费用

续表

编号	名　称	编号	名　称
		6701	资产减值损失
		6702	信用减值损失
		6711	营业外支出
		6801	所得税费用
		6901	以前年度损益调整

 知识点提要

会计初级考试需要掌握的科目如下。

1. 资产类

(1) 钱:库存现金、银行存款、其他货币资金。如表 2-17 所示。

表 2-17　钱

科　目	核算内容
库存现金	指企业为了满足经营过程中零星支付需要而保留的现金
银行存款	指企业存入银行或其他金融机构的各种款项
其他货币资金	指企业的银行汇票存款、银行本票存款、信用卡存款、信用证保证金存款、存出投资款、外埠存款等其他货币资金

(2) 应收:应收票据、应收账款、其他应收款、应收利息、应收股利、坏账准备、预付账款等。如表 2-18 所示。

表 2-18　应收类

科　目	核算内容
应收票据	指企业因销售商品、提供劳务等而收到的商业汇票,包括银行承兑汇票和商业承兑汇票
应收账款	指企业因销售商品、提供劳务等经营活动发生的应收未收到的销货款
其他应收款	指企业除存出保证金、买入返售金融资产、应收票据、应收账款、预付账款等以外的其他各种应收未收款项,如职工借支差旅费
应收利息	指债券投资实际支付的价款中包含的已到付息期但尚未领取的债券利息
应收股利	因股权投资而应收取的现金股利以及应收其他单位的利润,包括企业股票实际支付的款项中所包括的已宣告发放但尚未领取的现金股利和企业对外投资应分得的现金股利或利润等
坏账准备	指企业按会计谨慎性原则,预先提取的应收款项的风险准备金,核算收不回的坏账损失,作为应收账款科目的备抵,基本属性与应收账款相反
预付账款	指企业按照合同规定预先支付给供货单位的购货款或定金。预付款项情况不多的,也可以不设置本科目,将预付的款项直接记入"应付账款"科目

（3）物：在途物资、材料采购、原材料、库存商品、工程物资、在建工程、固定资产、累计折旧等。如表 2-19 所示。

表 2-19　物

科　目	核算内容
在途物资	指企业采用实际成本法下，核算已经购入，但尚未验收入库的材料成本
材料采购	指企业采用计划成本法下，核算已经购入，但尚未验收入库的材料成本
原材料	指企业为产品生产储备的并构成产品实体的生产材料，包括主要材料、辅助材料、燃料等
库存商品	指企业库存的待销售商品的成本
工程物资	为工程建设而购入的各种材料物资
在建工程	指企业基建、更新改造等在建工程发生的支出
固定资产	指为生产产品、提供劳务、出租或经营管理持有的，使用期限在 1 年以上，单价在规定限额以上的劳动资料和其他资产的原价（房屋、机器设备等）
累计折旧	指企业固定资产在使用过程中所损耗和转移的价值，作为固定资产科目的备抵，基本属性与固定资产相反

（4）其他：待处理财产损益、无形资产、累计摊销等。如表 2-20 所示。

表 2-20　其他

科　目	核算内容
待处理财产损益	指企业在清查财产过程中查明的各种财产盘盈、盘亏和毁损的价值。物资在运输途中发生的非正常短缺与损耗，也通过本科目核算
无形资产	指企业持有的无物质形态但能给企业带来经济利益的专利技术、非专利技术、商标权、著作权、土地使用权等
累计摊销	指企业对使用寿命有限的无形资产计提的累计摊销，作为无形资产科目的备抵，基本属性与无形资产相反

2.负债类

（1）借款：短期借款、长期借款。如表 2-21 所示。

（2）应付：应付票据、应付账款、其他应付款、预收账款、应付利息、应付职工薪酬、应付股利、应交税费、应付债券等。

表 2-21　负债类

科　目	核算内容
短期借款	指企业向银行或其他金融机构等借入的期限在 1 年以下（含 1 年）的各项借款
长期借款	指企业向银行或其他金融机构等借入的期限在 1 年以上（不含 1 年）的各项借款
应付票据	指企业购买材料、商品和接受劳务供应等开出、承兑的商业汇票，包括银行承兑汇票和商业承兑汇票

科　　目	核算内容
应付账款	指企业因购买材料、商品和接受劳务等经营活动应付未付的款项
其他应付款	指企业除应付票据、应付账款、预收账款、应付职工薪酬等以外的其他各项应付未付、暂收的款项,如暂收的押金
预收账款	指企业按照合同规定预先收取购货单位的购货款或定金
应付利息	指企业所取得的各项借款应按照合同约定支付的利息
应付职工薪酬	指企业根据有关规定应付给职工的各种薪酬。本科目可按"工资"、"职工福利"、"社会保险费"、"住房公积金"、"工会经费"、"职工教育经费"、"非货币性福利"、"辞退福利"、"股份支付"等进行明细核算
应付股利	指企业应付给投资人的分红(现金股利)
应交税费	指企业按照税法等规定计算应交未交的各种税费,主要包括增值税、消费税、城市建设维护税、教育费附加税、所得税等

3.共同类

略。

4.所有者权益类

所有者权益类有实收资本(股本)、资本公积、盈余公积、本年利润、利润分配等。如表2-22所示。

表2-22　所有者权益类

科　　目	核算内容
实收资本	指企业按照章程或合同、协议的约定,接受投资者投入的实收资本。股份有限公司应将本科目改为"股本"
资本公积	指企业收到投资者出资额超出其在注册资本或股本中所占份额的部分
盈余公积	指企业从净利润中提取的盈余公积
本年利润	指企业当期实现的净利润(或发生的净亏损)
利润分配	指企业税后净利润的分配(或亏损的弥补)和历年分配(或弥补)后的余额

5.成本类

成本类有生产成本、制造费用。如表2-23所示。

表2-23　成本类

科　　目	核算内容
生产成本	指企业进行工业性生产发生的各项生产成本,一般指生产车间直接用于产品生产的费用支出[项目:直接材料、直接人工、制造费用(间接制造费用分配过来的成本)]
制造费用	指企业生产车间为生产产品而发生的各项间接费用,包括车间的折旧费、水电费、办公费、机物料消耗等

6. 损益类

(1)收入类(益):主营业务收入、其他业务收入、营业外收入、投资收益。如表2-24所示。

表2-24　收入类(益)

科　目	核算内容
主营业务收入	指企业在销售商品、提供劳务以及让渡资产使用权等日常活动中所取得的主营业务的收入
其他业务收入	指企业确认的除主营业务活动以外的其他经营活动实现的收入,包括出租固定资产、出租无形资产、出租包装物和商品、销售材料等实现的收入
营业外收入	指企业发生的非生产经营产生或发生的各种收益,包括非流动资产处置利得、捐赠利得、罚没收入等
投资收益	指企业确认的投资收益或损失

(2)费用类(损):主营业务成本、其他业务成本、营业外支出、销售费用、管理费用、财务费用、营业税金及附加、所得税费用、资产减值损失。如表2-25所示。

表2-25 费用类(损)

科　目	核算内容
主营业务成本	指企业从事主营销售活动、提供劳务所发生的成本耗费
其他业务成本	指企业确认的除主营业务活动以外的其他经营活动所发生的成本耗费
营业外支出	指与企业生产经营无直接关系的各项营业外支出,包括非流动资产处置损失、公益性捐赠支出、非常损失、盘亏损失等
销售费用	指企业在销售过程中发生的各项费用以及为销售本企业商品而专设的销售机构经费,如展销费、包装费、宣传广告费、运输费、装卸费、委托代销手续费等费用
管理费用	指企业在筹建期间发生的开办费,包括人员工资、办公费、培训费、差旅费、印刷费、注册登记费等。 企业为组织和管理企业生产经营所发生的管理费用,如工资、福利费、办公费、招待费、车辆费、差旅费、招待费、行政管理部门固定资产的折旧及无形资产的摊销
财务费用	指企业为生产经营而筹集资金或运用资金所发生的各项费用,包括利息支出、利息收入、汇兑损益、金融机构手续费、企业发生或收到的现金折扣等
税金及附加	指企业日常经营活动应负担的税金及附加费用,包括消费税、城市维护建设税、房产税、车船税、土地使用税、印花税、资源税和教育费附加等相关税费
所得税费用	指企业确认的应从当期利润总额中扣除的所得税费用
资产减值损失	指企业在资产负债表日,经过对资产的测试,判断资产的可收回金额低于其账面价值而计提资产减值损失准备所确认的相应损失

【演练19·单选题】"营业外收入",属于(　　)类科目。

A. 资产　　　　　B. 负债　　　　　C. 所有者权益　　　　　D. 损益

四、会计账户的概念与分类

我们知道,会计科目只是对会计对象的具体内容进行分类,即对会计要素进行分类,它仅规定了会计核算的具体内容。但只有分类的名称还不能提供任何指标,也就不能真实地记录和反映每一笔经济业务及其连续性,因此会计上所需的具体数据资料要通过有关的账户来进行登记和积累,各单据必须在设置会计科目的基础上,建立相应的账户。

（一）会计账户的概念

账户是根据会计科目设置的,具有一定格式和结构,用于分类反映会计要素增减变动情况及其结果的载体。

（二）会计账户的分类

账户可根据其核算的经济内容、提供信息的详细程度及其统驭关系进行分类。

（1）根据核算的经济内容,账户分为资产类账户、负债类账户、共同类账户、所有者权益类账户、成本类账户和损益类账户六类。其中,有些资产类账户、负债类账户和所有者权益类账户存在备抵账户。备抵账户,又称抵减账户,是指用来抵减被调整账户余额,以确定被调整账户实有数额而设置的独立账户。

（2）根据提供信息的详细程度及其统驭关系,账户分为总分类账户和明细分类账户。

①总分类账户。总分类账户又称总账账户、一级账户,是对企业经济活动的具体内容进行总括核算的账户,它能够提供某一具体内容的总括核算指标,一般只用货币计量。总分类账户的名称、核算内容、使用方法通常是国家《企业会计准则》统一制定的,如根据"原材料"科目开设的"原材料"账户,能够提供企业拥有的原材料总额。

②明细分类账户。明细分类账户是对某一经济业务进行明细核算的账户,它是根据总分类账户的核算内容,按照实际需要和更详细的分类要求设置的。明细分类账户能够提供具体经济业务活动的详细资料,除可以用货币计量外,有的还用实物量度（个、千克、台）等辅助计量。在实际工作中,不是所有的总分类账户都需要设置明细分类账户,如"库存现金"、"累计折旧"等账户不必设置明细分类账户,而多数总分类账户都要设置明细分类账户,如根据"应交税费"科目下所属的各明细科目开设的明细账户,就可以了解企业应交有关具体税种的金额。

总分类账户和所属明细分类账户核算的内容相同,只是反映内容的详细程度有所不同,两者相互补充、相互制约、相互核对。总分类账户统驭和控制所属明细分类账户,明细分类账户从属于总分类账户。

有些资产类账户、负债类账户和所有者权益类账户存在备抵账户（抵减账户）,如"坏账准备"是"应收账款"的备抵账户,"累计折旧"是"固定资产"的备抵账户,"累计摊销"是"无形资产"的备抵账户。

五、账户的功能与结构

(一)账户的功能

账户的功能在于连续、系统、完整地提供企业经济活动中各会计要素增减变动及其结果的具体信息。其中,会计要素在特定会计期间增加和减少的金额,分别称为账户的"本期增加发生额"和"本期减少发生额",两者统称为账户的"本期发生额";会计要素在会计期末的增减变动结果,称为账户的"余额",具体表现为期初余额和期末余额,账户上期的期末余额转入本期,即为本期的期初余额;账户本期的期末余额转入下期,即为下期的期初余额。账户的期初余额、期末余额、本期增加发生额和本期减少发生额统称为账户的四个金额要素。对于同一账户而言,它们之间的基本关系为:

期末余额=期初余额+本期增加发生额-本期减少发生额

账户的本期发生额说明特定资金项目在某一会计期间增加或减少的变动状况,提供该资金项目变化的动态信息。因此,账户的本期发生额属于"动态"经济指标范畴;账户的余额说明特定资金项目在某一时日或某一时刻(如期初、期末)的存在状况,即"相对静止"条件下的表现形式。因此,账户的余额属于"静态"经济指标范畴。如图2-3所示,举例说明。

库存现金

期初余额	30000		
(1)	5000	(2)	2000
(3)	1000	(4)	3000
本期增加发生额合计	6000	本期减少发生额合计	5000
期末余额	31000		

期末余额=期初余额+本期增加发生额合计-本期减少发生额合计

31000 = 30000 + 6000 - 5000

图2-3 举例说明

(二)账户的结构

为了正确记录和反映各项经济业务引起的资产、负债、所有者权益、收入、费用和利润的增减变动及其结果,账户不但要有明确的核算内容,而且要有一定的结构。

账户的结构是指账户的组成部分及其相互关系。账户通常由以下内容组成:

(1)账户名称,即会计科目;

(2)日期,即所依据记账凭证中注明的日期;

(3)凭证字号,即所依据记账凭证的编号;

(4)摘要,即经济业务的简要说明;

(5)金额,即增加额、减少额和余额。

账户的基本结构如表2-1所示。

从账户名称、记录增加额和减少额的左右两方来看,账户结构在整体上类似于汉字

"丁"和大写的英文字母"T",因此,账户的基本结构在实务中被形象地称为丁字账户或者 T 账户。如图 2-4 所示。

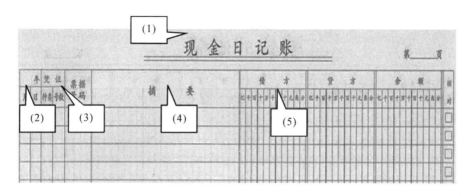

图 2-4　账户的基本结构

　　T 账户划分为左右两方,由于账户所记录的经济内容不同,其左右两方记录的内容也不同。左右两方都是按相反方向来记录增加额和减少额的,即如果规定在左方记录增加额,就应该在右方记录减少额。反之,规定右方记录增加额,那么左方就应该记录减少额。究竟哪个账户的哪一方用来登记增加额,哪一方用来登记减少额,取决于账户反映的经济内容和账户的性质。账户的左右两方增减相抵后的差额,称为账户的余额。账户余额一般与增加额在同一方向。

【演练 20·判断题】　账户的四个金额要素之间的关系可用下面的等式表示:期初余额＝期末余额＋本期增加发生额—本期减少发生额。　　　　　　　　　　　　　　　(　　)

 知识点提要

账户的功能	连续、系统、完整地提供企业经济活动中各会计要素增减变动及其结果的具体信息	
	账户的四个金额要素之间的基本关系为:期末余额＝期初余额＋本期增加发生额—本期减少发生额	
账户的结构	内容	(1)账户名称;(2)日期;(3)凭证字号;(4)摘要;(5)金额
	账户的左右两方,分别记录增加额和减少额,至于哪一方登记增加,哪一方登记减少,**取决于账户记录的经济内容和账户的性质**	

六、账户与会计科目的关系

从理论上讲,会计科目与账户是两个不同的概念,两者既有联系,又有区别。

联系:会计科目与账户都是对会计对象具体内容的分类,两者核算内容一致,性质相同。会计科目是账户的名称,也是设置账户的依据;账户是会计科目的具体运用,具有一定的结构和格式,并通过其结构反映某项经济内容的增减变动及其余额。没有会计科目,账户便失去了设置的依据;没有账户,就无法发挥会计科目的作用。

区别:会计科目仅仅是账户的名称,不存在结构;而账户则具有一定的格式和结构。实际工作中,对会计科目和账户不加以严格区分,而是相互通用。

【演练 21·判断题】 会计科目是账户的名称,账户是会计科目的载体和具体运用。

( )

知识点提要

账户与会计科目	联系	对会计对象具体内容的分类,两者核算内容一致,性质相同
		会计科目是账户的名称,也是设置账户的依据
		账户是会计科目的具体运用,具有一定的结构和格式
	区别	会计科目仅仅是账户的名称,不存在结构;而账户则具有一定的格式和结构

本节演练答案及解析

17. B

18. D

19. D 【解析】会计要求分类必须掌握内容。

20. ×

21. √ 【解析】本题考核会计科目和账户的关系。

【习题二】

一、单项选择题

1.负债是指企业过去的交易或者事项形成的,预期会导致经济利益流出企业的( )。

A.现时义务   B.潜在义务   C.过去义务   D.未来义务

2.资产按照现在购买相同或者相似资产所需支付的现金或者现金等价物的金额计量的会计计量属性是( )。

A.历史成本   B.重置成本   C.公允现值   D.现值

3.反映企业经营成果的会计要素,也称为动态会计要素,构成利润表的基本框架。下列不属于动态会计要素的是( )。

A.收入   B.成本   C.费用   D.利润

4.某企业生产电脑,已经生产的半成品账面价值为 4000 元,预计进一步加工需要花

800 元,销售出去还要发生相关税费 400 元,经过调查发现该电脑市场售价为 5000 元。则该半成品的历史成本和可变现净值分别是(   )。

    A.3800 元;4000 元   B.4000 元;3800 元   C.4600 元;4000 元   D.4200 元;3800 元

5.2018 年 12 月 31 日有存款 100000 元,年利率为 10%,这笔钱在 2018 年 1 月 1 日的现值是(   )元。

    A.10000   B.100000   C.90909.09   D.90000

6.企业向银行借入款项,表现为(   )。

    A.一项资产减少,一项负债减少   B.一项资产减少,一项负债增加

    C.一项资产增加,一项负债减少   D.一项资产增加,一项负债增加

7.下列经济业务中,会引起企业的资产和所有者权益同时变化的是(   )。

    A.企业以银行存款购买存货   B.企业以银行存款支付应付现金股利

    C.投资者以现金投资企业   D.企业将资本公积转增资本

8.银行将短期借款 6000000 元转为对本公司的投资,这项经济业务将引起(   )。

    A.公司资产的减少,所有者权益的增加

    B.公司负债的增加,所有者权益的减少

    C.公司负债的减少,所有者权益的增加

    D.公司负债的减少,资产的增加

9.某公司购入机器一台共 90000 元,机器已经投入使用,货款尚未支付。这项业务的发生意味着(   )。

    A.资产增加 90000 元,负债减少 90000 元

    B.资产增加 90000 元,负债增加 90000 元

    C.资产减少 90000 元,负债减少 90000 元

    D.资产减少 90000 元,负债增加 90000 元

10.下列经济业务中,会引起资产和所有者权益同时增加的是(   )。

    A.收到银行借款并存入银行

    B.收到投资者投入的作为出资的原材料

    C.以转账支票归还长期借款

    D.提取盈余公积

11.企业以银行存款偿还货款,会引起(   )。

    A.资产与负债同时增加   B.资产与负债同时减少

    C.资产增加,负债减少   D.资产减少,负债增加

12.按照会计要素分类,"本年利润"账户属于(   )。

    A.资产类账户   B.所有者权益类账户

    C.成本类账户   D.损益类账户

13.按照《企业会计制度》的规定,"待处理财产损溢"科目属于(   )。

    A.资产类科目   B.负债类科目

    C.所有者权益类科目   D.成本类科目

14.下列各项中,不属于损益类账户的是(   )。

    A."制造费用"账户   B."销售费用"账户

C."投资收益"账户   D."其他业务成本"账户

15.下列不属于总账科目的是(   )

A.原材料   B.甲材料   C.应付账款   D.应收账款

16.下列关于会计科目与账户的关系说法不正确的是(   )。

A.两者口径一致,性质不同

B.会计科目是账户的名称,不存在结构;而账户具有一定的格式和结构

C.账户是会计科目的载体和具体运用

D.没有账户,就无法发挥会计科目的作用

17.企业在一定期间内实现的经营成果最终要归属于所有者权益,所以将(   )归类到所有者权益类账户。

A.投资收益   B.本年利润   C.营业外收入   D.主营业务收入

二、多项选择题

1.下列称为静态会计要素的有(   )。

A.收入   B.资产   C.负债   D.利润

2.企业在对会计要素进行计量时,采用(   )计量的,应当保证所确定的会计要素金额能够取得并可靠计量。

A.重置成本   B.现值   C.公允价值   D.可变现净值

3.以下属于资产特征的有(   )。

A.资产是企业拥有或控制的资源

B.资产是企业承担的现时义务

C.预期给企业带来的经济利益

D.资产是企业过去的交易或者事项所形成

4.以下属于会计计量属性的有(   )。

A.可变现净值   B.重置成本   C.权责发生制   D.历史成本

5.所有者权益的构成内容通常划分为(   )等项目。

A.资本公积   B.盈余公积   C.实收资本   D.未分配利润

6.资产＝负债＋所有者权益是(   )

A.某一时期的要素   B.表现资金运动的相对静止状态

C.反映企业的财务状况   D.编制资产负债表的依据

7.收入－费用＝利润是(   )

A.某一时期的要素

B.表现资金运动的显著变动状态

C.反映企业的财务状况

D.编制利润表的依据

8.下列会计要素中,称为动态会计要素的有(   )。

A.资产   B.负债   C.收入   D.费用

9.银行将短期借款200000元转为对本公司的投资,下列表述不正确的是(   )

A.负债减少,资产增加   B.负债减少,所有者权益增加

C.资产减少,所有者权益增加   D.所有者权益内部一增一减

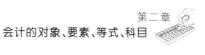
10. 某公司资产总额为 60000 元,负债总额 30000 元,以银行存款 20000 元偿还短期借款,并以银行存款 15000 元购置设备,则上述业务入账后该公司的资产总额发生变化,关于金额下列不正确的是(　　　)

    A. 30000 元　　　　　B. 40000 元　　　　　C. 25000 元　　　　　D. 15000 元

11. 某企业月初资产总额为 50 万元,本月发生下列业务:(1)向银行借款 30 万元存入银行;(2)用银行存款购买材料 2 万元;(3)收回应收账款 8 万元存入银行;(4)以银行存款偿还借款 6 万元。则月末资产总额不正确的为(　　　)。

    A. 80 万元　　　　　B. 74 万元　　　　　C. 82 万元　　　　　D. 72 万元

12. 企业以银行存款 20000 元偿还前欠 C 单位的货款,以下表述正确的有(　　　)。

    A. 使企业资产(银行存款)减少 20000 元

    B. 使企业资产(银行存款)增加 20000 元

    C. 使负债(应付账款)减少 20000 元

    D. 使负债(应付账款)增加 20000 元

13. 关于等式"收入－费用＝利润"表述不正确的有(　　　)。

    A. 这一会计等式可称为第二会计等式,是资金运动的静态表现

    B. 收入大于费用则表示产生了利润,两者的差额即为利润额

    C. 收入小于费用则表示发生了亏损,两者的差额即为亏损额

    D. 体现了企业某一时点的经营成果,是编制利润表的依据

14. 会计科目按所提供信息的详细程度及其统驭关系的不同,可分为(　　　)。

    A. 总分类科目　　　B. 明细类科目　　　C. 资产类科目　　　D. 权益类科目

15. 执行《企业会计准则》的企业,会计科目分为资产类、负债类、所有者权益类以及(　　　)。

    A. 收入类　　　　　B. 成本类　　　　　C. 损益类　　　　　D. 共同类

16. 下列各项中,不属于资产类账户的有(　　　)。

    A. 应收账款　　　　B. 预收账款　　　　C. 预付账款　　　　D. 应付账款

17. 本期增加发生额和本期减少发生额是记在账户的左方还是右方,账户的余额反映在左方还是右方,取决于(　　　)。

    A. 记账符号　　　　B. 账户性质　　　　C. 记账规则　　　　D. 经济内容性质

三、判断题

1. 企业所有的利得和损失均应计入当期损益。　　　　　　　　　　　　　　　　(　　　)

2. 按现值进行会计计量,是指资产按照预计从其持续使用中所产生的未来净现金流入量的折现金额计量;负债按照预计期限内需要偿还和未来净现金流出量折现金额计量。　　　　　　　　　　　　　　　　　　　　　　　　　　　　　　(　　　)

3. 可变现净值是指在正常生产经营过程中,以预计售价减去进一步加工成本和预计销售费用以及相关税费后的净值。　　　　　　　　　　　　　　　　　　　(　　　)

4. 费用是指企业在日常活动中发生的、会导致所有者权益增加的、与向所有者分配利润无关的经济利益的总流出。　　　　　　　　　　　　　　　　　　　(　　　)

5. 企业取得了收入,会表现为资产和收入同时增加,或者是在增加收入的同时减少负债。　　　　　　　　　　　　　　　　　　　　　　　　　　　　　　(　　　)

6.“收入－费用＝利润”被称为第二会计等式,是复式记账的理论基础和编制资产负债表的依据。   (　　)

7.“资产＝负债＋所有者”权益是最基本的会计等式,即第一会计等式   (　　)

8.取得银行存款并存入银行,会引起资产和负债同时增加。   (　　)

9.企业收回以前的销货款存入银行,这笔业务的发生意味着资产总额增加。   (　　)

10.“应付利息”属于负债类账户。   (　　)

11.“税金及附加”账户属于成本类账户。   (　　)

第三章

会计记账方法

本章内容导读

　　会计"新手"从学习原始凭证到填制记账凭证的另一座桥梁就是学习本章内容,如果把上一章内容比作会计的"工具",那么本章内容就是学会如何使用工具,即学会使用工具的"方法"。

　　本章重点介绍了借贷记账法的账户结构、借贷记账法的记账规则和会计分录。会计"新手"在学习时务必保持"谦虚、谨慎、不骄、不躁"的态度,一定要把这座大山从你的心中"移走",为你早日成为会计"能手"做好准备。

本章基本要求

了解	单式记账法、借贷记账法的概念,借贷记账法下的账户对应关系与会计分录
熟悉	复式记账法、借贷记账法的记账规则
掌握	借贷记账法的账户结构、借贷记账法下的试算平衡

第一节　会计记账方法的种类

　　记账方法就是根据一定的原理、记账符号,采用一定的计量单位,利用文字和数字,将交易或事项发生所引起的各会计要素的增减变动在有关账户中进行记录的方法。记账方法按记录方式不同,分为单式记账法和复式记账法。

　　【演练 22·多选题】　记账方法有(　　　　)。

　　A. 单式记账法　　　　　　　　　　B. 收付记账法

　　C. 复式记账法　　　　　　　　　　D. 增减记账法

一、单式记账法

单式记账法是指对所发生的经济业务,只在一个账户中记录的记账方法。例如,用银行存款购买原材料的业务,只在账户中记录银行存款付出业务,而对原材料的收入业务,却不在账户中登记,即使在原材料保管账中有登记,与银行存款的付出业务也没有对应关系。

单式记账法是一种比较简单、不完整的记账方法。采用这种方法记账,一般只是单方面反映现金、银行存款和债权债务方面发生的经济业务,而与此相联系的另一方面却不予反映。因此,在账户设置上比较简单,只设置"库存现金"、"银行存款"、"应收账款"和"应付账款"等账户,没有一套完整的账户体系,账户之间也未形成相互对应的关系,不能全面、系统地反映经济业务的来龙去脉,也不便于检查账户记录的正确性。

二、复式记账法

随着社会生产的进一步扩大,经济活动日益频繁,经济业务更加复杂,记账的对象扩大,单式记账法已不能满足管理的要求。因此,产生了科学的复式记账法。

(一)复式记账法的概念

复式记账法是以资产与权益平衡关系作为记账基础,对发生的每一笔经济业务,都以相等的金额,在两个或两个以上的账户中全面、相互联系地进行登记,系统地反映资金运动变化结果的一种记账方法。每一笔经济业务客观上都要引起至少两个方面的变化。例如,用银行存款购买原材料的业务,一方面是银行存款发生减少的变化,另一方面是原材料发生增加的变化。因此,为了客观地反映经济业务,按复式记账法的要求,不仅要在银行存款账户中记录银行存款的付出,而且还要在原材料账户中记录原材料的收入,并且两个账户中所登记的金额相等。这样,在银行存款账户和原材料账户之间形成了一种相互对应的关系。现代会计运用复式记账法。

(二)复式记账法的优点

复式记账法被世界各地公认为是一种科学的记账方法。与单式记账法相比,复式记账法的优点主要有以下几个:

(1)能够全面反映经济业务内容和资金运动的来龙去脉。复式记账法对于每一项经济业务,都要在两个或两个以上的账户中进行相互联系的记录,不仅可以通过账户记录,完整、系统地反映经济活动的过程,而且还能清楚地反映资金运动的来龙去脉。

(2)能够进行试算平衡,便于查账和对账。复式记账法对于每一项经济业务,都以相等的金额进行对应记录,便于核对和检查账户记录结果,防止和纠正错误记录。

(三)复式记账法的种类

复式记账法可分为借贷记账法、增减记账法和收付记账法等。借贷记账法是目前国际上通用的记账方法,我国《企业会计准则》规定企业应当采用借贷记账法记账。

【演练 23·多选题】 与单式记账法相比,复式记账法的优点是( )。

A. 有一套完整的账户体系

B. 可以清楚地反映经济业务的来龙去脉

C. 可以对记录的结果进行试算平衡,以检查账户记录是否正确

D. 记账手续简单

 知识点提要

复式记账法	概念	指对于每一笔经济业务,都必须用相等的金额在两个或两个以上相互关联的账户中进行登记,全面、系统地反映会计要素增减变化的一种记账方法
	优点	能够全面反映经济业务内容和资金运动的来龙去脉
		能够进行试算平衡,便于查账和对账
	种类	根据记账符号的不同,可分为**借贷记账法**、**增减记账法**和**收付记账法**三种
		我国《企业会计准则》规定企业应当采用**借贷记账法**记账

本节演练答案及解析

22. AC 【解析】本题考核记账方法的种类。记账方法有两种:一种是单式记账法;一种是复式记账法。

23. ABC 【解析】本题考核复式记账法的特点。记账手续简单是单式记账法的优点。

第二节 借贷记账法

一、借贷记账法的概念

借贷记账法是以"资产=负债+所有者权益"为理论依据,以"借"和"贷"作为记账符号,以"有借必有贷,借贷必相等"为记账原则,反映各会计要素增减变动信息的一种记账法,是复式记账法中应用最广的一种方法。

借贷记账法是历史上第一种复式记账法。它最初产生于 13—14 世纪意大利地中海沿岸借贷资本家记录其货币存入和放出的需要。一些经营银行的商人,一方面收存商人的游资,支付利息,另一方面又把钱借给另一些商人以收取更高的利息。借和贷是从借贷资本家的角度来解释的。因此,该方法产生之初,"借""贷"两字和账户中记录的经济业务内容相符,并非纯粹的记账符号。

【演练 24·判断题】 借贷记账法是以"借"、"贷"为记账符号,对每一笔经济业务,都要在两个相互联系的会计科目中以借贷相等的金额进行登记的一种复式记账方法。 ( )

知识点提要

借贷记账法	是一种以"借"、"贷"作为记账符号,以"有借必有贷,借贷必相等"为记账规则,对每项经济业务在两个或两个以上有关账户中相互联系地进行记录的一种复式记账法
	源于 13 世纪前后的意大利(生产比萨饼的国家)
	以"借"、"贷"为记账符号,分别作为账户的左方和右方。至于哪一方登记增加,哪一方登记减少,要根据账户的性质与所记录经济内容的性质来决定

二、借贷记账法下的账户结构

(一)借贷记账法下账户的基本结构

借贷记账法下,账户的左方称为借方,右方称为贷方。所有账户的借方和贷方按相反方向记录增加数和减少数,即一方登记增加额,另一方就登记减少额。至于"借"表示增加,还是"贷"表示增加,则取决于账户的性质与所记录经济内容的性质。

需要注意的是,如前所述,"借"、"贷"两字,最初是以其本来含义记账的,反映的是"债权"和"债务"的关系。但随着商品经济的发展,借贷记账法经过不断地发展和完善,"借"、"贷"两字逐渐失去其本来含义,变成了纯粹的记账符号,仅代表科目的"左方"、"右方",没有其他含义。初学者切不可望文生义。

通常而言,资产、成本和费用类账户的增加用"借"表示,减少用"贷"表示;负债、所有者权益和收入类账户的增加用"贷"表示,减少用"借"表示。备抵账户的结构与所调整账户的结构正好相反。

"借"、"贷"所表示增减的含义如表 3-1 所示。

表 3-1　"借"、"贷"所表示增减的含义

账户类别	借	贷
资产类账户	+	−
资产类备抵账户	−	+
成本类账户	+	−
费用类账户	+	−
负债类账户	−	+
所有者权益类账户	−	+
收入类账户	−	+

(二)资产和成本类账户的结构

在借贷记账法下,资产类、成本类账户的借方登记增加额;贷方登记减少额;期末余额

一般在借方,有些账户可能无余额。其余额计算公式为:

$$期末借方余额＝期初借方余额＋本期借方发生额－本期贷方发生额$$

资产和成本类账户结构用 T 账户表示,如图 3-1 所示。资产类备抵账户的结构与所调整账户的结构正好相反。

借方	资产及成本类账户		贷方
期初余额	×××		
本期增加额	×××	本期减少额	×××
	×××		×××
本期借方发生额	×××	本期贷方发生额	×××
期末余额	×××		

图 3-1　资产及成本类账户结构

(三)负债和所有者权益类账户的结构

在借贷记账法下,负债类、所有者权益类账户的借方登记减少额;贷方登记增加额;期末余额一般在贷方,有些账户可能无余额,其余额计算公式为:

$$期末贷方余额＝期初贷方余额＋本期贷方发生额－本期借方发生额$$

负债类账户的期末余额可根据上述公式计算。负债和所有者权益类账户结构用 T 账户表示,如图 3-2 所示。

借方	负债与所有者权益类账户		贷方
		期初余额	×××
本期减少额	×××	本期增加额	×××
	×××		×××
本期借方发生额	×××	本期贷方发生额	×××
		期末余额	×××

图 3-2　负债与所有者权益类账户的结构

(四)损益类账户的结构

损益类账户是记录企业各项收入和各项费用的账户,主要包括收入类账户和费用类账户。

1.收入类账户的结构

企业在生产经营过程中不断地取得各项收入,收入是实现利润的源泉。收入增加会导致利润增加,利润在未分配之前可以将所有者权益看作增加。因此,收入类会计科目的结构与权益类会计科目的结构相似。

在借贷记账法下,收入类账户的借方登记减少额;贷方登记增加额。本期收入净额在期末转入"本年利润"账户,用以计算当期损益,结转后无余额。

收入类账户的结构如图 3-3 所示。

借方		收入账户		贷方
本期减少额	×××	本期增加额		×××
本期转出额	×××			×××
本期借方发生额	×××	本期贷方发生额		×××

图 3-3　收入类账户的结构

2. 费用类账户的结构

企业在生产经营过程中必然会发生各项费用支出,费用支出的发生是为取得收入而付出的代价,因而需要从收入中得到弥补。费用支出增加会导致企业利润减少。因此,费用类账户的结构应与所有者权益类账户的结构相反。

在借贷记账法下,费用类账户的借方登记增加额;贷方登记减少额。本期费用净额在期末转入"本年利润"账户,用以计算当期损益,结转后无余额。

费用类账户的结构如图 3-4 所示。

借方		费用账户		贷方
本期增加额	×××	本期减少额		×××
	×××	本期转出额		×××
本期借方发生额	×××	本期贷方发生额		×××

图 3-4　费用类账户的结构

各类账户增减方向、余额和期末余额计算公式所在方向如表 3-2 所示。

表 3-2　借贷记账法各类账户结构

账户类别	借方	贷方	余额	计算公式
资产类账户	＋	－	借方	期末余额＝期初余额＋本期借方发生额－
成本类账户	＋	－	借方	本期贷方发生额
费用类账户	＋	－	一般无余额	期末结转本年利润账户,结转后无余额
负债类账户	－	＋	贷方	期末余额＝期初余额＋本期贷方发生额－
所有者权益类账户	－	＋	贷方	本期借方发生额
收入类账户	－	＋	一般无余额	期末结转本年利润账户,结转后无余额

备注:备抵账户的结构与所调整账户的结构正好相反。

【演练 25·判断题】　在借贷记账法下,成本类会计科目的结构与资产类科目的结构一致,即借方登记成本的增加数,贷方登记成本的减少数,期末若有余额,应在借方。　(　　)

知识点提要

账户的结构	账户的基本结构	资产、成本和费用类账户的增加用"借"表示,减少用"贷"表示;负债、所有者权益和收入类账户的增加用"贷"表示,减少用"借"表示
		备抵账户的结构与所调整账户的结构正好相反
	借 费用+资产=负债+所有者权益+收入 贷	
	借 贷　借 贷 ＋　－　－　＋	
	【巧记】资产＋费用＝负债＋所有者权益＋收入 等式左边:资产、费用(损益支出类、成本类科目)增加在借方,减少在贷方。等式右边:负债、所有者权益、收入增加在贷方,减少在借方。备抵账户正好相反。若有余额,余额与增加方向同步	
会计账户结构	资产类和成本类账户的结构	资产类和成本类账户的借方登记增加额;贷方登记减少额;期末余额一般在借方 【解释】账户余额一般在增加的一方
		期末借方余额＝期初借方余额＋本期借方发生额－本期贷方发生额
	负债及所有者权益类账户的结构	负债类、所有者权益类账户的借方登记减少额;贷方登记增加额;期末余额一般在贷方
		期末贷方余额＝期初贷方余额＋本期贷方发生额－本期借方发生额
	损益类账户的结构	包括损益收入类账户和损益支出类账户
		(1)收入类账户的结构。收入类账户结构类似所有者权益类账户,贷方登记增加额,借方登记收入的减少额以及期末结转记入"本年利润"账户的数额;期末结转后该账户一般无余额
		(2)费用类账户的结构。借方登记增加额,贷方登记减少额及期末结转记入"本年利润"账户的数额;期末结转后该账户一般无余额

三、借贷记账法的记账规则

记账规则是指采用某种记账方法登记具体经济业务时应当遵循的规律。借贷记账法的记账规则是"有借必有贷,借贷必相等",即对于企业发生的每一笔经济业务,都要在两个或两个以上相互联系的账户的借方和贷方进行登记,并且借方和贷方登记的金额要相等。具体来说,就是指对于每一项经济业务事项,如果在一个账户中登记了借方,必须同时在另一个或几个账户中登记贷方;或者反过来说,在一个账户中登记了贷方,必须在另一个或几个账户中登记借方。而且登记在借方的合计金额与贷方的合计金额必须相等。举例解释如图3-5所示。

运用借贷记账法的记账规则登记经济业务时,一般按以下步骤进行:

(1)分析经济业务中所涉及的账户名称,并判断账户的性质;

(2)判断账户中所涉及的资金数量是增加还是减少;

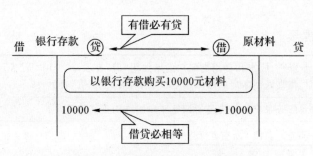

图 3-5 借贷记账法的记账规则解释

(3)根据账户的结构确定记入账户的方向。

借贷记账法的记账规则具体运用如下列例题所示。

例 3-1 2019 年 1 月 2 日,众兴财纺织贸易公司接受某外商投资 300000 元人民币存入银行存款户。

这一经济事项使企业资产类账户"银行存款"和所有者权益类账户"实收资本"同时增加 300000 元。该项经济业务在 T 账户中的登记如图 3-6 所示。

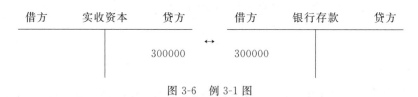

图 3-6 例 3-1 图

例 3-2 2019 年 1 月 5 日,众兴财纺织贸易公司以银行存款偿还所欠天华公司货款 6000 元。

这一经济事项使企业资产类账户"银行存款"和负债类账户"应付账款"同时减少 6000 元。该项经济业务在 T 账户中的登记如图 3-7 所示。

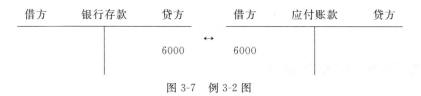

图 3-7 例 3-2 图

例 3-3 2019 年 1 月 12 日,众兴财纺织贸易公司向银行借入三个月期限的短期借款 20000 元存入银行存款户。

这一经济事项使企业资产类账户"银行存款"和负债类账户"短期借款"同时增加 20000 元。该项经济业务在 T 账户中的登记如图 3-8 所示。

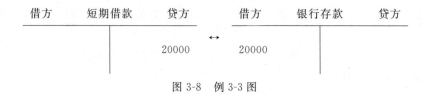

图 3-8 例 3-3 图

例 3-4 2019 年 1 月 12 日,众兴财纺织贸易公司与债权人(供应单位)协商并经有关部门批准,将所欠债权人的 100000 元债务转为资本(债权人对企业的投资)。

这一经济事项使企业所有者权益类账户"实收资本(或股本)"增加 100000 元,负债类账户"应付账款"减少 100000 元。该项经济业务在 T 账户中的登记如图 3-9 所示。

图 3-9 例 3-4 图

【演练 26·判断题】 借贷记账法中的记账规则,概括地说就是:"有借必有贷,借贷必相等"。 ( )

四、借贷记账法下的账户对应关系与会计分录

(一)账户的对应关系

账户的对应关系是指采用借贷记账法对每笔交易或事项进行记录时,相关账户之间形成的应借、应贷的相互关系。

存在对应关系的账户称为对应账户。通过账户的对应关系,可以了解经济业务的内容,反映经济业务的来龙去脉。

(二)会计分录

1.会计分录的含义

会计分录,简称分录,是对每项经济业务列示出应借、应贷的账户名称及其金额的一种记录。会计分录由应借应贷方向、相互对应的科目及其金额三个要素构成。在我国,会计分录记载于记账凭证中。如图 3-10 所示。

图 3-10 会计分录举例解释

2.会计分录的分类

按照所涉及账户的多少,会计分录分为简单会计分录和复合会计分录。简单会计分录是指只涉及一个账户借方和一个账户贷方的会计分录,即一借一贷的会计分录。复合会计分录是指由两个以上(不含两个)对应账户组成的会计分录,即一借多贷、多借一贷或多借多贷的会计分录。一个复合会计分录是由若干个内容相关的简单会计分录合并而成的,一个复合会计分录又可以分解为若干个内容相关的简单会计分录。编制复合会计分录可以集中反映某项经济业务的全面情况,简化记账手续。通常情况下,复合会计分录的形式可

以是一借多贷或一贷多借。特殊经济业务也可以编制多借多贷的会计分录。复合会计分录编写见例3-5。

例3-5 购入材料一批,价款50000元,其中30000元以银行存款支付,剩余20000元尚未支付,假定不考虑增值税因素。会计分录编制如下:

借:原材料　　　　　　　　　　　　　　　　　　　　　　　　　50000
　　贷:银行存款　　　　　　　　　　　　　　　　　　　　　　30000
　　　　应付账款　　　　　　　　　　　　　　　　　　　　　　20000

3.会计分录的书写格式(见图3-11)

(1)先写借方科目,后写贷方科目,借贷要分行书写,借贷方合计金额要相等。

(2)贷方的文字和数字都要比借方后退两格书写。

(3)在一借多贷或一贷多借和多借多贷的情况下,借方或贷方的文字、金额要对齐。

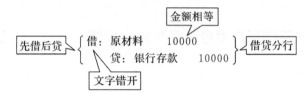

图3-11　会计分录书写格式举例解释

4.会计分录的编制方法

运用借贷记账法编制会计分录,可按下列步骤进行:

(1)分析经济业务事项涉及的会计科目。

(2)确定涉及哪些会计科目,是增加还是减少。

(3)确定记入哪个(或哪些)账户的借方、哪个(或哪些)账户的贷方。

(4)编制会计分录,并检查是否符合记账规则。

对于初学会计者而言,会计分录编制是一个重点、难点问题,为了更好地帮助初学会计者理解、掌握会计分录的编制方法,可以给会计分录编制方法进行提炼,按"五步法"来分析经济业务、编制会计分录。

第一步:定科目,确定经济业务事项发生涉及哪些科目。

第二步:找类别,分析所涉及的科目属于哪类账户结构。

第三步:定方向,确定所涉及科目增加、减少情况和应记的借贷方向。

第四步:定金额,确定借贷方金额。

第五步:做分录,检查会计科目、金额是否正确,并做出会计分录。

例3-6 以银行存款购买10000元原材料

第一步:定科目　　　原材料　　　银行存款

第二步:找类别　　　资产类　　　资产类

第三步:定方向　　　↑借　　　　↓贷

第四步:定金额　　　10000　　　10000

第五步:做分录　　　借:原材料　　　　　　　　　　　　　　　　10000
　　　　　　　　　　　　贷:银行存款　　　　　　　　　　　　　　10000

【演练 27·单选题】 在借贷记账法中,应该编制(　　　)的会计分录。

A. 一借一贷　　　　B. 一借多贷　　　　C. 多借一贷　　　　D. 以上均可

五、借贷记账法下的试算平衡

(一)试算平衡的含义

试算平衡是指根据借贷记账法的记账规则和资产与权益的恒等关系,通过对所有账户的发生额和余额的汇总计算和比较,来检查记录是否正确的一种方法。

经济业务发生后,按照借贷记账法记账,借、贷双方的发生额必然相等。不仅每一笔会计分录借贷发生额相等,而且当一定会计期间(年、季、月)的全部经济业务的会计分录都记入相关账户后,所有账户的借方发生额与贷方发生额的合计数也必然相等。以此类推,全部账户的借方期末余额与贷方期末余额的合计数也必然相等。用借贷记账法记账,就要根据借贷必相等的规则进行试算平衡,检查每笔经济业务和会计分录是否正确,以及全部账户的本期发生额和期末余额是否正确。

(二)试算平衡的分类

采用借贷记账法进行试算平衡,有发生额试算平衡和余额试算平衡两种方法。

1. 发生额试算平衡

发生额试算平衡是指全部账户本期借方发生额合计与全部账户本期贷方发生额合计保持平衡,即:

全部账户本期借方发生额合计＝全部账户本期贷方发生额合计

发生额试算平衡的直接依据是借贷记账法的记账规则。

在实际工作中,发生额试算平衡是通过编制发生额试算平衡表进行的,其格式如表 3-3 所示。

表 3-3　账户本期发生额试算平衡表

账户名称	借方发生额	贷方发生额
合　计		

2. 余额试算平衡

余额试算平衡是指全部账户借方期末(初)余额合计与全部账户贷方期末(初)余额合计保持平衡,即:

全部账户借方期末(初)余额合计＝全部账户贷方期末(初)余额合计

余额试算平衡的直接依据是财务状况等式。

在实际工作中,余额试算平衡是通过编制账户余额试算平衡表进行的,其格式如表 3-4 所示。

表 3-4　账户余额试算平衡表

账户名称	借方余额	贷方余额
合　　计		

(三)试算平衡表的编制

试算平衡是通过编制试算平衡表进行的。试算平衡表通常是在期末结出各账户的本期发生额合计和期末余额后编制的,试算平衡表中一般应设置"期初余额"、"本期发生额"和"期末余额"三大栏目,其下分设"借方"和"贷方"两个小栏。各大栏中的借方合计与贷方合计应该平衡相等,否则,便存在记账错误。为了简化表格,试算平衡表也可只根据各个账户的本期发生额编制,不填列各账户的期初余额和期末余额。

试算平衡表的一般格式如表 3-5 所示。

表 3-5　试算平衡表

年　月　　　　　　　　　　　　　　　　　　　　　　单位:元

账户名称	期初余额		本期发生额		期末余额	
	借方	贷方	借方	贷方	借方	贷方
合　　计						

在编制试算平衡表时,应注意以下几点:

(1)必须保证所有账户的余额均已记入试算表。因为会计等式是对六项会计要素整体而言的,缺少任何一个账户的余额,都会造成期初或期末借方余额合计与贷方余额合计不相等。

(2)如果试算表借贷不相等,肯定账户记录有错误,应认真查找,直到实现平衡为止。

(3)即便实现了有关三栏的平衡关系,也不能说明账户的记录绝对正确,因为有些错误并不会影响借贷双方的平衡关系,如下:

①漏记某项经济业务,将使本期借贷双方的发生额发生等额减少,借贷仍然平衡;

②重记某项经济业务,将使本期借贷双方的发生额发生等额增加,借贷仍然平衡;

③某项经济业务记错有关账户,借贷仍然平衡;

④某项经济业务在账户记录中,颠倒了记账方向,借贷仍然平衡;

⑤某借方和贷方发生额中,偶然发生多记或少记并相互抵消,借贷仍然平衡。

由于账户记录可能存在这些不能由试算平衡表来发现的错误,所以需要对一切会计记录进行日常或定期的复核,以保证账面记录的正确性。

借贷记账法下的试算平衡的运用见例 3-7。

例 3-7　2019 年 1 月初,众兴财纺织贸易公司各账户的余额如表 3-6 所示。

表 3-6　期初余额表

2019 年 1 月 1 日

账户名称	期初借方余额/元	账户名称	期初贷方余额/元
库存现金	7000	短期借款	53000
银行存款	20000	应付账款	25000
原材料	81000	实收资本	100000
固定资产	70000		
合　　计	178000	合　　计	178000

2019 年 1 月,众兴财纺织贸易公司发生的部分经济业务如下:

(1)购买材料 6000 元(假定不考虑增值税因素)已验收入库,款未付。

(2)收到投资者按投资合同交来的资本金 30000 元,已存入银行。

(3)从银行提取现金 2000 元作为备用。

(4)向银行借入 6 个月期限的短期借款 40000 元。

(5)用银行存款 10000 元购买无须安装的机器设备一台(假定不考虑增值税因素),设备已交付使用。

第一步:根据以上业务,编制相关会计分录(实际工作编制记账凭证)

(1)借:原材料　　　　　　　　　　　　　　　　　　　6000
　　　贷:应付账款　　　　　　　　　　　　　　　　　　　　　　　6000

(2)借:银行存款　　　　　　　　　　　　　　　　　　30000
　　　贷:实收资本　　　　　　　　　　　　　　　　　　　　　　　30000

(3)借:库存现金　　　　　　　　　　　　　　　　　　2000
　　　贷:银行存款　　　　　　　　　　　　　　　　　　　　　　　2000

(4)借:银行存款　　　　　　　　　　　　　　　　　　40000
　　　贷:短期借款　　　　　　　　　　　　　　　　　　　　　　　40000

(5)借:固定资产　　　　　　　　　　　　　　　　　　10000
　　　贷:银行存款　　　　　　　　　　　　　　　　　　　　　　　10000

第二步:首先根据期初余额登记总分类账(T 账户)的期初余额,然后根据上述会计分录(记账凭证)登记总分类账(T 账户)的本期发生额,最后在期末结算出各总分类账(T 账户)的期末余额,如图 3-18 至图 3-24 所示。

借方		库存现金	贷方	
期初余额	7000			
(3)	2000			
本期借方发生额合计	2000	本期贷方发生额合计		0
期末余额	9000			

图 3-18　库存现金账户

借方	银行存款		贷方
期初余额	20000		
(2)	30000	(3)	2000
(4)	40000	(5)	10000
本期借方发生额合计	70000	本期贷方发生额合计	12000
期末余额	78000		

图 3-19　银行存款账户

借方	原材料		贷方
期初余额	81000		
(1)	6000		
本期借方发生额合计	6000	本期贷方发生额合计	0
期末余额	87000		

图 3-20　原材料账户

借方	固定资产		贷方
期初余额	70000		
(5)	10000		
本期借方发生额合计	10000	本期贷方发生额合计	0
期末余额	80000		

图 3-21　固定资产账户

借方	短期借款		贷方
		期初余额	53000
		(4)	40000
本期借方发生额合计	0	本期贷方发生额合计	40000
		期末余额	93000

图 3-22　短期借款账户

借方	应付账款		贷方
		期初余额	25000
		(1)	6000
本期借方发生额合计	0	本期贷方发生额合计	6000
		期末余额	31000

图 3-23　应付账款账户

借方	实收资本		贷方
		期初余额	100000
		(2)	30000
本期借方发生额合计	0	本期贷方发生额合计	30000
		期末余额	130000

图 3-24　实收资本账户

第三步:根据各总分类账(T 账户)的期初余额、本期发生额和期末余额编制总分类账户试算平衡表进行试算平衡,如表 3-7 所示。

表 3-7　总分类账户试算平衡表

账户名称	期初余额		本期发生额		期末余额	
	借方	贷方	借方	贷方	借方	贷方
库存现金	7000		2000		9000	
银行存款	20000		70000	12000	78000	
原材料	81000		6000		87000	
固定资产	70000		10000		80000	
短期借款		53000		40000		93000
应付账款		25000		6000		31000
实收资本		100000		30000		130000
合　计	178000	178000	88000	88000	254000	254000

根据表 3-7 可知,借贷双方的本期发生额和期末余额相等,表明账户记录基本正确。

【演练 28·单选题】　借贷记账法余额试算平衡的理论依据是(　　　)。

A. 资产＝负债＋所有者权益

B. 收入－费用＝利润

C. 借贷记账法记账规则

D. 期末余额＝期初余额＋本期增加额－本期减少额

 知识点提要

	账户的对应关系	指采用借贷记账法对每笔交易或事项进行记录时,相关账户之间形成的应借、应贷的相互关系	
账户对应关系与会计分录	对应账户	指存在对应关系的账户	
	会计分录的含义	是对每项经济业务列示出应借、应贷账户名称及其金额的一种记录	
	构成	由应借、应贷的方向、相互对应的科目及其金额三个要素构成	
	分类	会计分录按照所涉及的账户多少,可分为简单会计分录和复合会计分录	
		简单会计分录	即一借一贷的会计分录
		复合会计分录	指由两个以上(不含两个)对应账户组成的会计分录,即一借多贷、一贷多借或多借多贷的会计分录
			可以分解为几个简单的会计分录

续表

	含义	指根据借贷记账法的记账规则和资产与权益的恒等关系,通过对所有账户的发生额和余额的汇总计算和比较,来检查记录是否正确的一种方法	
	分类	发生额试算平衡法	全部账户**本期借方发生额**合计＝全部账户**本期贷方发生额**合计
			直接依据是借贷记账法的记账规则
		余额试算平衡法	根据余额时间不同,又分为期初余额和期末余额平衡两类
			全部账户的**借方期初余额**合计＝全部账户的**贷方期初余额**合计
			全部账户的**借方期末余额**合计＝全部账户的**贷方期末余额**合计
			直接依据是财务状况等式
试算平衡	试算平衡表的编制	试算平衡是通过**编制试算平衡表进行的**	
		试算平衡表通常是在**期末结出各账户的本期发生额合计**和**期末余额**后编制的,试算平衡表中一般应设置"**期初余额**"、"**本期发生额**"和"**期末余额**"三大栏目,其下分设"**借方**"和"**贷方**"两个小栏	
		各大栏中的**借方合计**与**贷方合计**应该平衡相等,否则,便存在记账错误	
		为了简化表格,试算平衡表也可只根据各个账户的本期发生额编制,不填列各账户的期初余额和期末余额	
		注意几点	必须保证所有账户余额均已计入试算平衡表
			如果试算平衡表借贷不相等,肯定账户记录有错误,应认真查找,直到实现平衡为止
			即使实现了三栏的平衡,也不能说明会计科目记录绝对正确,因为有些错误并不会影响借贷双方的平衡关系。例如:①漏记;②重记某项经济业务;③错记会计科目;④借贷方向错误;⑤发生额偶然发生多记或少记并相互抵消,试算依然是平衡的

本节演练答案及解析

24.× 【解析】本题考核借贷记账法的概念。借贷记账法是以"借"、"贷"为记账符号,对每一笔经济业务,都要在两个或两个以上相互联系的会计科目中以借贷相等的金额进行登记的一种复式记账方法。

25.√

26.√

27.D

28.A 【解析】资产＝负债＋所有者权益,是借贷记账法余额试算平衡的理论依据。

【习题三】

一、单项选择题

1.复式记账法是指对于每一笔经济业务,都必须用相等的金额在(　　)相互关联的账户中进行登记。

A.两个　　　　　　　　　　　B.三个以上

C.两个或两个以上　　　　　　D.一个

2."所有者权益"类账户的本期增加数和期末余额,应登记在该账户的(   )。

A. 借方   B. 贷方   C. 借方和贷方   D. 贷方和借方

3. 资产类账户的借方一般登记(   )。

A. 本期增加发生额   B. 本期减少发生额

C. 本期增加或减少发生额   D. 以上都对

4."应付账款"账户的期末余额等于(   )。

A. 期初余额＋本期借方发生额－本期贷方发生额

B. 期初余额－本期借方发生额－本期贷方发生额

C. 期初余额－本期借方发生额＋本期贷方发生额

D. 期初余额＋本期借方发生额＋本期贷方发生额

5. 负债类账户的期末余额一般(   )。

A. 在借方   B. 在贷方

C. 在借方,也可以在贷方   D. 为零

6. 甲企业将应收乙企业的 50000 元货款,改为对乙企业的股权投资,则该经济业务将引起甲企业(   )。

A. 资产与债权此增彼减

B. 资产与所有者权益此增彼减

C. 资产内部此增彼减,总额不变

D. 负债、所有者权益内部此增彼减,总额不变

7. 下列各项能引起企业所有者权益增加的是(   )。

A. 提取盈余公积   B. 用盈余公积转增资本

C. 用盈余公积补亏   D. 全年实现盈利

8."应收账款"账户的期初借方余额 8000 元,本期贷方发生额 6000 元,本期借方发生额 10000 元,则期末余额为(   )。

A. 借方 4000 元   B. 借方 12000 元   C. 贷方 4000 元   D. 贷方 12000 元

二、多项选择题

1. 复式记账法分为(   )

A. 借贷记账法   B. 增减记账法   C. 收付记账法   D. 单式记账法

2. 在借贷记账法中,"借"字表示(   )。

A. 收入的增加   B. 费用的增加

C. 所有者权益的增加   D. 负债的减少

3. 下列项目中,构成会计分录要素的有(   )。

A. 借贷方向   B. 科目名称   C. 经济业务内容   D. 金额

4. 关于借贷记账法的试算平衡,下列表述中正确的有(   )。

A. 试算平衡包括发生额试算平衡法和余额试算平衡法两钟

B. 编制试算平衡表时,必须保证所有账户的余额或发生额均列入试算平衡表内

C. 试算平衡表借贷不相等,肯定账户记录有错误

D. 试算平衡表是平衡的,并不能肯定账户记录绝对正确

5.关于损益类账户的表述中,正确的有( )。

A.损益类账户反映企业发生的收入和成本

B.损益收入类账户结构类似所有者权益类账户

C.损益支出类账户借方登记费用的减少数

D.无论损益收入类账户,还是损益支出类账户,期末结转后,账户一般无余额

6.运用借贷记账法编制会计分录时,可以编制( )。

A.一借一贷的分录   B.多借多贷的分录

C.多借一贷的分录   D.一借多贷的分录

7.下列错误中不能通过编制试算平衡表查找出来的有( )。

A.漏记某项经济业务   B.借贷方向相反

C.重记某项经济业务   D.漏列某个账户余额

8.以下关于资产及负债类账户的结构表述正确的有( )。

A.资产类账户的借方登记资产的增加数,贷方登记资产的减少数,期末余额在借方

B.资产类账户的期末借方余额＝期初借方余额＋本期借方发生额－本期贷方发生额

C.负债类账户的借方登记负债的增加数,贷方登记负债的减少数,期末余额在贷方

D.负债类账户的期末借方余额＝期初借方余额＋本期借方发生额－本期贷方发生额

9.以下关于损益类账户的结构表述正确的有( )。

A.损益收入类账户贷方登记收入的增加数,借方登记收入的减少数

B.损益收入类账户期末有余额

C.损益支出类账户贷方登记费用的增加数,借方登记费用的减少数

D.损益支出类账户期末结转后该账户一般无余额

三、判断题

1.我国会计准则规定,企业、行政单位和事业单位会计核算采用收付记账法记账。 ( )

2.借贷记账法的记账规则是"有借必有贷,借贷必相等"。 ( )

|第四章|
借贷记账法下主要经济业务的账务处理

 本章内容导读

会计"新手"已经学完原始凭证到记账凭证的两座桥梁,是不是就会填制记账凭证了?"光说不练假把式",教练仅教你"汽车的构造"和"如何开车",你是不会"开车"的,一定要实践、实践、再实践,重要的事情说三遍。

学习本章内容,就是填制记账凭证的"考前"实践。本章按照企业资金运动的顺序,主要实践资金筹集、设备购置、材料采购、产品生产、商品销售和利润分配等经济业务的账务处理。

从考试角度来说,本章内容分值最高、难度最大,会计"新手"一定要攻克此难关。

 本章基本要求

了解	企业的主要经济业务
熟悉	期间费用的构成、账户设置、账务处理
掌握	所有者权益筹资业务、负债筹资业务、固定资产的概念与特征、固定资产的成本、固定资产的折旧、固定资产的账户设置、固定资产的账务处理、材料的采购成本、材料的账户设置、材料的账务处理、生产费用的构成、生产费用的账户设置、生产费用的账务处理、商品销售收入的确认与计量、商品销售收入的账户设置、商品销售收入的账务处理、利润形成的账务处理、利润分配的账务处理

第一节 企业的主要经济业务

企业是一种从事生产、运输、贸易等经济活动,以营利为目的,进行自主经营、独立核算的经济组织。

不同企业的经济业务各有特点,其生产经营业务流程也不尽相同,本章主要介绍企业的资金筹集、设备购置、材料采购、产品生产、商品销售和利润分配等经济业务。

企业从各种渠道筹集生产经营所需资金进入生产经营准备过程,主要使用货币资金购置机器设备等固定资产,购买原材料等为生产产品做好物资准备,随后进入生产过程。

产品的生产过程也是成本和费用的发生过程,从其变化过程看,原材料等劳动对象通过加工转化为产成品;从价值形态看,生产过程中发生的各种耗费形成企业的生产费用,使用厂房、机器设备等劳动资料形成折旧费用等,这些耗费的总和形成了产品的生产成本。

销售过程是产品价值的实现过程。在销售过程中,企业通过销售产品并办理结算等,收回货款或者形成债权。各项收入抵偿各项成本、费用之后的差额,形成企业的利润,完成一次资金循环。

利润分配后,一部分资金退出企业,一部分资金以留存收益等形式继续参与企业的资金周转。

针对企业生产经营过程中发生的上述经济业务,账务处理的主要内容有:①资金筹集业务的账务处理;②固定资产业务的账务处理;③材料采购业务的账务处理;④生产业务的账务处理;⑤销售业务的账务处理;⑥期间费用的账务处理;⑦利润形成与分配业务的账务处理。

【演练 29·多选题】 下列各项属于供应过程的有(　　　　)。

A. 购买原材料　　　　B. 购买设备　　　　C. 购买生产线　　　　D. 建造厂房

本节演练答案

1. ABCD

第二节　资金筹集业务的账务处理

一个企业的生存和发展,离不开资产要素,资产是企业进行生产经营活动的物质基础。对于任何一个企业而言,形成其资产的资金来源主要有两条渠道:一是投资者的投资,即所有者权益筹资;二是向债权人借入的资金,即负债筹资。所有者权益筹资形成所有者的权益(通常称为权益资本),包括投资者的投资及其增值,这部分资本的所有者既享有企业的净收益,也承担企业的经营风险;负债筹资形成债权人的权益(通常称为债务资本),主要包括企业向债权人借入的资金和结算形成的负债资金等,这部分资本的所有者享有按约收回本金和利息的权利。在会计上,我们虽然将债权人的要求权和投资者的要求权统称为权益,但由于两者存在着本质上的区别,所以这两种权益的会计处理也必然有着显著的差异。

【演练 30·判断题】 企业所具有的资产,从财产权利的归属来看,一部分属于投资者,另一部分则属于企业法人。　　　　　　　　　　　　　　　　　　　　　　　　　　　(　　　)

一、所有者权益筹资业务

(一)所有者投入资本的构成

所有者投入的资本主要包括实收资本(或股本)和资本公积两项内容。

1.实收资本

实收资本(或股本)是指企业的投资者按照企业章程合同或协议的约定,实际投入企业的资本金以及按照有关规定由资本公积、盈余公积等转增资本的资金。

所有者向企业投入资本,即形成企业的资本金。企业的资本金按照投资主体的不同可以分为:国家资本金——企业接受国家投资而形成的资本金;法人资本金——企业接受其他企业或单位的投资而形成的资本金;个人资本金——企业接受个人包括企业内部职工的投资而形成的资本金;外商资本金——企业接受外国投资者以及中国香港、中国澳门和中国台湾地区投资者投资而形成的资本金。在股份有限公司也称为国家股、法人股、个人股和外商股。企业的资本金按照投资者投入资本的不同物质形态又分为货币资金出资,以及实物、知识产权、土地使用权等可以用货币估价并可以依法转让的非货币财产作价出资等。

2.资本公积

资本公积是企业收到投资者投入的超出其在企业注册资本(或股本)中所占份额的投资,以及直接计入所有者权益的利得和损失等。

资本公积的主要用途在于转增资本,即在办理增资手续后用资本公积转增实收资本,按所有者原有投资比例增加投资者的实收资本。

(二)账户设置

企业通常设置以下账户对所有者权益筹资业务进行核算:

(1)"实收资本(或股本)"账户,如表4-1所示。

表4-1 "实收资本(或股本)"账户

账户名称	实收资本(股份有限公司一般设置"股本"账户)
性质	所有者权益类
核算内容	企业接受投资者投入的实收资本
账户结构	借方:登记投入资本的减少数 贷方:登记所有者投入企业资本金的增加额 期末余额:在贷方,反映企业期末实收资本(或股本)总额
明细分类核算	按投资者的不同设置明细账户,进行明细核算

(2)"资本公积"账户,如表4-2所示。

表4-2 "资本公积"账户

账户名称	资本公积
性质	所有者权益类
核算内容	核算企业收到投资者出资额超出其在注册资本或股本中所占份额的部分,以及直接计入所有者权益的利得和损失等
账户结构	借方:登记资本公积的减少额 贷方:登记资本公积的增加额 期末余额:在贷方,反映企业期末资本公积的结余数额
明细分类核算	按资本公积的来源不同,分为"资本溢价(或股本溢价)"、"其他资本公积"进行明细核算

(3)"银行存款"账户,如表4-3所示。

表 4-3　"银行存款"账户

账户名称	银行存款
性质	资产类
核算内容	核算企业存入银行或其他金融机构的各种款项
账户结构	借方:登记存入的款项 贷方:登记提取或支出的存款 期末余额:在借方,反映企业存在银行或其他金融机构的各种款项
明细分类核算	按照开户银行、存款种类等分别进行明细核算

但是,银行汇票存款、银行本票存款、信用卡存款、信用证保证金存款、存出投资款、外埠存款等不通过"银行存款"账户核算,而是通过"其他货币资金"账户核算。

(三)账务处理

企业接受投资者投入的资本,借记"银行存款"、"固定资产"、"无形资产"、"长期股权投资"等科目,按其在注册资本或股本中所占份额,贷记"实收资本(或股本)"科目,按其差额,贷记"资本公积——资本溢价(或股本溢价)"科目。

例 4-1　2019 年 12 月 1 日,众兴财纺织贸易公司收到股东吴烦恼投资款 200000 元存入银行。(附件:银行收款回单、出资证明单)

业务分析:

定科目	银行存款	实收资本
找类别	资产类	所有者权益类
定方向	借↑	贷↑
定金额	200000	200000

会计分录:

借:银行存款　　　　　　　　　　　　　　　　　　　　　200000

　　贷:实收资本——吴烦恼　　　　　　　　　　　　　　　　　　200000

例 4-2　2019 年 12 月 1 日,众兴财纺织贸易公司收到金八公司投入资本 350000 元存入银行,按照双方的约定,本次增资的注册资本为 300000 元,另 50000 元作为资本公积。(附件:银行收款回单、出资证明单)

业务分析:

定科目	银行存款	实收资本	资本公积
找类别	资产类	所有者权益类	所有者权益类
定方向	借↑	贷↑	贷↑
定金额	350000	300000	50000

账务处理：

借：银行存款   350000

  贷：实收资本——金八公司   300000

     资本公积——资本溢价   50000

【演练 31·多选题】 众兴财纺织贸易公司注册资本总额为 500 万元,收到喜乐公司投入的现金 120 万元,在原注册资本中占 20% 的份额,众兴财纺织贸易公司进行账务处理时,可能涉及的科目有(　　)。

A. 银行存款   B. 实收资本(或股本)

C. 资本公积   D. 盈余公积

 知识点提要

业务类型	会计分录

接受投资账务处理	借：银行存款
	    固定资产
	    无形资产
	    长期股权投资
	  贷：实收资本(或股本)
	    资本公积——资本溢价(或股本溢价)

二、负债筹资业务

(一)负债筹资的构成

负债筹资主要包括短期借款、长期借款以及结算形成的负债等。

1. 短期借款

短期借款是指企业为了满足其生产经营对资金的临时性需要而向银行或其他金融机构等借入的偿还期限在 1 年以内(含 1 年)的各种借款。

短期借款必须按期归还本金并按时支付利息。短期借款利息的计算公式为：

$$短期借款利息 = 借款本金 \times 利率 \times 时间$$

2. 长期借款

长期借款是指企业向银行或其他金融机构等借入的偿还期限在 1 年以上(不含 1 年)的各种借款。

3. 结算形成的负债

结算形成的负债主要有应付账款、应付职工薪酬、应交税费等。

(二)账户设置

企业通常设置以下账户对负债筹资业务进行会计核算。

(1)"短期借款"账户,如表 4-4 所示。

表 4-4 "短期借款"账户

账户名称	短期借款
性质	负债类
核算内容	企业的短期借款
账户结构	借方:登记短期借款本金的减少额 贷方:登记短期借款本金的增加额 期末余额:在贷方,反映企业期末尚未归还的短期借款
明细分类核算	按借款种类、贷款人和币种进行明细核算

(2)"长期借款"账户,如表 4-5 所示。

表 4-5 "长期借款"账户

账户名称	长期借款
性质	负债类
核算内容	企业的长期借款
账户结构	借方:登记归还的本金和利息 贷方:登记企业借入的长期借款本金 期末余额:在贷方,反映企业期末尚未偿还的长期借款
明细分类核算	按贷款单位和贷款种类,分为"本金"、"应计利息"、"利息调整"等进行明细核算

(3)"应付利息"账户,如表 4-6 所示。

表 4-6 "应付利息"账户

账户名称	应付利息
性质	负债类
核算内容	核算企业按照合同约定应支付的利息,包括按月计提的短期借款利息,吸收存款、分期付息到期还本的长期借款、企业债券等应支付的利息
账户结构	借方:登记归还的利息 贷方:登记企业按合同利率计算确定的应付未付利息 期末余额:在贷方,反映企业应付未付的利息
明细分类核算	按存款人或债权人进行明细核算

(4)"财务费用"账户,如表 4-7 所示。

表 4-7 "财务费用"账户

账户名称	财务费用
性质	损益类
核算内容	企业为筹集生产经营所需资金等而发生的筹资费用,包括利息支出(减利息收入)、汇兑损益以及相关的手续费、企业发生的现金折扣或收到的现金折扣等。
账户结构	借方:登记手续费、利息费用等的增加额 贷方:登记应冲减财务费用的利息收入等 期末余额:期末结转后,该账户无余额
明细分类核算	费用项目进行明细核算

（三）账务处理

1. 短期借款的账务处理

企业借入的各种短期借款，借记"银行存款"科目，贷记"短期借款"科目；归还借款时做相反的会计分录。资产负债表日，应按计算确定的短期借款利息费用，借记"财务费用"科目，贷记"银行存款"、"应付利息"等科目。

例 4-3 2019 年 10 月 1 日，众兴财纺织贸易公司向银行借入一笔生产经营用短期借款，共计 600000 元，期限为 9 个月，年利率为 5%。五步法业务分析略，会计分录：

借：银行存款　　　　　　　　　　　　　　　　　600000

　　贷：短期借款　　　　　　　　　　　　　　　　　　　　600000

例 4-4 续例 4-3，2019 年 10 月 31 日，众兴财纺织贸易公司按月计提利息，则每月应付利息为：600000×5%÷12＝2500（元）。五步法业务分析略，会计分录：

借：财务费用　　　　　　　　　　　　　　　　　2500

　　贷：应付利息　　　　　　　　　　　　　　　　　　　　2500

例 4-5 续例 4-3，2019 年 12 月 31 日，众兴财纺织贸易公司支付 10 月和 11 月份已经计提借款利息 5000 元（2500＋2500）和 12 月份的利息 2500 元。五步法业务分析略，会计分录：

借：财务费用　　　　　　　　　　　　　　　　　2500

　　应付利息　　　　　　　　　　　　　　　　　5000

　　贷：银行存款　　　　　　　　　　　　　　　　　　　　7500

例 4-6 续例 4-3，2020 年 6 月 30 日，众兴财纺织贸易公司以银行存款归还银行短期借款 600000 元。五步法业务分析略，会计分录：

借：短期借款　　　　　　　　　　　　　　　　　600000

　　贷：银行存款　　　　　　　　　　　　　　　　　　　　600000

【演练 32·单选题】 2019 年 4 月 1 日，众兴财纺织贸易公司因生产经营的临时性需要从银行取得借款 400000 元，借款期限 6 个月，年利率 6%，到期还本，按月计提利息，按季付息，该公司确认 4 月份利息费用的会计分录为（　　）。

A. 借：财务费用　2000　　　　　　　B. 借：应付利息　2000

　　贷：应付利息　2000　　　　　　　　　贷：银行存款　2000

C. 借：管理费用　2000　　　　　　　D. 借：财务费用　2000

　　贷：应付利息　2000　　　　　　　　　贷：短期借款　2000

2. 长期借款的账务处理

企业借入长期借款，应按实际收到的金额借记"银行存款"科目，按借款本金贷记"长期借款——本金"科目，如存在差额，还应借记"长期借款——利息调整"科目。

资产负债表日，应按确定的长期借款的利息费用，借记"在建工程"、"制造费用"、"财务费用"、"研发支出"等科目，按确定的应付未付利息，贷记"应付利息"科目，按其差额，贷记"长期借款——利息调整"等科目。

例 4-7 2019 年 1 月 1 日，众兴财纺织贸易公司向银行借入资金 2700000 元，借款期限为 2 年，年利率为 7%（每年末付息一次，不计复利，到期还本），所借款项已存入银行。五步

法业务分析略,会计分录:

  借:银行存款   2700000

   贷:长期借款——本金   2700000

  例 4-8 续例 4-7,2019 年 12 月 31 日,众兴财纺织贸易公司计提长期借款利息 189000 元(2700000×7%),借款金额 2700000 元,借款年利率为 7%,按年计提利息。五步法业务分析略,会计分录:

  借:财务费用   189000

   贷:应付利息   189000

  例 4-9 续例 4-7,2018 年 12 月 31 日,众兴财纺织贸易公司以银行存款归还长期借款 2700000 元。五步法业务分析略,会计分录:

  借:长期借款——本金   2700000

   贷:银行存款   2700000

 知识点提要

业务类型	会计分录
短期借款的账务处理	借入短期借款时: 借:银行存款 贷:短期借款
	月末,计提应计利息时: 借:财务费用 贷:应付利息
	支付银行借款利息时: 借:财务费用 应付利息 贷:银行存款
	偿还银行借款本金时: 借:短期借款 贷:银行存款
长期借款的账务处理	借入时: 借:银行存款 长期借款——利息调整(了解此科目) 贷:长期借款——本金

	计提长期借款利息时:
	借:管理费用(筹建期间利息)
	  财务费用(经营期间非资本化利息)
	  在建工程(经营期间资本化利息)
	 贷:应付利息(分期付息)
	  长期借款——应计利息(到期一次还本付息)
	  长期借款——利息调整

	归还本息时:
	借:长期借款——本金
	  财务费用等
	  应付利息
	  长期借款——应计利息
	 贷:银行存款

本节演练答案及解析

30. × 【解析】企业拥有的资产,从其权属看分属于"企业所有者"和"债权人",前者属于"所有者权益",后者称为"债权人权益"(又称"负债")。

31. ABC 【解析】本题考核接受现金投资的账务处理。众兴财纺织贸易公司应做的账务处理为:

借:银行存款	120	
贷:实收资本(或股本)		100
资本公积		20

故本题应选 ABC。

32. A

第三节 固定资产业务的账务处理

一、固定资产的概念与特征

固定资产是指为生产商品、提供劳务、出租或者经营管理而持有,使用寿命超过一个会计年度的有形资产。

固定资产同时具有以下特征:

(1)固定资产属于一种有形资产。固定资产具有实物特征,这一特征将固定资产与无形资产区别开来。有些无形资产可能同时符合固定资产的其他特征,如无形资产为生产商品、提供劳务而持有,使用寿命超过一个会计年度,但是,由于其没有实物形态,所以不属于固定资产。

(2)固定资产是为生产商品、提供劳务、出租或者经营管理而持有。企业持有固定资产的目的是生产商品、提供劳务、出租或者经营管理,而不是直接用于出售。

(3)固定资产的使用寿命超过一个会计年度。固定资产的使用寿命是指企业使用固定资产的预计期间,或者是固定资产所能生产产品、提供劳务的数量。固定资产使用寿命超过一个会计年度,表明固定资产属于长期资产,随着使用、磨损和损耗,通过计提折旧方式逐渐减少账面价值。

固定资产按经济用途分为以下两种:

(1)生产经营用固定资产,是指直接参加或直接服务于企业的生产、经营过程的各种固定资产,如房屋、建筑物、运输设备、管理用具等。

(2)非生产经营用固定资产,是指不直接服务于生产、经营过程的各种固定资产,如企业食堂、浴室等后勤部门使用的房屋、设备和其他固定资产。

【演练33·多选题】 固定资产按其经济用途分类,可以分为( )。

A. 生产经营用固定资产   B. 未使用固定资产

C. 不需用固定资产   D. 非生产经营用固定资产

二、固定资产的成本

固定资产的成本是指企业购建某项固定资产达到预定可使用状态前所发生的一切合理、必要的支出。

企业可以通过外购、自行建造、投资者投入、非货币性资产交换、债务重组、企业合并和融资租赁等方式取得固定资产。不同取得方式下,固定资产成本的具体构成内容及其确定方法也不尽相同。

外购固定资产的成本,包括购买价款、相关税费,使固定资产达到预定可使用状态前所发生的可归属于该项资产的运输费、装卸费、安装费和专业人员服务费等。（价＋税＋费）

【演练34·单选题】 众兴财纺织贸易公司为增值税一般纳税人,其购入一台不需要安装即可投入使用的生产设备,取得的增值税专用发票上注明的价款为200000元,增值税额为34000元,发生运费为5000元,假定不考虑其他相关税费,该设备的取得成本为（　　）元。

A. 200000　　　　B. 239000　　　　C. 205000　　　　D. 234000

三、固定资产折旧

固定资产折旧是指在固定资产使用寿命内,按照确定的方法对应计折旧额进行的系统分摊。其中,应计折旧额是指应当计提折旧的固定资产的原价扣除其预计净残值后的金额。已计提减值准备的固定资产,还应当扣除已计提的固定资产减值准备累计金额。

（一）固定资产折旧的影响因素

影响固定资产折旧的因素主要有原始价值、预计净残值、预计使用年限和固定资产减值准备。

预计净残值是指假定固定资产的预计使用寿命已满并处于使用寿命终了时的预期状态,企业目前从该项资产的处置中获得的扣除预计处置费用后的金额。预计净残值率是指固定资产预计净残值额占其原价的比率。企业应当根据固定资产的性质和使用情况,合理确定固定资产的预计净残值。预计净残值一经确定,不得随意变更。

（二）固定资产折旧范围

应计提折旧的固定资产,在会计上也称为折旧性资产。企业应当按月对所有的固定资产计提折旧,但是,已提足折旧仍继续使用的固定资产、单独计价入账的土地和持有待售的固定资产除外。提足折旧是指已经提足该项固定资产的应计折旧额。当月增加的固定资产,当月不计提折旧,从下月起计提折旧;当月减少的固定资产,当月仍计提折旧,从下月起不计提折旧。提前报废的固定资产,不再补提折旧。

（三）固定资产折旧方法

企业可选用的折旧方法有年限平均法、工作量法、双倍余额递减法和年数总和法等。本书重点介绍年限平均法和工作量法。

1.年限平均法

年限平均法,又称直线法,是指将固定资产的应计折旧额均匀地分摊到固定资产预计使用寿命内的一种方法。

年限平均法下,各月应计提折旧额的计算公式如下:

$$年折旧率＝(1-预计净残值率)÷预计使用年限×100\%$$

其中,预计净残值率＝预计净残值额÷固定资产原值×100%

年折旧额＝固定资产原值×年折旧率

月折旧额＝年折旧额÷12

或:月折旧额＝(固定资产原值-预计净残值)×月折旧率

月折旧率＝年折旧率÷12

或:月折旧额＝固定资产原价×(1-预计净残值率)÷预计使用寿命(月)

或:月折旧额＝固定资产原价×$\dfrac{1-预计净残值率}{预计使用寿命(月)}$

事实上,固定资产在不同使用年限提供的经济效益是不同的。一般而言,固定资产在其使用前期工作效率相对较高,所带来的经济利益也相对较多;而在其使用后期,工作效率较低,所带来的经济利益也相应较少。因此,采用年限平均法计算固定资产折旧存在着明显的局限性。

例4-10 众兴财纺织贸易公司一台用于生产的固定资产,原价为240000元,预计使用年限为10年,预计净残值率为4%,则按月应计提的折旧额计算如下:

预计净残值＝240000×4%＝9600(元)

应计提折旧额＝240000-9600＝230400(元)

年折旧率＝(1-4%)÷10×100%＝9.6%

月折旧率＝9.6%÷12＝0.8%

月折旧额＝230400×0.8%＝1843.2(元)

2.工作量法

工作量法是根据实际工作量计算每期应计提折旧额的一种方法。

工作量法下折旧额的计算公式如下:

单位工作量折旧额＝[固定资产原价×(1-预计净残值率)]÷预计总工作量

年折旧额＝该项固定资产当年实际完成的工作量×单位工作量折旧额

月折旧额＝该项固定资产当月实际完成的工作量×单位工作量折旧额

例4-11 众兴财纺织贸易公司一台用于产品生产的精密机床,原价为1200000元,预计可以生产10000件甲产品,预计净残值率为3%,12月生产甲产品300件,则12月应计提的折旧额计算如下:

预计净残值＝1200000×3%＝36000(元)

应计提折旧额＝1200000-36000＝1164000(元)

单位产品折旧额＝1164000÷10000＝116.4(元)

12月折旧额＝300×116.4＝34920(元)

或:12月折旧额＝300×1200000×(1-3%)÷10000＝34920(元)

不同的固定资产折旧方法,将影响固定资产使用寿命期间内不同时期的折旧费用。企业应当根据与固定资产有关的经济利益的预期实现方式合理选择折旧方法。固定资产的折旧方法一经确定,不得随意变更。

固定资产在其使用过程中,因所处经济环境、技术环境以及其他环境均有可能发生很大变化,企业至少应当于每年年度终了,对固定资产的使用寿命、预计净残值和折旧方法进行复核。固定资产使用寿命、预计净残值和折旧方法的改变,应当作为会计估计变更。

【演练 35·单选题】 某企业有一项固定资产,该固定资产原值为 100000 元,固定资产预计使用年限为 5 年,预计净残值为 2000 元。采用年限平均法计提固定资产年折旧额为( )。

A. 19600　　　　B. 20000　　　　C. 21560　　　　D. 21600

四、账户设置

企业通常设置以下账户对固定资产业务进行会计核算。

(1)"工程物资"账户,如表 4-8 所示。

表 4-8 "工程物资"账户

账户名称	工程物资
性质	资产类
核算内容	企业为在建工程准备的各种物资的成本,包括工程用材料、尚未安装的设备以及为生产准备的工器具等。例如,公司建造自用办公楼购买的水泥、砖块、黄沙和钢材等
账户结构	借方:登记企业购入工程物资的成本 贷方:登记领用工程物资的成本 期末余额:在借方,反映企业期末为在建工程准备的各种物资的成本
明细分类核算	按"专用材料"、"专用设备"、"工器具"等进行明细核算

(2)"在建工程"账户,如表 4-9 所示。

表 4-9 "在建工程"账户

账户名称	在建工程
性质	资产类
核算内容	企业基建、更新改造等在建工程发生的支出。例如,公司开始建造自用办公楼,但办公楼还未达到预定可使用状态
账户结构	借方:登记企业各项在建工程的实际支出 贷方:登记工程达到预定可使用状态时转出的成本等 期末余额:在借方,反映企业期末尚未达到预定可使用状态的在建工程的成本
明细分类核算	按"建筑工程"、"安装工程"、"在安装设备"、"待摊支出"以及单项工程等进行明细核算

(3)"固定资产"账户,如表 4-10 所示。

表 4-10　"固定资产"账户

账户名称	固定资产
性质	资产类
核算内容	企业持有的固定资产原价
账户结构	借方:登记固定资产原价的增加 贷方:登记固定资产原价的减少 期末余额:在借方,反映企业期末固定资产的原价
明细分类核算	按固定资产类别和项目进行明细核算

（4）"累计折旧"账户,如表 4-11 所示。

表 4-11　"累计折旧"账户

账户名称	累计折旧
性质	资产类备抵
核算内容	企业固定资产计提的累计折旧
账户结构	借方:登记因减少固定资产而转出的累计折旧 贷方:登记按月提取的折旧额,即累计折旧的增加额 期末余额:在贷方,反映期末固定资产的累计折旧额
明细分类核算	按固定资产的类别或项目进行明细核算

（5）"固定资产清理"账户,如表 4-12 所示。

表 4-12　"固定资产清理"账户

账户名称	固定资产清理
性质	资产类
核算内容	企业因出售、报废、毁损、对外投资、非货币性资产交换、债务重组等原因转出的固定资产以及在清理过程中发生的费用等
账户结构	借方:登记转出的固定资产价值、清理过程中应支付的相关税费额及其他费用 贷方:登记清理完成固定资产实际发生的净损失 期末余额:借方余额,反映企业尚未清理完毕的固定资产清理及损失
明细分类核算	按清理固定资产项目设置明细账

【演练 36 · 单选题】　企业购入不需要安装的生产用设备一台,应借记的科目是(　　　　)。

　　A. 无形资产　　　　　　B. 固定资产　　　　　C. 库存商品　　　　　D. 工程物资

五、账务处理

（一）固定资产的购入

企业购入不需要安装的固定资产,可以立即投入使用,因此,会计处理比较简单,只需按确认的入账价值直接增加企业的固定资产。按应计入固定资产成本的金额,借记"固定资产"、"应交税费——应交增值税(进项税额)"科目,贷记"银行存款"等科目。

例 4-12 众兴财纺织贸易公司购入一台不需安装的设备 10000 元,增值税 1600 元,用银行存款支付。会计分录:

借:固定资产　　　　　　　　　　　　　　　　　　10000
　　应交税费——应交增值税(进项税额)　　　　　1600
　　贷:银行存款　　　　　　　　　　　　　　　　　　　　　11600

企业购入需要安装的固定资产,按应计入固定资产成本的金额,借记"在建工程"、"应交税费——应交增值税(进项税额)"科目,贷记"银行存款"等科目。支付的安装费用等固定资产成本也通过"在建工程"核算,安装完毕后再把"在建工程"转入固定资产。

例 4-13 众兴财纺织贸易公司购入一台需要安装的设备 10000 元,增值税 1600 元,用银行存款支付。会计分录:

借:在建工程　　　　　　　　　　　　　　　　　　10000
　　应交税费——应交增值税(进项税额)　　　　　1600
　　贷:银行存款　　　　　　　　　　　　　　　　　　　　　11600

上述设备领用材料 2000 元,用银行存款支付人工工资 1300 元。会计分录:

借:在建工程　　　　　　　　　　　　　　　　　　3300
　　贷:原材料　　　　　　　　　　　　　　　　　　　　　2000
　　　　银行存款　　　　　　　　　　　　　　　　　　　　1300

上述设备达到预定可使用状态。会计分录:

借:固定资产　　　　　　　　　　　　　　　　　　13300
　　贷:在建工程　　　　　　　　　　　　　　　　　　　　13300

(二)固定资产折旧

企业按月计提的固定资产折旧,根据固定资产的用途计入相关资产的成本或者当期损益,计入管理费用;生产部门使用的固定资产计提的折旧费用,应计入制造费用;专设销售机构使用的固定资产计提的折旧费用,应计入销售费用;自行建造固定资产过程中使用的固定资产计提的折旧费用,应计入在建工程成本;经营性出租的固定资产计提的折旧费用,应计入其他业务成本等,即分别借记"制造费用"、"销售费用"、"管理费用"、"在建工程"、"其他业务成本"等科目,贷记"累计折旧"科目。

例 4-14 众兴财纺织贸易公司本月固定资产计提折旧情况如下:生产车间厂房计提折旧 76000 元,机器设备计提折旧 90000 元。管理部门房屋建筑计提折旧 130000 元,运输工具计提折旧 48000 元。销售部门房屋建筑计提折旧 64000 元,运输工具计提折旧 52600 元。

该公司计提折旧时,会计分录:

借:制造费用　　　　　　　　　　　　　　　　　　166000
　　管理费用　　　　　　　　　　　　　　　　　　178000
　　销售费用　　　　　　　　　　　　　　　　　　116600
　　贷:累计折旧　　　　　　　　　　　　　　　　　　　　460600

【演练 37·单选题】 2019 年 12 月 20 日,某企业购入小汽车一辆供行政管理部门使用,支付价款(不含增值税)为 450000 元,预计使用寿命为 6 年,预计净残值为 30000 元,采用年限平均法计提折旧,2020 年计提小汽车折旧的会计分录为(   )。

A. 借:管理费用   75000
    贷:累计折旧   75000

B. 借:制造费用   75000
    贷:累计折旧   75000

C. 借:管理费用   70000
    贷:累计折旧   70000

D. 借:管理费用   70000
    贷:固定资产   70000

(三)固定资产的处置

企业因出售、报废、毁损、对外投资、非货币性资产交换、债务重组等原因转出的固定资产以及在清理过程中发生的费用,一般通过"固定资产清理"科目核算。固定资产转入清理时,按清理固定资产账面价值,借记"固定资产清理"科目;按已计提的折旧,借记"累计折旧"科目;按已计提的减值准备,借记"固定资产减值准备"科目;按固定资产原价,贷记"固定资产"科目。发生清理费用,借记"固定资产清理"科目,贷记"银行存款"等科目;出售收入和收回残料,按实际收到价款及残料价等,借记"银行存款"、"原材料"等,贷记"固定资产清理"科目;按照税法规定销售固定资产应交的增值税,贷记"应交税费——应交增值税(销项税额)"科目。固定资产清理的净收益,借记"固定资产清理"科目,贷记"营业外收入"科目;固定资产清理的净损失,借记"营业外支出"科目,贷记"固定资产清理"科目。

例 4-15 众兴财纺织贸易公司出售一台已过时的机器设备,原值 82000 元,已提折旧 43000 元,已提减值准备 9000 元,支付清理费用 1000 元,出售收入 25000 元,增值税税率 16%。

(1)固定资产转入清理,会计分录:

借:固定资产清理   30000
    累计折旧   43000
    固定资产减值准备   9000
    贷:固定资产   82000

(2)支付清理费用,会计分录:

借:固定资产清理   1000
    贷:银行存款   1000

(3)收到价款时,会计分录:

借:银行存款   29000
    贷:固定资产清理   25000
      应交税费——应交增值税(销项税额)   4000

(4)结转固定资产清理后的净损益,会计分录:

借:资产处置损益   6000
    贷:固定资产清理   6000

 知识点提要 1

固定资产的成本	外购固定资产的成本,包括购买价款、相关税费,使固定资产达到预定可使用状态前所发生的可归属于该项资产的运输费、装卸费、安装费和专业人员服务费等。(**价＋税＋费**)
	企业以一笔款项购入多项没有单独标价的固定资产,应将各项资产单独确认为固定资产,并**按各项固定资产公允价值**的比例对总成本进行分配,分别确定各项固定资产的成本

固定资产的折旧	影响折旧的因素	原价;预计净残值;预计使用寿命;固定资产减值准备		
		固定资产的使用寿命、预计净残值一经确定,不得随意变更		
	不提折旧的固定资产	已提足折旧的固定资产		
		单独计价入账的土地		
		提前报废的固定资产		
		持有待售的固定资产		
		已进入改良状态的固定资产。已从固定资产转入"在建工程"账户。注意,大修理、小修理的固定资产要继续计提折旧		
	计提折旧起点终点	当月增加,当月不提,下月开提;当月减少,当月仍提,下月不提		
	折旧方法	企业可选用的折旧方法有年限平均法、工作量法、双倍余额递减法和年数总和法等		
		年限平均法(直线法)	年折旧率＝(1－预计净残值率)÷预计使用寿命(年)
			月折旧率＝年折旧率÷12
			月折旧额＝固定资产原价×月折旧率
		工作量法	某项固定资产月折旧额＝该项固定资产当月工作量×单位工作量折旧额
			其中:单位工作量折旧额＝[固定资产原价×(1－预计净残值率)]÷预计总工作量

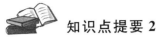 **知识点提要 2**

业务类型		会计分录	
固定资产的购入	不需安装	借:固定资产 　　应交税费——应交增值税(进项税额) 　贷:银行存款	
	需要安装	支付价税费	借:在建工程 　　应交税费——应交增值税(进项税额) 　贷:银行存款
		支付安装费、安装领用原材料	借:在建工程 　贷:银行存款 　　原材料
		达到可使用状态	借:固定资产 　贷:在建工程
固定资产折旧	借:制造费用(生产部门) 　　销售费用(销售部门) 　　管理费用(行政管理部门包括财务部门) 　　研发支出(研发部门) 　　其他业务成本(出租) 　贷:累计折旧		
固定资产处置	固定资产转入清理	借:固定资产清理 　　累计折旧 　　固定资产减值准备 　贷:固定资产	
	支付清理费用	借:固定资产清理 　贷:银行存款	
	收到价款时	借:银行存款 　贷:固定资产清理 　　应交税费——应交增值税(销项税额)	
	结转固定资产清理后的净损益	净收益	借:资产处置损益 　贷:固定资产清理
		净损失	借:固定资产清理 　贷:资产处置损益

本节演练答案及解析

33.AD　【解析】按固定资产的经济用途分类,可分为生产经营用固定资产和非生产经营用固定资产。

34.C

35.A　【解析】固定资产年折旧额为(100000－2000)/5＝19600(元)。

36.B

37.C

第四节 材料采购业务的账务处理

企业要进行正常的产品生产经营活动,就必须购买和储备一定品种与数量的原材料。原材料是产品制造企业生产产品不可缺少的物质要素。在生产过程中,材料经过加工而改变其原来的实物形态,构成产品实体的一部分,或者实物消失而有助于产品的生产。

一、材料的采购成本

材料的采购成本是指企业物资从采购到入库前所发生的全部支出,包括购买价款、相关税费、运输费、装卸费、保险费以及其他可归属于采购成本的费用。

【演练38·单选题】 企业购入一批材料,买价 50000 元,另发生运杂费 400 元,材料已经入库,以银行存款支付。下列选项中,表明原材料成本的是(   )元。

A. 50000   B. 54000 元   C. 50400   D. 400

二、账户设置

企业通常按照实际成本和计划成本组织材料的收发核算。通常需要设置以下账户对材料采购业务进行会计核算:

(1)"原材料"账户,如表 4-13 所示。

表 4-13 "原材料"账户

账户名称	原材料
性质	资产类
核算内容	企业库存的各种材料,包括原料及主要材料、辅助材料、外购半成品(外购件)、修理用备件(备品备件)、包装材料、燃料等的计划成本或实际成本
账户结构	借方:登记已验收入库材料的成本 贷方:登记发出材料的成本 期末余额:在借方,反映企业库存材料的计划成本或实际成本
明细分类核算	按材料的保管地点(仓库)以及材料的类别、品种和规格等进行明细核算

(2)"材料采购"账户,如表 4-14 所示。

表 4-14 "材料采购"账户

账户名称	材料采购
性质	资产类
核算内容	企业采用**计划成本**进行材料日常核算而购入材料的采购成本
账户结构	借方:登记企业采用计划成本进行核算时,采购材料的实际成本以及材料入库时结转的节约差异 贷方:登记入库材料的计划成本以及材料入库时结转的超支差异 期末余额:在借方,反映企业在途材料的采购成本
明细分类核算	供应单位和材料品种进行明细核算

(3)"材料成本差异"账户,如表 4-15 所示。

表 4-15 "材料成本差异"账户

账户名称	材料成本差异
性质	资产类
核算内容	企业采用计划成本进行日常核算的材料计划成本与实际成本的差额
账户结构	借方:登记入库材料形成的超支差异以及转出的发出材料应负担的节约差异 贷方:入库材料形成的节约差异以及转出的发出材料应负担的超支差异 如果期末余额在借方,反映企业库存材料等的实际成本大于计划成本的差异;期末余额在贷方,反映企业库存材料等的实际成本小于计划成本的差异
明细分类核算	按照类别或品种进行明细核算

(4)"在途物资"账户,如表 4-16 所示。

表 4-16 "在途物资"账户

账户名称	在途物资
性质	资产类
核算内容	企业采用**实际成本**(或进价)进行材料、商品等物资的日常核算,货款已付尚未验收入库的在途物资的采购成本
账户结构	借方:登记购入材料、商品等物资的买价和采购费用(采购实际成本) 贷方:登记已验收入库材料、商品等物资应结转的实际采购成本 期末余额:在借方,反映企业期末在途材料、商品等物资的采购成本
明细分类核算	按供应单位和物资品种进行明细核算

(5)"应付账款"账户,如表 4-17 所示。

表 4-17　"应付账款"账户

账户名称	应付账款
性质	负债类
核算内容	企业因购买材料、商品和接受劳务等经营活动应支付的款项
账户结构	借方:登记偿还的应付账款 贷方:登记企业因购入材料、商品和接受劳务等尚未支付的款项 期末余额:一般在贷方,反映企业期末尚未支付的应付账款余额;如果在借方,反映企业期末预付账款余额
明细分类核算	按债权人进行明细核算

(6)"应付票据"账户,如表 4-18 所示。

表 4-18　"应付票据"账户

账户名称	应付票据
性质	负债类
核算内容	企业购买材料、商品和接受劳务等开出、承兑的商业汇票,包括银行承兑汇票和商业承兑汇票
账户结构	借方:登记企业已经支付或者到期无力支付的商业汇票 贷方:登记企业开出、承兑的商业汇票 期末余额:在贷方,反映企业尚未到期的商业汇票的票面金额
明细分类核算	按债权人进行明细核算

(7)"预付账款"账户,如表 4-19 所示。

表 4-19　"预付账款"账户

账户名称	预付账款
性质	资产类
核算内容	企业按照合同规定预付的款项。预付款项情况不多的,也可以不设置该账户,将预付的款项直接记入"应付账款"账户
账户结构	借方:登记企业因购货等业务预付的款项 贷方:登记企业收到货物后应支付的款项 期末余额:在借方,反映企业预付的款项;在贷方,反映企业尚需补付的款项
明细分类核算	按供货单位进行明细核算

(8)"应交税费"账户,如表 4-20 所示。

表 4-20 "应交税费"账户

账户名称	应交税费
性质	负债类
核算内容	企业按照税法等规定计算应交纳的各种税费,包括增值税、消费税、所得税、资源税、土地增值税、城市维护建设税、房产税、土地使用税、车船使用税、教育费附加、矿产资源补偿费等,企业代扣代交的个人所得税等也通过本账户核算
账户结构	借方:登记实际缴纳的各种税费 贷方:登记各种应交未交税费的增加额 期末余额:在贷方,反映企业尚未交纳的税费;在借方,反映企业多交或尚未抵扣的税费
明细分类核算	按应交的税费项目进行明细核算

【演练 39·单选题】 众兴财纺织贸易公司月初"应付账款"科目贷方余额为 400 万元。本月发生下列业务:(1)赊购原材料一批并已验收入库,取得增值税专用发票上记载的价款为 100 万元,增值税额为 16 万元;(2)偿付上月所欠货款 280 万元。月末众兴财纺织贸易公司"应付账款"科目余额为( )万元。

A. 借方 236　　　　　B. 贷方 236　　　　　C. 借方 696　　　　　D. 贷方 696

三、账务处理

材料的日常收发结存可以采用实际成本核算,也可以采用计划成本核算。

(一)实际成本法核算的账务处理

用实际成本法核算时,一般通过"原材料"和"在途物资"等科目进行。企业外购材料时,按材料是否验收入库分为以下两种情况。

1.材料已验收入库

(1)如果货款已经支付,材料已验收入库,发票账单已到,按支付的实际金额,借记"原材料"、"应交税费——应交增值税(进项税额)"等科目,贷记"银行存款"、"预付账款"等科目。

(2)如果货款尚未支付,材料已经验收入库,按相关发票凭证上应付的金额,借记"原材料"、"应交税费——应交增值税(进项税额)"等科目,贷记"应付账款"、"应付票据"等科目。

(3)如果货款尚未支付,材料已经验收入库,但月末仍未收到相关发票凭证,按照暂估价入账,即借记"原材料"科目,贷记"应付账款"等科目。下月初做相反分录予以冲回,收到相关发票账单后再编制会计分录。

2.材料尚未验收入库

如果货款已经支付,发票账单已到,但材料尚未验收入库,按支付的金额,借记"在途物资"、"应交税费——应交增值税(进项税额)"等科目,贷记"银行存款"等科目;待验收入库时再做后续分录。

例 4-16 2019 年 12 月 8 日,众兴财纺织贸易公司购买密度板一批,取得增值税专用发票(已经认证),发票注明密度板价款 10000 元,增值税进项税额 1600 元,材料已经验收入

库,款项尚未支付。会计分录:

借:原材料——密度板 10000

应交税费——应交增值税(进项税额) 1600

贷:应付账款 11600

例 4-17 众兴财纺织贸易公司外购一批原材料,材料已验收入库,但月末仍未收到相关发票凭证。该材料的估计成本为 800000 元。该公司采用实际成本法核算原材料。月末暂估入账时,会计分录如下:

借:原材料 800000

贷:应付账款 800000

下月初做相反的会计分录予以冲回,收到发票账单后再编制会计分录。

例 4-18 2019 年 12 月 8 日,众兴财纺织贸易公司购买密度板一批,取得增值税专用发票(已经认证),发票注明密度板价款 10000 元,增值税进项税额 1600 元,材料尚未验收入库,款项尚未支付。会计分录:

借:在途物资 10000

应交税费——应交增值税(进项税额) 1600

贷:应付账款 11600

例 4-19 2019 年 12 月 15 日,本月 8 日购入的密度板到达企业,办理验收入库手续。会计分录:

借:原材料 10000

贷:在途物资 10000

(二)计划成本法核算的账务处理

计划成本法下,一般通过"材料采购"、"原材料"、"材料成本差异"等科目进行核算。企业外购材料时,按材料是否验收入库分为以下两种情况。

1. 材料已验收入库

(1)如果货款已经支付,发票账单已到,材料已验收入库,按支付的实际金额,借记"材料采购"科目,贷记"银行存款"科目;按计划成本金额,借记"原材料"科目,贷记"材料采购"科目;按计划成本与实际成本之间的差额,借记(或贷记)"材料采购"科目,贷记(或借记)"材料成本差异"科目。

(2)如果货款尚未支付,材料已经验收入库,按相关发票凭证上应付的金额,借记"材料采购"科目,贷记"应付账款"、"应付票据"等科目;按计划成本金额,借记"原材料"科目,贷记"材料采购"科目;按计划成本与实际成本之间的差额,借记(或贷记)"材料采购"科目,贷记(或借记)"材料成本差异"科目。

(3)如果材料已经验收入库,货款尚未支付,月末仍未收到相关发票凭证,按照计划成本暂估入账,即借记"原材料"科目,贷记"应付账款"等科目。下月初做相反分录予以冲回,收到账单后再编制会计分录。

2. 材料尚未验收入库

如果相关发票凭证已到,但材料尚未验收入库,按支付或应付的实际金额,借记"材料采购"科目,贷记"银行存款"、"应付账款"等科目;待验收入库时再做后续分录。对于可以

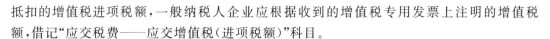

抵扣的增值税进项税额,一般纳税人企业应根据收到的增值税专用发票上注明的增值税额,借记"应交税费——应交增值税(进项税额)"科目。

例4-20 众兴财纺织贸易公司外购一批原材料,货款10000元,增值税1600元,发票账单已收到,计划成本为11000元,材料未验收入库,款项已用银行存款支付。会计分录如下:

(1)该公司采用计划成本法核算原材料,会计分录:

借:材料采购　　　　　　　　　　　　　　　　　　　10000
　　应交税费——应交增值税(进项税额)　　　　　　　1600
　　　贷:银行存款　　　　　　　　　　　　　　　　　　　　　11600

(2)材料验收入库时,会计分录:

借:原材料　　　　　　　　　　　　　　　　　　　　11000
　　　贷:材料采购　　　　　　　　　　　　　　　　　　　　　11000
借:材料采购　　　　　　　　　　　　　　　　　　　　1000
　　　贷:材料成本差异　　　　　　　　　　　　　　　　　　　　1000

例4-21 众兴财纺织贸易公司外购一批原材料,材料已验收入库,但月末仍未收到相关发票凭证。该材料的计划成本为800000元。该公司采用计划成本法核算原材料。

月末暂估入账时,会计分录:

借:原材料　　　　　　　　　　　　　　　　　　　　800000
　　　贷:应付账款　　　　　　　　　　　　　　　　　　　　　800000

下月初作相反的会计分录予以冲回,收到发票账单后再编制会计分录。

【演练40·单选题】 众兴财纺织贸易公司为增值税一般纳税人,其持银行汇票1856000元购入原材料一批,增值税专用发票上记载的货款为1600000元,增值税税额256000元,材料已验收入库。众兴财纺织贸易公司应编制的会计分录为(　　　　)。

A. 借:原材料　　　　　　　　　　　　　　　　　　185600
　　　贷:其他货币资金　　　　　　　　　　　　　　　　　185600

B. 借:原材料　　　　　　　　　　　　　　　　　　1600000
　　　应交税费——应交增值税(进项税额)　　　　　256000
　　　贷:其他货币资金　　　　　　　　　　　　　　　　1856000

C. 借:原材料　　　　　　　　　　　　　　　　　　1600000
　　　应交税费——应交增值税(进项税额)　　　　　256000
　　　贷:银行存款　　　　　　　　　　　　　　　　　1856000

D. 借:原材料　　　　　　　　　　　　　　　　　　1856000
　　　贷:银行存款　　　　　　　　　　　　　　　　　1856000

知识点提要1

实际成本法核算的账务处理	材料已验收入库	发票已到,材料入库	借:原材料 　应交税费——应交增值税(进项税额) 贷:银行存款 　预付账款 　应付账款 　应付票据
		发票未到,材料入库	月末	借:原材料(暂估价) 贷:应付账款(暂估价)
			下月初	借:应付账款(暂估价) 贷:原材料(暂估价)
	材料未验收入库	购入时: 借:在途物资 　应交税费——应交增值税(进项税额) 贷:银行存款 　应付账款等	
	入库时	借:原材料 贷:在途物资	
计划成本法核算的账务处理	材料已验收入库	发票已到,材料已验收入库	借:材料采购 　应交税费——应交增值税(进项税额) 贷:银行存款 　应付账款
			借:原材料 　材料成本差异(超支) 贷:材料采购 　材料成本差异(节约)
		发票未到,材料入库	月末	借:原材料(暂估价) 贷:应付账款(暂估价)
			下月初	借:应付账款(暂估价) 贷:原材料(暂估价)
	材料未验收入库	借:材料采购 　应交税费——应交增值税(进项税额) 贷:银行存款 　应付账款等	

本节演练答案及解析

38. C 【解析】企业购买材料发生的运杂费是需要计入材料成本中的,所以选C。

39. B 【解析】赊购原材料一批,应付账款增加116万元,偿还上月欠款,应付账款减少了280万元,那么月末应付账款科目的余额＝400＋116－280＝236(万元),余额在贷方。

40. B

第五节　生产业务的账务处理

企业产品的生产过程同时也是生产资料的耗费过程。企业在生产过程中发生的各项生产费用,是企业为获得收入而预先垫支并需要得到补偿的资金耗费。这些费用最终都要归集、分配给特定的产品,形成产品的成本。

产品成本的核算是指把一定时期内企业生产过程中所发生的费用,按其性质和发生地点,分类归集、汇总、核算,计算出该时期内生产费用发生总额,并按适当方法分别计算出各种产品的实际成本和单位成本等。

一、生产费用的构成

生产费用是指与企业日常生产经营活动有关的费用。生产费用按其经济用途分为直接材料、直接人工和制造费用。

（一）直接材料

直接材料是指企业在生产产品和提供劳务的过程中所消耗的、直接用于产品生产,构成产品实体的各种原材料、主要材料、外购半成品以及有助于产品形成的辅助材料等。

（二）直接人工

直接人工是指企业在生产产品和提供劳务过程中,直接从事产品生产的工人工资、津贴、补贴和福利费等。

（三）制造费用

制造费用是指企业为生产产品和提供劳务而发生的各项间接费用,其构成内容比较复杂,包括间接的职工薪酬、折旧费、修理费、办公费、水电费、机物料消耗、季节性停工损失等。

【演练41·单选题】　下列各项中,不应计入产品成本的是(　　　)。

A. 直接从事产品生产的工人工资　　　B. 厂部管理人员工资

C. 生产产品耗用的直接材料　　　　　D. 生产产品用机器设备折旧

二、账户设置

为了反映和监督产品在生产过程中各项材料费用的发生、归集和分配情况,正确地计算产品成本中的材料费用,企业通常设置以下账户对生产费用业务进行会计核算:

（1）"生产成本"账户,如表4-21所示。

表 4-21 "生产成本"账户

账户名称	生产成本
性质	成本类
核算内容	企业生产各种产品(产成品、自制半成品等)、自制材料、自制工具、自制设备等发生的各项生产成本
账户结构	借方:登记应计入产品生产成本的各项费用,包括直接计入产品生产成本的直接材料费、直接人工费和其他直接支出,以及期末按照一定的方法分配计入产品生产成本的制造费用 贷方:登记完工入库成品应结转的生产成本 期末余额:在借方,反映企业期末尚未加工完成的在产品成本
明细分类核算	按基本生产成本和辅助生产成本进行明细分类核算

(2)"制造费用"账户,如表 4-22 所示。

表 4-22 "制造费用"账户

账户名称	制造费用
性质	成本类
核算内容	企业生产车间(部门)为生产产品和提供劳务而发生的各项间接费用
账户结构	借方:登记实际发生的各项制造费用 贷方:登记期末按照一定标准分配转入"生产成本"账户借方的应计入产品成本的制造费用 期末余额:期末结转后,该账户一般无余额
明细分类核算	按不同的生产车间、部门和费用项目进行明细核算

(3)"库存商品"账户,如表 4-23 所示。

表 4-23 "库存商品"账户

账户名称	库存商品
性质	资产类
核算内容	企业库存的各种商品的实际成本(或进价)或计划成本(或售价),包括库存产成品、外购商品、存放在门市部准备出售的商品、发出展览的商品以及寄存在外的商品等
账户结构	借方:登记验收入库的库存商品成本 贷方:登记发出的库存商品成本 期末余额:在借方,反映企业期末库存商品的实际成本(或进价)或计划成本(或售价)
明细分类核算	按库存商品的种类、品种和规格等进行明细核算

(4)"应付职工薪酬"账户,如表 4-24 所示。

表 4-24 "应付职工薪酬"账户

账户名称	应付职工薪酬
性质	负债类
核算内容	企业根据有关规定应付给职工的各种薪酬
账户结构	借方:登记本月实际支付的职工薪酬数额 贷方:登记本月计算的应付职工薪酬总额,包括短期薪酬、离职后福利、辞退福利、其他长期职工薪酬 期末余额:在贷方,反映企业应付未付的职工薪酬
明细分类核算	按"短期薪酬"、"离职后福利"、"辞退福利"、"其他长期职工薪酬"等进行明细核算

三、账务处理

(一)材料费用的归集与分配

产品制造企业在确定材料费用时,应根据领料凭证区分车间、部门和不同用途后,按照确定的结果将发出材料的成本借记"生产成本"、"制造费用"、"管理费用"等科目,贷记"原材料"等科目。

对于直接用于某种产品生产的材料费用,应直接计入该产品生产成本明细账中的直接材料费用项目;对于由多种产品共同耗用、应由这些产品共同负担的材料费用,应选择适当的标准在这些产品之间进行分配,按分担的金额计入相应的成本计算对象(生产产品的品种、类别等);对于为提供生产条件等间接消耗的各种材料费用,应先通过"制造费用"科目进行归集,期末再同其他间接费用一起按照一定的标准分配计入有关产品成本;对于行政管理部门领用的材料费用,应记入"管理费用"科目。

(二)职工薪酬的归集与分配

职工为企业劳动,理应从企业获得一定的报酬,也就是企业应向职工支付一定的薪酬。职工薪酬是指企业为获得职工提供的服务或解除劳动关系而给予各种形式的报酬或补偿,具体包括:短期薪酬、离职后福利、辞退福利和其他长期职工福利。企业提供给职工配偶、子女、受赡养人、已故员工遗属及其他受益人等的福利,也属于职工薪酬。

短期薪酬包括:工资、奖金、津贴和补贴;职工福利费、社会保险费、住房公积金;工会经费和职工教育经费;短期带薪缺勤;利润分享计划;非货币性福利。

对于短期职工薪酬,企业应当在职工为其提供服务的会计期间,按实际发生额确认为负债,并计入当期损益或相关资产成本。企业应当根据职工提供服务的受益对象,分为下列情况处理:

(1)应由生产产品、提供劳务负担的短期职工薪酬,计入产品成本或劳务成本。其中,生产工人的短期职工薪酬应借记"生产成本"科目,贷记"应付职工薪酬"科目;生产车间管理人员的短期职工薪酬属于间接费用,应借记"制造费用"科目,贷记"应付职工薪酬"科目。

(2)应由在建工程、无形资产负担的短期职工薪酬,计入建造固定资产或无形资产成本。

（3）除上述两种情况之外的其他短期职工薪酬应计入当期损益。如企业行政管理部门人员和专设销售机构销售人员的短期职工薪酬均属于期间费用,应分别借记"管理费用"、"销售费用"等科目,贷记"应付职工薪酬"科目。

（三）制造费用的归集与分配

制造费用是产品制造企业为了生产产品和提供劳务而发生的各种间接费用。如车间管理人员的工资及福利费,车间生产使用的照明费、取暖费、运输费、劳动保护费等。

企业发生的制造费用,应当按照合理的分配标准按月分配计入各成本核算对象的生产成本。企业可以采取的分配标准包括机器工时、人工工时、计划分配率等,以便于准确地确定各种产品应负担的制造费用额。

企业发生制造费用时,借记"制造费用"科目,贷记"累计折旧"、"银行存款"、"应付职工薪酬"等科目;结转或分摊时,借记"生产成本"等科目,贷记"制造费用"科目。

（四）完工产品生产成本的计算与结转

产品生产成本计算是指将企业生产过程中为制造产品所发生的各种费用按照成本计算对象进行归集和分配,以便计算各种产品的总成本和单位成本。

如果月末某种产品全部完工,该种产品生产成本明细账所归集的费用总额,就是该种完工产品的总成本,用完工产品总成本除以该种产品的完工总产量即可计算出该种产品的单位成本。如果月末某种产品全部未完工,该种产品生产成本明细账所归集的费用总额就是该种产品在产品的总成本。

如果月末某种产品一部分完工,一部分未完工,这时归集在产品成本明细账中的费用总额还要采取适当的分配方法在完工产品和在产品之间进行分配,然后才能计算出完工产品的总成本和单位成本。

完工产品成本的基本计算公式为:

完工产品生产成本＝期初在产品成本＋本期发生的生产费用－期末在产品成本

当产品生产完成并验收入库时,借记"库存商品"科目,贷记"生产成本"科目。

例 4-22　仓库发出材料 391000 元,其中甲材料 176000 元,乙材料 215000 元,A 产品耗用甲、乙材料 150000 元,B 产品耗用甲、乙材料 210000 元,车间一般消耗 31000 元。会计分录:

借:生产成本——A 产品	150000
——B 产品	210000
制造费用	31000
贷:原材料——甲材料	176000
——乙材料	215000

例 4-23　续例 4-23.该公司根据当月考勤记录和生产记录等,计算确定的本月职工工资如下:A 产品的生产工人工资一共 640000 元,B 产品的生产工人工资一共 660000 元,车间管理人员工资一共 37000 元,厂部管理人员工资一共 35000 元。月末,以银行存款支付。会计分录:

借:生产成本——A 产品	640000

——B产品	660000
制造费用	37000
管理费用	35000
贷:应付职工薪酬	1372000

支付时,会计分录如下:

借:应付职工薪酬	1372000
贷:银行存款	1372000

例4-24 续例4-23,该公司按照生产工时比例分配制造费用,其中A产品生产工时为4500小时,B产品生产工时为4000小时。根据例4-22、例4-23可知,本月发生的制造费用为68000元(31000+37000),按照生产工时比例进行分配,计算如下:

制造费用分配率=68000÷(4500+4000)=8(元/工时)

A产品负担的制造费用额=4500×8=36000(元)

B产品负担的制造费用额=4000×8=32000(元)

分配时,会计分录:

借:生产成本——A产品	36000
——B产品	32000
贷:制造费用	68000

例4-25 续例4-24.该公司月末恰无产品,生产的A、B产品全部完工,其中A产品总成本为826000元,B产品总成本为902000元。A、B产品已验收入库,结转成本。会计分录:

借:库存商品——A产品	826000
——B产品	902000
贷:生产成本——A产品	826000
——B产品	902000

【演练42·单选题】 企业从应付职工薪酬中代扣的职工房租,应贷记的会计科目是( )。

A.应付职工薪酬　　　　　　　B.应交税费

C.其他应收款　　　　　　　　D.其他应付款

【演练43·单选题】 某企业生产甲、乙两种产品,2019年10月共发生生产工人工资70000元,福利费10000元,上述人工费按生产工时比例在甲、乙产品间分配,其中甲产品的生产工时为1200小时,乙产品的生产工时为800小时,该企业生产甲产品应分配的人工费为( )元。

A.48000　　　　　　　　　　B.32000

C.28000　　　　　　　　　　D.42000

 知识点提要

业务类型		会计分录
材料费用的归集与分配	发出材料	借:生产成本 　　制造费用 　　管理费用 贷:原材料
职工薪酬的归集与分配		借:生产成本(生产工人的短期薪酬) 　　制造费用(车间管理人员的短期薪酬) 　　管理费用(行政管理人员的短期薪酬) 　　销售费用(销售人员的短期薪酬) 贷:应付职工薪酬
制造费用的归集和分配	企业发生制造费用时	借:制造费用 贷:累计折旧 　　银行存款 　　应付职工薪酬
	结转或分摊时	借:生产成本 贷:制造费用
完工产品生产成本的计算与结转	当产品生产完成并验收入库时	借:库存商品 贷:生产成本

本节演练答案及解析

41.B

42.C 【解析】企业从应付职工薪酬中代扣的职工房租等,记入"其他应收款"科目。

43.A

第六节　销售业务的账务处理

通过销售过程,将生产出来的产品销售出去实现它们的价值的过程,是企业经营过程的最后一个阶段。销售业务的账务处理涉及商品销售和其他销售等业务收入、成本、费用和相关税费的确认。

一、商品销售收入的确认与计量

(一)商品销售收入的确认

企业应当在客户取得相关商品控制权时确认收入:

(1)合同各方已批准该合同并承诺履行各自义务;

(2)该合同明确了合同各方与所转让商品或提供劳务相关的权利和义务;

(3)该合同有明确的与所转让商品或提供劳务相关的支付条款;

(4)该合同具有商业实质,即履行该合同将改变未来现金流量的风险、时间分布或金额;

(5)企业因向客户转让商品或提供劳务而有权取得的对价很可能收回。

(二)商品销售收入的计量

在计量销售商品的收入时,要注意在销售过程中发生的销售退回、销售折让、商业折扣和现金折扣等内容。在计量销售商品收入的金额时,应将销售退回、销售折让和商业折扣等作为销售收入的抵减项目记账,即:

商品销售收入=不含税单价×销售数量-销售退回-销售折让-商业折扣

【演练44·单选题】 下列不作为企业商品销售处理的是( )。

A. 销售原材料 B. 销售包装物

C. 商品对外捐赠 D. 正常情况下以商品抵偿债务

二、账户设置

一般企业会设置以下账户:

(1)"主营业务收入"账户,如表4-25所示。

表 4-25 "主营业务收入"账户

账户名称	主营业务收入
性质	损益类
核算内容	企业确认的销售商品、提供劳务等主营业务的收入
账户结构	借方:登记期末转入"本年利润"账户的主营业务收入(按净额结转),以及发生销售退回和销售折让时应冲减本期的主营业务收入 贷方:登记企业实现的主营业务收入,即主营业务收入的增加额 期末余额:期末结转后,该账户无余额
明细分类核算	按照主营业务的种类设置明细账户,进行明细分类核算

(2)"其他业务收入"账户,如表4-26所示。

表 4-26 "其他业务收入"账户

账户名称	其他业务收入
性质	损益类
核算内容	企业确认的除主营业务活动以外的其他经营活动实现的收入,包括出租固定资产、出租无形资产、出租包装物和商品、销售材料等(口诀:"猪"吃饲"料")
账户结构	借方:登记期末转入"本年利润"账户的其他业务收入 贷方:登记企业实现的其他业务收入,即其他业务收入的增加额 期末余额:期末结转后,该账户无余额
明细分类核算	按其他业务的种类设置明细账户,进行明细分类核算

(3)"应收账款"账户,如表 4-27 所示。

表 4-27 "应收账款"账户

账户名称	应收账款
性质	资产类
核算内容	企业因销售商品、提供劳务等经营活动应收取的款项
账户结构	借方:登记由于销售商品以及提供劳务等发生的应收账款,包括应收取的价款、税款和代垫款等 贷方:登记已经收回的应收账款 期末余额:通常在借方,反映企业尚未收回的应收账款;如果在贷方,反映企业预收的账款
明细分类核算	按不同的债务人进行明细分类核算

(4)"应收票据"账户,如表 4-28 所示。

表 4-28 "应收票据"账户

账户名称	应收票据
性质	资产类
核算内容	企业因销售商品、提供劳务等而收到的商业汇票
账户结构	借方:登记企业收到的应收票据 贷方:登记票据到期收回的应收票据 期末余额:在借方,反映企业持有的商业汇票的票面金额
明细分类核算	按开出、承兑商业汇票的单位进行明细核算

(5)"预收账款"账户,如表 4-29 所示。

表 4-29 "预收账款"账户

账户名称	预收账款
性质	负债类
核算内容	企业按照合同规定预收的款项。预收账款情况不多的,也可以不设置本账户,将预收的款项直接记入"应收账款"账户
账户结构	借方:登记销售实现时按实现的收入转销的预收款项等 贷方:登记企业向购货单位预收的款项等 期末余额:在贷方,反映企业预收的款项;在借方,反映企业已转销但尚未收取的款项
明细分类核算	按购货单位进行明细核算

(6)"主营业务成本"账户,如表4-30所示。

表4-30 "主营业务成本"账户

账户名称	主营业务成本
性质	损益类
核算内容	企业确认销售商品、提供劳务等主营业务收入时应结转的成本
账户结构	借方:登记主营业务发生的实际成本 贷方:登记期末转入"本年利润"账户的主营业务成本 期末余额:无余额
明细分类核算	按主营业务的种类设置明细账户,进行明细分类核算

(7)"其他业务成本"账户,如表4-31所示。

表4-31 "其他业务成本"账户

账户名称	其他业务成本
性质	损益类
核算内容	企业确认的除主营业务活动以外的其他经营活动所发生的支出,包括销售材料的成本、出租固定资产的折旧额、出租无形资产的摊销额、出租包装物的成本或摊销额等
账户结构	借方:登记其他业务的支出额 贷方:登记期末转入"本年利润"账户的其他业务支出额 期末余额:无余额
明细分类核算	按其他业务的种类设置明细账户,进行明细分类核算

(8)"税金及附加"账户,如表4-32所示。

表4-32 "税金及附加"账户

账户名称	税金及附加
性质	损益类
核算内容	企业经营活动发生的消费税、城市维护建设税、资源税和教育费附加、房产税、车船使用税、土地使用税、印花税等相关税费
账户结构	借方:登记企业应按规定计算确定的与经营活动相关的税费 贷方:登记期末转入"本年利润"账户的与经营活动相关的税费 期末余额:无余额

明细分类核算按"税金及附加"的核算税种设置明细账户,进行明细分类核算

【演练45·单选题】 某生产白酒的公司,销售白酒应交的消费税应借记( )科目。

A. 税金及附加　　　　B. 应交税费　　　　C. 管理费用　　　　D. 营业外支出

三、账务处理

(一)主营业务收入的账务处理

企业销售商品或提供劳务实现的收入,应按实际收到、应收或者预收的金额,借记"银

行存款"、"应收账款"、"应收票据"、"预收账款"等科目,按确认的营业收入,贷记"主营业务收入"科目。

对于增值税销项税额,一般纳税人应贷记"应交税费——应交增值税(销项税额)"科目;小规模纳税人应贷记"应交税费——应交增值税"科目。

(二)主营业务成本的账务处理

主营业务成本的计算确定公式如下:

本期应结转的主营业务成本=本期销售商品的数量×单位商品的生产成本

期(月)末,企业应根据本期(月)销售各种商品、提供各种劳务等实际成本,计算应结转的主营业务成本,借记"主营业务成本"科目,贷记"库存商品"、"劳务成本"等科目。

采用计划成本或售价核算库存商品的,平时的营业成本按计划成本或售价结转,月末,还应结转本月销售商品应分摊的产品成本差异或商品进销差价。

(三)其他业务收入与成本的账务处理

当企业发生其他业务收入时,按已收取或应收的款项借记"银行存款"、"应收账款"、"应收票据"等科目,按确定的收入金额,贷记"其他业务收入"科目,同时确认有关税金。在结转其他业务收入的同一会计期间,企业应根据本期应结转的其他业务成本金额,借记"其他业务成本"科目,贷记"原材料"、"累计折旧"、"应付职工薪酬"等科目。

(四)税金及附加的账务处理

企业计算确定的消费税、城市维护建设税、资源税和教育费附加等税费,应借记"税金及附加",贷记"应交税费"。期末,应将税金及附加科目余额结转到本年利润科目,借记"本年利润",贷记"税金及附加"。

例 4-26 众兴财纺织贸易公司销售产品100件,每件售价320元,发票上注明该批产品的价款为32000元,增值税税额为5120元,该公司收到一张已承兑的包含全部款项的商业汇票。会计分录:

借:应收票据　　　　　　　　　　　　　　　　　　　　37120
　贷:主营业务收入　　　　　　　　　　　　　　　　　　　32000
　　　应交税费——应交增值税(销项税额)　　　　　　　　　5120

在处理主营业务收入账务的同时,该公司还应结转主营业务成本。该产品每件成本为160元。结转成本时,会计分录:

借:主营业务成本　　　　　　　　　　　　　　　　　　16000
　贷:库存商品　　　　　　　　　　　　　　　　　　　　16000

例 4-27 乙公司按照合同规定预收一笔货款25000元,存入银行。产品完工后,乙公司按照合同规定发出产品200件,发票注明的价款为30000元,增值税销项税额为4800元。该产品成本为每件100元。乙公司随后收到补付款项10100元。

该公司收到预收款项时,会计分录:

借:银行存款　　　　　　　　　　　　　　　　　　　　25000
　贷:预收账款　　　　　　　　　　　　　　　　　　　　25000

该公司发出产品并收到发票时,会计分录:

借:预收账款   34800

    贷:主营业务收入   30000

      应交税费——应交增值税(销项税额)   4800

该公司收到补款时,会计分录:

借:银行存款   9800

    贷:预收账款   9800

同时结转产品成本,会计分录:

借:主营业务成本   20000

    贷:库存商品   20000

例 4-28 众兴财纺织贸易公司销售一批原材料,价款 30000 元,成本 25000 元,增值税 4800 元;款项收到存入银行。

确认收入时的会计分录:

借:银行存款   34800

    贷:其他业务收入   30000

      应交税费——应交增值税(销项税额)   4800

同时结转材料成本,会计分录:

借:其他业务成本   25000

    贷:原材料   25000

例 4-29 众兴财纺织贸易公司本月应交的消费税为 10000 元,城市维护建设税为 700 元,教育费附加为 300 元。会计分录:

借:税金及附加   11000

    贷:应交税费——应交消费税   10000

      ——应交城市维护建设税   700

      ——应交教育费附加   300

下月交纳税费时:

借:应交税费——应交消费税   10000

    ——应交城市维护建设税   700

    ——应交教育费附加   300

    贷:银行存款   11000

例 4-30 期末结转税金及附加 11000 元。会计分录:

借:本年利润   11000

    贷:税金及附加   11000

【演练 46·单选题】 对于企业已经发出商品但尚未确认销售收入的商品成本,应做出的会计处理是( )。

A.借:应收账款

    贷:库存商品

C.借:主营业务成本

    贷:库存商品

B.借:应收账款

    贷:主营业务收入

D.借:发出商品

    贷:库存商品

 知识点提要

业务类型		会计分录
主营业务收入	企业销售商品或提供劳务实现的收入	借:银行存款 　应收账款 　应收票据 　预收账款 　贷:主营业务收入 　　应交税费——应交增值税(销项税额)
主营业务成本	期(月)末,结转实际成本	借:主营业务成本 　贷:库存商品 　　劳务成本
其他业务收入 与成本	其他业务收入	借:银行存款 　应收账款 　应收票据 　贷:其他业务收入
	其他业务成本	借:其他业务成本 　贷:原材料 　　累计折旧 　　应付职工薪酬

本节演练答案及解析

44.C 【解析】销售商品的收入主要指取得货币资产的商品销售以及正常情况下的以商品抵偿债务的交易等。销售商品的收入中的"商品"除了包括企业为销售而生产或购进的商品外,还包括原材料、包装物等其他存货。但企业领用商品自用、对外捐赠等,会计上不作为商品的销售处理。

45.A 【解析】税金及附加核算的内容包括消费税、城市维护建设税、教育费附加、资源税等税费。

46.D 【解析】对于企业已经发出商品但尚未确认销售收入的商品成本,借:发出商品,贷:库存商品。

第七节　期间费用的账务处理

一、期间费用的构成

期间费用包括管理费用、销售费用和财务费用。这些费用的发生对企业取得收入有很大的作用,但很难与各类收入直接配比,所以将其视为与某一期间的营业收入相关的期间费用,按其实际发生额予以确认。期间费用不计入产品制造成本,而是从当期损益中予以扣除。

（一）管理费用

管理费用是指企业行政管理部门为组织和管理企业生产经营活动而发生的各种费用，包括企业在筹建期间发生的开办费、董事会和行政管理部门在企业的经营管理中发生的或者应由企业统一负担的公司经费（包括行政管理部门职工工资及福利费、物料消耗、低值易耗品摊销、办公费和差旅费等）、工会经费、董事会费（包括董事会成员津贴、会议费和差旅费等）、聘请中介机构费、咨询费（含顾问费）、诉讼费、业务招待费、房产税、车船税、土地使用税、印花税、技术转让费、矿产资源补偿费、研究费用、排污费等。

（二）销售费用

销售费用是指企业销售商品和材料、提供劳务等日常经营过程中发生的各项费用，包括保险费、包装费、展览费和广告费、商品维修费、预计产品质量保证损失、运输费、装卸费，以及为销售本企业的商品而专设的销售机构（含销售网点、售后服务网点等）的职工薪酬、业务费、折旧费等经营费用。

（三）财务费用

财务费用是指企业为筹集生产经营所需资金等而发生的各种筹资费用，包括利息支出（减利息收入）、汇兑损失（减汇兑收益）以及相关的手续费、企业发生的现金折扣或收到的现金折扣等。

【演练 47·单选题】 下列项目不属于费用要素的是（　　　　）。

A. 制造费用　　　　B. 管理费用　　　　C. 长期待摊费用　　　　D. 财务费用

二、账户设置

为了核算期间费用的发生及结转情况，企业通常设置以下账户对期间费用业务进行会计核算。

（1）"管理费用"账户，如表 4-33 所示。

表 4-33　"管理费用"账户

账户名称	管理费用
性质	损益类
核算内容	企业为组织和管理企业生产经营所发生的管理费用
账户结构	借方：借方登记发生的各项管理费用 贷方：登记期末转入"本年利润"账户的管理费用 期末余额：期末结转后，该账户无余额
明细分类核算	按费用项目设置明细账户，进行明细分类核算

（2）"销售费用"账户，如表 4-34 所示。

表 4-34 "销售费用"账户

账户名称	销售费用
性质	损益类
核算内容	企业发生的各项销售费用
账户结构	借方:登记发生的各项销售费用 贷方:登记期末转入"本年利润"账户的销售费用 期末余额:期末结转后,该账户无余额
明细分类核算	费用项目设置明细账户,进行明细分类核算

(3)"财务费用"账户,如表 4-35 所示。

表 4-35 "财务费用"账户

账户名称	财务费用
性质	损益类账户
核算内容	核算企业为筹集生产经营所需资金等而发生的筹资费用,包括利息支出(减利息收入)、汇兑损益以及相关的手续费、企业发生的现金折扣或收到的现金折扣等。为购建或生产满足资本化条件的资产发生的应予资本化的借款费用,通过"在建工程"、"制造费用"等账户核算
账户结构	借方:登记手续费、利息费用等财务费用的增加额 贷方:登记应冲减财务费用的利息收入、期末转入"本年利润"账户的财务费用净额等 期末余额:期末结转后,该账户无余额
明细分类核算	按费用项目进行明细核算

【演练 48·多选题】 企业发生的下列各项费用,应计入销售费用的有(　　　)。

A. 销售商品应结转的商品成本

B. 销售人员工资

C. 销售商品广告费

D. 销售部门办公楼折旧费

三、账务处理

(一)管理费用的账务处理

企业在筹建期间发生的开办费,包括人员工资、办公费、培训费、差旅费、印刷费、注册登记费以及不计入固定资产成本的借款费用等在实际发生时,借记"管理费用"科目,贷记"应付利息"、"银行存款"等科目。

确认行政管理部门人员的职工薪酬,借记"管理费用"科目,贷记"应付职工薪酬"科目。

计提行政管理部门的固定资产折旧,借记"管理费用"科目,贷记"累计折旧"科目。

行政管理部门发生的办公费、水电费、业务招待费、聘请中介机构费、咨询费、诉讼费、技术转让费、企业研究费用,借记"管理费用"科目,贷记"银行存款"等科目。

（二）销售费用的账务处理

企业在销售商品过程中发生的包装费、保险费、展览费和广告费、运输费、装卸费等费用，借记"销售费用"科目，贷记"库存现金"、"银行存款"等科目。

企业发生的为销售本企业商品而专设的销售机构的职工薪酬、业务费等费用，借记"销售费用"科目，贷记"应付职工薪酬"、"银行存款"、"累计折旧"等科目。

（三）财务费用的账务处理

企业发生的财务费用，借记"财务费用"科目，贷记"银行存款"、"应付利息"等科目。发生的应冲减财务费用的利息收入、汇兑损益、现金折扣，借记"银行存款"、"应付账款"等科目，贷记"财务费用"科目。

例 4-31 众兴财纺织贸易公司本月管理用设备应计提折旧费 30000 元，应付管理部门员工工资 40000 元。会计分录：

```
借：管理费用                          70000
  贷：累计折旧                             30000
     应付职工薪酬                          40000
```

例 4-32 众兴财纺织贸易公司本月用银行存款支付广告费 10000 元，应付销售人员工资 20000 元。会计分录：

```
借：销售费用                          30000
  贷：银行存款                             10000
     应付职工薪酬                          20000
```

例 4-33 众兴财纺织贸易公司支付本月已经计提的应付银行短期借款利息 5000 元。会计分录：

```
借：财务费用                          5000
  贷：应付利息                             5000
```

例 4-34 众兴财纺织贸易公司本月收到银行存款利息 3000 元。会计分录：

```
借：银行存款                          3000
  贷：财务费用                             3000
```

【演练 49·单选题】 企业本期销售商品成本为 100 万元，罚款支出 12 万元，发生管理费用 5 万元，销售费用 10 万元，则企业本期应确认的期间费用为（   ）万元。

A. 15   B. 27   C. 127   D. 115

知识点提要

业务类型		会计分录
管理费用		借:管理费用 　贷:应付利息 　　银行存款 　　应付职工薪酬 　　累计折旧 　　研发支出——费用化支出
销售费用		借:销售费用 　贷:库存现金 　　银行存款 　　应付职工薪酬 　　累计折旧
财务费用	发生利息支出、汇兑损失、现金折扣	借:财务费用 　贷:银行存款 　　应付利息
	利息收入、汇兑收益、收到现金折扣	借:银行存款 　　应付账款 　贷:财务费用

本节演练答案及解析

47. C 【解析】长期待摊费用属于资产类科目。

48. BCD

49. A

第八节　利润形成与分配业务的账务处理

一、利润形成的账务处理

(一)利润的形成

利润是指企业在一定会计期间的经营成果,是评价企业经营管理业绩的重要指标,包括收入减去费用后的净额、直接计入当期损益的利得和损失等。利润由营业利润、利润总额和净利润三个层次构成。

1. 营业利润

营业利润能够比较恰当地反映企业管理者的经营业绩,其计算公式如下:

营业利润=营业收入−营业成本−税金及附加−销售费用−管理费用−研发费用−财务费用−资产减值损失−信用减值损失+其他收益+投资收益(−投资

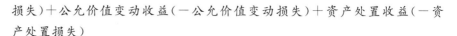

损失)＋公允价值变动收益(一公允价值变动损失)＋资产处置收益(一资产处置损失)

其中,营业收入＝主营业务收入＋其他业务收入

营业成本＝主营业务成本＋其他业务成本

2.利润总额

利润总额,又称税前利润,其计算公式如下:

$$利润总额＝营业利润＋营业外收入－营业外支出$$

3.净利润

净利润,又称税后利润,是利润总额扣除所得税费用后的净额,其计算公式如下:

$$净利润＝利润总额－所得税费用$$

(二)账户设置

企业通常设置以下账户对利润形成业务进行会计核算。

(1)"本年利润"账户,如表 4-36 所示。

表 4-36　"本年利润"账户

账户名称	本年利润
性质	所有者权益类
核算内容	企业当期实现的净利润(或发生的净亏损)。企业期(月)末结转利润时,应将各损益类账户的金额转入本账户,结平各损益类账户
账户结构	借方:登记企业期(月)末转入的主营业务成本、税金及附加、其他业务成本、管理费用、财务费用、销售费用、营业外支出、投资损失和所得税费用等 贷方:登记企业期(月)末转入的主营业务收入、其他业务收入、营业外收入和投资收益等 期末余额:在贷方,为当期实现的净利润;在借方,为当期发生的净亏损。年度终了,应将本年收入和支出相抵后结出的本年实现的净利润(或发生的净亏损),转入"利润分配——未分配利润"账户贷方(或借方),结转后本账户无余额

(2)"投资收益"账户,如表 4-37 所示。

表 4-37　"投资收益"账户

账户名称	投资收益
性质	损益类
核算内容	企业确认的投资收益或投资损失
账户结构	借方:登记发生的投资损失和期末转入"本年利润"账户的投资净收益 贷方:登记实现的投资收益和期末转入"本年利润"账户的投资净损失 期末余额:期末结转后,该账户无余额
明细分类核算	按投资项目设置明细账户,进行明细分类核算

(3)"营业外收入"账户,如表4-38所示。

表4-38 "营业外收入"账户

账户名称	营业外收入
性质	损益类账户
核算内容	企业发生的各项营业外收入,主要包括非流动资产毁损报废收益、盘盈利得、捐赠利得、非货币性资产交换利得、债务重组利得等
账户结构	借方:登记会计期末转入"本年利润"账户的营业外收入额 贷方:登记营业外收入的实现,即营业外收入的增加额 期末余额:期末结转后,该账户无余额
明细分类核算	按营业外收入项目设置明细账户,进行明细分类核算

(4)"营业外支出"账户,如表4-39所示。

表4-39 "营业外支出"账户

账户名称	营业外支出
性质	损益类账户
核算内容	企业发生的各项营业外支出,包括非流动资产毁损报废损失、公益性捐赠支出、盘亏损失、非常损失、罚款支出、非货币性资产交换损失、债务重组损失等
账户结构	借方:登记营业外支出的发生,即营业外支出的增加额 贷方:登记期末转入"本年利润"账户的营业外支出额 期末余额:期末结转后,该账户无余额
明细分类核算	按支出项目设置明细账户,进行明细分类核算

(5)"资产处置损益"账户,如表4-40所示。

表4-40 "资产处理损益"账户

账户名称	资产处置损益
性质	损益类
核算内容	主要反映企业处置未划分为持有待售的固定资产、在建工程、生产性生物资产及无形资产而产生的处置利得或损失,还包括债务重组中因处置非流动资产产生的利得或损失和非货币性资产交换中换出非流动资产产生的利得或损失
账户结构	借方:登记资产处置损益损失的发生,即资产处置损益的减少额 贷方:登记资产处置损益利得的实现,即资产处置损益的增加额 期末余额:期末结转后,该账户无余额
明细分类核算	按资产处置损益具体项目设置明细账户,进行明细分类核算

(三)账务处理

1. 营业外收入和营业外支出的账务处理

例4-35 众兴财纺织贸易公司用银行存款支付税收滞纳金1000元。会计分录:

　　借:营业外支出　　　　　　　　　　　　　　　　　1000

　　　　贷:银行存款　　　　　　　　　　　　　　　　　　　　　　　　　　　1000

　　例 4-36　众兴财纺织贸易公司出售固定资产净收益 3000 元,转入资产处置损益。会计分录:

　　　　借:固定资产清理　　　　　　　　　　　　　　　　　　　　　　3000
　　　　　　贷:资产处置损益　　　　　　　　　　　　　　　　　　　　　　　3000

　　2. 期末结转各项收入和费用的账务处理

　　会计期末(月末或年末)结转各项收入时,借记"主营业务收入"、"其他业务收入"、"营业外收入"等科目,贷记"本年利润"科目;结转各项支出时,借记"本年利润"科目,贷记"主营业务成本"、"税金及附加"、"其他业务成本"、"管理费用"、"财务费用"、"销售费用"、"资产减值损失"、"营业外支出"、"所得税费用"等科目。

　　例 4-37　2019 年,众兴财纺织贸易公司有关损益类账户的发生额如表 4-41 所示。

表 4-41　2019 年有关损益类账户的发生额　　　　　　　　　　　　单位:元

账户名称	结账前余额	
	借方	贷方
主营业务收入		6000000
其他业务收入		700000
公允价值变动损益		150000
投资收益		600000
营业外收入		30000
资产处置损益		20000
主营业务成本	4000000	
其他业务成本	400000	
税金及附加	80000	
销售费用	500000	
管理费用	770000	
财务费用	200000	
资产减值损失	100000	
营业外支出	250000	

　　假定没有纳税调整事项,该公司所得税税率为 25%。

　　结转收入(益)类账户余额时,会计分录:

　　　　借:主营业务收入　　　　　　　　　　　　　　　　　　　　6000000
　　　　　　其他业务收入　　　　　　　　　　　　　　　　　　　　　700000
　　　　　　公允价值变动损益　　　　　　　　　　　　　　　　　　　150000
　　　　　　投资收益　　　　　　　　　　　　　　　　　　　　　　　600000
　　　　　　营业外收入　　　　　　　　　　　　　　　　　　　　　　 30000
　　　　　　资产处置损益　　　　　　　　　　　　　　　　　　　　　 20000

　　贷:本年利润　　　　　　　　　　　　　　　　　　　　　　　　7500000

结转各费用(损)类账户余额时,会计分录:

借:本年利润　　　　　　　　　　　　　　　　　　　　6300000

　　贷:主营业务成本　　　　　　　　　　　　　　　　　　　　　4000000

　　　　其他业务成本　　　　　　　　　　　　　　　　　　　　　400000

　　　　税金及附加　　　　　　　　　　　　　　　　　　　　　　80000

　　　　销售费用　　　　　　　　　　　　　　　　　　　　　　　500000

　　　　管理费用　　　　　　　　　　　　　　　　　　　　　　　770000

　　　　财务费用　　　　　　　　　　　　　　　　　　　　　　　200000

　　　　资产减值损失　　　　　　　　　　　　　　　　　　　　　100000

　　　　营业外支出　　　　　　　　　　　　　　　　　　　　　　250000

在例4-37中,该公司2019年的利润总额为:

利润总额＝7500000－6300000＝1200000(元)

确认的所得税费用为:

所得税费用＝1200000×25％＝300000(元)

(1)确认所得税费用时,会计分录:

借:所得税费用　　　　　　　　　　　　　　　　　300000

　　贷:应交税费——应交所得税　　　　　　　　　　　　　　300000

(2)结转所得税费用时,会计分录:

借:本年利润　　　　　　　　　　　　　　　　　　300000

　　贷:所得税费用　　　　　　　　　　　　　　　　　　　　300000

故2019年的净利润为:

净利润＝1200000－300000＝900000(元)

【演练50·单选题】 企业因债权人撤销而转销无法支付的应付账款时,应将所转销的应付账款计入(　　)。

A.资本公积　　　　B.其他应付款　　　　C.营业外收入　　　　D.其他业务收入

【演练51·多选题】 期末损益类科目结转时,下列选项中,"本年利润"科目贷方的对应科目有(　　)。

A.主营业务成本　　　　　　　　　　　　B.主营业务税金及附加

C.其他业务收入　　　　　　　　　　　　D.主营业务收入

二、利润分配的账务处理

(一)利润分配的顺序

企业向投资者分配利润,应按一定的顺序进行,即:

1.计算可供分配的利润

企业在利润分配前,应根据本年净利润(或亏损)与年初未分配利润(或亏损)、其他转入的金额(如盈余公积弥补的亏损)等项目,计算可供分配的利润,即:

$$可供分配的利润＝净利润（或亏损）＋年初未分配利润－弥补以前年度的亏损＋$$
$$其他转入的金额$$

如果可供分配的利润为负数（即累计亏损），则不能进行后续分配；如果可供分配利润为正数（即累计盈利），则可进行后续分配。

2.提取法定盈余公积

按照《公司法》的有关规定，公司应当按照当年净利润（抵减年初累计亏损后）的10％提取法定盈余公积，提取的法定盈余公积累计额超过注册资本50％的，可以不再提取。

如果不存在年初累计亏损，提取法定盈余公积的基数为当年实现的净利润；如果存在年初累计亏损，提取法定盈余公积的基数应为可供分配的利润。

3.提取任意盈余公积

公司提取法定盈余公积后，经股东会或者股东大会决议，还可以从净利润中提取任意盈余公积。

4.向投资者分配利润（或股利）

企业可供分配的利润扣除提取的盈余公积后，形成可供投资者分配的利润，即：
$$可供投资者分配的利润＝可供分配的利润－提取的盈余公积$$

企业可采用现金股利、股票股利和财产股利等形式向投资者分配利润（或股利）。

可供投资者分配的利润扣除向投资者分配利润的余额形成企业的未分配利润。它是所有者权益的重要组成部分，是企业留待以后年度进行分配的利润或等待分配的利润，相对于所有者权益的其他部分而言，企业对于未分配利润的使用有较大的自主权。

（二）账户设置

企业通常设置以下账户对利润分配业务进行会计核算。

（1）"利润分配"账户，如表4-42所示。

表4-42　"利润分配"账户

账户名称	利润分配
性质	所有者权益类
核算内容	企业利润的分配（或亏损的弥补）和历年分配（或弥补）后的余额
账户结构	借方：登记实际分配的利润额，包括提取的盈余公积和分配给投资者的利润，以及年末从"本年利润"账户转入的全年发生的净亏损。 贷方：登记用盈余公积弥补的亏损额等其他转入数，以及年末从"本年利润"账户转入的全年实现的净利润。 期末余额：年末，应将"利润分配"账户下的其他明细账户的余额转入"未分配利润"明细账户，结转后，除"未分配利润"明细账户可能有余额外，其他各个明细账户均无余额。贷方余额为历年累积的未分配利润（即可供以后年度分配的利润），借方余额为历年累积的未弥补亏损（即留待以后年度弥补的亏损）
明细分类核算	应当分为"提取法定盈余公积"、"提取任意盈余公积"、"应付现金股利或利润"、"转作股本的股利"、"盈余公积补亏"和"未分配利润"等进行明细核算

（2）"盈余公积"账户，如表4-43所示。

表 4-43 "盈余公积"账户

账户名称	盈余公积
性质	所有者权益类
核算内容	企业从净利润中提取的盈余公积
账户结构	借方:登记实际使用的盈余公积,即盈余公积的减少额 贷方:登记提取的盈余公积,即盈余公积的增加额 期末余额:在贷方,反映企业结余的盈余公积
明细分类核算	应当分为"法定盈余公积"、"任意盈余公积"进行明细核算

(3)"应付股利"账户,如表 4-44 所示。

表 4-44 "应付股利"账户

账户名称	应付股利
性质	负债类
核算内容	企业分配的现金股利或利润
账户结构	借方:登记实际支付给投资者的股利或利润,即应付股利的减少额 贷方:登记应付给投资者股利或利润的增加额 期末余额:在贷方,反映企业应付未付的现金股利或利润
明细分类核算	按投资者进行明细核算

(三)账务处理

利润分配业务的账务处理主要包括净利润转入利润分配的账务处理、提取盈余公积的账务处理、向投资者分配利润或股利的账务处理、盈余公积补亏的账务处理、企业未分配利润的形成的账务处理。

1. 净利润转入利润分配的账务处理

会计期末,企业应将当年实现的净利润转入"利润分配——未分配利润"科目,即借记"本年利润"科目,贷记"利润分配——未分配利润"科目,如为净亏损,则做相反会计分录。

结转前,如果"利润分配——未分配利润"明细科目的余额在借方,上述结转当年所实现净利润的分录同时反映了当年实现的净利润自动弥补以前年度亏损的情况。

因此,在用当年实现的净利润弥补以前年度亏损时,不需另行编制会计分录。

2. 提取盈余公积的账务处理

企业提取的法定盈余公积,借记"利润分配——提取法定盈余公积"科目,贷记"盈余公积——法定盈余公积"科目;提取的任意盈余公积,借记"利润分配——提取任意盈余公积"科目,贷记"盈余公积——任意盈余公积"科目。

3. 向投资者分配利润或股利的账务处理

企业根据股东大会或类似机构审议批准的利润分配方案,按应支付的现金股利或利润,借记"利润分配——应付现金股利"科目,贷记"应付股利"等科目;对于股票股利,应在办妥增资手续后,按转作股本的金额,借记"利润分配——转作股本股利"科目,贷记"股本"等科目。

董事会或类似机构通过的利润分配方案中拟分配的现金股利或利润,不做账务处理,但应在附注中披露。

4. 盈余公积补亏的账务处理

企业发生的亏损,除用当年实现的净利润弥补外,还可使用累积的盈余公积弥补。以盈余公积弥补亏损时,借记"盈余公积"科目,贷记"利润分配——盈余公积补亏"科目。

5. 企业未分配利润的形成的账务处理

年度终了,企业应将"利润分配"科目所属其他明细科目的余额转入该科目"未分配利润"明细科目。结转盈余公积补亏,借记"利润分配——盈余公积补亏"科目,贷记"利润分配——未分配利润"科目;结转已分配的利润,借记"利润分配——未分配利润"科目,贷记"利润分配——提取法定盈余公积"、"利润分配——提取任意盈余公积"、"利润分配——应付现金股利"、"利润分配——转作股本股利"等科目。

结转后,"利润分配"科目中除"未分配利润"明细科目外,所属其他明细科目无余额。"未分配利润"明细科目的贷方余额表示累积未分配的利润,该科目如果出现借方余额,则表示累积未弥补的亏损。

例 4-38 将本年利润 900000 元转入利润分配,会计分录:

借:本年利润	900000	
贷:利润分配——未分配利润		900000

例 4-39 该公司 2019 年实现净利润 900000 元,公司股东大会决定按 10%提取法定盈余公积,按 20%提取任意盈余公积。

会计分录:

借:利润分配——提取法定盈余公积	90000	
——提取任意盈余公积	180000	
贷:盈余公积——法定盈余公积		90000
——任意盈余公积		180000

例 4-40 该公司宣告发放现金股利 100000 元,会计分录:

借:利润分配——应付现金股利	100000	
贷:应付股利		100000

支付现金股利时,会计分录如下:

借:应付股利	100000	
贷:银行存款		100000

例 4-41 根据例 4-40 至例 4-41 中会计分录,该公司形成未分配利润的会计分录:

借:利润分配——未分配利润	370000	
贷:利润分配——提取法定盈金公积		90000
——提取任意盈余公积		180000
——应付现金股利		100000

至此,"利润分配——未分配利润"账户贷方余额为 530000 元(900000－370000),表示该企业累积未分配利润为 530000 元。

【演练 52·多选题】 留存收益是企业历年实现的净利润留存于企业的部分,主要包括( )。

A 本年利润   B 资本公积   C 盈余公积   D 未分配利润

 知识点提要 1

利润形成的账务处理

账户设置	本年利润	该账户贷方登记企业期(月)末转入的收入和利得;借方登记企业期(月)末转入的费用和损失
		年度终了,应将本年实现的净利润(或发生的净亏损),转入"利润分配——未分配利润"账户贷方(或借方),结转后本账户无余额
	营业外收入	损益类账户,主要包括非流动资产报废利得、非货币性资产交换利得、债务重组利得、政府补助(非日常活动)、盘盈利得、捐赠利得、罚款收入等。期末结转后,该账户无余额 速记:双非付债,盘补捐罚
	营业外支出	损益类账户,包括非流动资产毁损报废损失、非货币性资产交换损失、债务重组损失、公益性捐赠支出、非常损失、盘亏损失、罚款支出等 速记:三非付债,盘捐罚

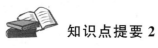 知识点提要 2

业务类型	会计分录
期末结转各项收入	借:主营业务收入 　　其他业务收入 　　营业外收入 　　投资收益 　　公允价值变动损益 　　资产处置损益 　贷:本年利润
结转各项支出	借:本年利润 　贷:主营业务成本 　　税金及附加 　　其他业务成本 　　管理费用 　　财务费用 　　销售费用 　　资产减值损失 　　营业外支出 　　资产处置损益
计算所得税费用	借:所得税费用 　贷:应交税费——应交所得税
结转所得税费用	借:本年利润 　贷:所得税费用

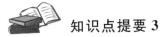 **知识点提要 3**

利润表(简表)

2017 年 12 月

```
┌─────────────────────┐
│ 一、营业收入          │
└─────────────────────┘
   ┌──────────────────────────────────┐
   │ －1营业－1税金－4费用－1损失＋4收益  │
   └──────────────────────────────────┘
┌─────────────────────┐
│ 二、营业利润          │
└─────────────────────┘
   ┌──────────────────────────────────┐
   │ ＋营业外收入－营业外支出              │
   └──────────────────────────────────┘
┌─────────────────────┐
│ 三、利润总额          │
└─────────────────────┘
   ┌──────────────────────────────────┐
   │ －所得税费用                        │
   └──────────────────────────────────┘
┌─────────────────────┐
│ 四、净利润            │
└─────────────────────┘
┌──────────────────────────┐
│ 五、其他综合收益的税后净额    │
└──────────────────────────┘
```

【解释】1 营业:营业成本;1 税金:税金及附加;4 费用:销售费用、管理费用、研发费用、财务费用;1 损失:资产减值损失;4 收益:公允价值变动收益、投资收益、资产处置收益、其他收益。

 知识点提要 4

利润分配的账务处理

利润分配的顺序	计算可供分配的利润	可供分配的利润＝净利润(或亏损)＋年初未分配利润－弥补以前年度的亏损＋其他转入的金额
	提取法定盈余公积	公司应当按照**当年净利润(抵减年初累计亏损后)**的 10％**提取法定盈余公积**,提取的法定盈余公积累计额超过注册资本 50％的,可以**不再提取**
账户设置	利润分配	**年末**,应将"利润分配"账户下的"提取法定盈余公积"、"提取任意盈余公积"、"应付现金股利或利润"等明细账户的余额转入"未分配利润"明细账户,结转后,除"未分配利润"明细账户可能有余额外,其他各个明细账户均无余额

 知识点提要5

业务类型		会计分录
净利润转入利润分配	会计期末	借:本年利润 　贷:利润分配——未分配利润 如为净亏损,则做相反会计分录
	在用当年实现的净利润弥补以前年度亏损时,不需另行编制会计分录	
提取盈余公积	企业提取的法定盈余公积	借:利润分配——提取法定盈余公积 　贷:盈余公积——法定盈余公积
	提取的任意盈余公积	借:利润分配——提取任意盈余公积 　贷:盈余公积——任意盈余公积
向投资者分配利润或股利	宣告现金股利	借:利润分配——应付现金股利 　贷:应付股利
	宣告股票股利	借:利润分配——转作股本股利 　贷:股本
盈余公积补亏	借:盈余公积 　贷:利润分配——盈余公积补亏	
企业未分配利润的形成	年度终了,企业应将"利润分配"科目所属其他明细科目的余额转入该科目"未分配利润"明细科目	借:利润分配——未分配利润 　　利润分配——盈余公积补亏 　贷:利润分配——提取法定盈余公积 　　利润分配——提取任意盈余公积 　　利润分配——应付现金股利 　　利润分配——转作股本股利
	未弥补亏损可以用以后年度实现的**税前利润进行弥补,但弥补期限不得超过五年**,超过五年以后可以用税后利润弥补,也可以用盈余公积补亏	

本节演练答案及解析

50.C 【解析】企业转销确实无法支付的应付账款(比如因债权人撤销等原因而产生无法支付的应付账款),应按其账面余额计入营业外收入,借记"应付账款"科目,贷记"营业外收入"科目。

51.CD 【解析】期末结转损益类科目,收入类结转至本年利润的贷方,成本、费用类结转至本年利润的借方。

52.CD 【解析】留存收益主要包括盈余公积和未分配利润。

【习题四】

一、单项选择题

1.从开户银行提取现金50000元,以备发放工资。正确的会计分录是(　　)。

A.借:银行存款　　　　　　　　　　　　　　　　　　　　50000

　　贷:库存现金　　　　　　　　　　　　　　　　　　　　　　50000

B. 借:银行存款 50000
　　贷:应付职工薪酬 50000
C. 借:库存现金 50000
　　贷:银行存款 50000
D. 借:库存现金 50000
　　贷:应付职工薪酬 50000

2. 企业购入一批材料,买价6000元,另发生运杂费300元,材料已入库,款项已用库存现金支付。假设不考虑相关增值税的影响。正确的会计分录为(　　)。

A. 借:原材料 6000
　　贷:库存现金 6000
B. 借:原材料 6300
　　贷:库存现金 6300
C. 借:原材料 6000
　　贷:银行存款 6000
D. 借:原材料 6300
　　贷:银行存款 6300

3. 甲公司月末结转已完工产品成本10000元,正确的会计分录为(　　)。

A. 借:主营业务成本 10000
　　贷:库存商品 10000
B. 借:生产成本 10000
　　贷:制造费用 10000
C. 借:库存商品 10000
　　贷:生产成本 10000
D. 借:生产成本 10000
　　贷:库存商品 10000

4. 乙公司月末结转已销售产品成本20000元。正确的会计分录为(　　)。

A. 借:库存商品 20000
　　贷:生产成本 20000
B. 借:生产成本 20000
　　贷:制造费用 20000
C. 借:生产成本 20000
　　贷:库存商品 20000
D. 借:主营业务成本 20000
　　贷:库存商品 20000

5. 小规模纳税人甲公司购入一台不需安装即可投入使用的设备,取得的增值税专用发票上注明的设备价款为50000元,增值税税额为8000元,另支付运输费500元、包装费1000元,款项以银行存款支付。正确的会计分录为(　　)。

A. 借:固定资产 50000
　　　应交税费——应交增值税(进项税税额) 8000

管理费用	1500	
贷:银行存款		59500
B.借:固定资产	59500	
贷:银行存款		59500
C.借:固定资产	58000	
管理费用	1500	
贷:银行存款		59500
D.借:固定资产	51500	
应交税费——应交增值税(进项税税额)	8000	
贷:银行存款		59500

6.企业计提固定资产折旧时,贷记的科目是(　　)。

A.固定资产　　　　B.销售费用　　　　C.管理费用　　　　D.累计折旧

7.下列固定资产中,本月应计提折旧的是(　　)。

A.本月季节性停用的设备　　　　B.当月购入的设备

C.未提足折旧上月提前报废的设备　　　　D.已提足折旧继续使用的设备

二、多项选择题

1.4月5日,企业购入一批材料,买价30000元,另发生运杂费1000元,材料已入库,款项未付。4月20日,企业以银行存款支付上述货款。假设不考虑相关增值税的影响。正确的会计分录包括(　　)。

A.借:原材料	31000	
贷:银行存款		31000
B.借:应付账款	31000	
贷:银行存款		31000
C.借:其他应付款	31000	
贷:银行存款		31000
D.借:原材料	31000	
贷:应付账款		31000

2.甲公司生产车间领用B材料2000元,车间管理部门领用B材料100元,企业销售部门领用B材料200元。正确的会计分录包括(　　)。

A.借:生产成本	2000	
贷:原材料		2000
B.借:制造费用	100	
贷:原材料		100
C.借:销售费用	200	
贷:原材料		200
D.借:管理费用	200	
贷:原材料		200

3.按照规定的固定资产折旧率,计提本月固定资产折旧5000元,其中:生产车间固定资产折旧2000元,财务部门固定资产折旧1300元,人力资源部门固定资产折旧1600元,销售

部门固定资产折旧 100 元。正确的会计分录包括(　　)。

  A. 借：制造费用   2000

    贷：累计折旧   2000

  B. 借：财务费用   1300

    贷：累计折旧   1300

  C. 借：管理费用   2900

    贷：累计折旧   2900

  D. 借：销售费用   100

    贷：累计折旧   100

  4. 甲公司现有一台设备提前报废,原价 20000 元,已计提折旧 6000 元,未计提减值准备,报废时的残值变价收入 3000 元,报废清理过程中发生清理费用 1500 元。有关收入、支出均通过银行办理结算。假定不考虑相关税费影响,甲公司应编制的会计分录包括(　　)。

  A. 借：固定资产清理   14000

     累计折旧   6000

    贷：固定资产   20000

  B. 借：银行存款   3000

    贷：固定资产清理   3000

  C. 借：固定资产清理   1500

    贷：银行存款   1500

  D. 借：营业外收入   3500

    贷：固定资产清理   3500

  5. 下列说法正确的有(　　)。

  A. 固定资产提足折旧之后,不管能否继续使用,均不再提取折旧

  B. 提前报废的固定资产,不再补提折旧

  C. 生产车间的固定资产的维修费用应该计入管理费用

  D. 对于盘亏或毁损的固定资产的净损失计入当期营业外支出

三、判断题

  1. 只要同时符合以下两个特征的资产都是固定资产:为生产商品、提供劳务、出租或经营管理而持有的;使用寿命超过一个会计年度。   (　　)

  2. 当月增加的固定资产,当月不提折旧,从下月起计提折旧;当月减少的固定资产,当月仍计提折旧,从下月起停止计提折旧。   (　　)

  3. 固定资产处置包括固定资产的出售、报废、毁损、对外投资等,处置固定资产应通过"固定资产清理"账户核算,清理的净损益计入当期资产处置损益。   (　　)

  4. 短期借款利息属于筹资费用,应记入"管理费用"账户。企业应当在资产负债表日按照计算确定的短期借款利息费用,借记"管理费用"科目,贷记"应付利息"科目;实际支付时,借记"应付利息"科目,贷记"银行存款"科目。   (　　)

  5. 直接材料是指直接用于产品生产、构成产品实体的材料、主要材料以及有助于产品形成的辅助材料。直接人工是指直接从事产品生产的生产工人薪酬。   (　　)

6."制造费用"账户用来归集和分配企业生产车间为生产产品而发生的各项间接生产费用,包括车间管理人员薪酬、折旧费、机物料消耗及办公费等。期末该账户余额一般在借方。   (   )

7.销售费用是企业在销售商品和材料、提供劳务过程中发生的各项费用,包括保险费、包装费、广告费、商品维修费、预计产品质量保证损失、运输费、装卸费等以及为销售本企业商品而专设的销售机构(含销售网点、售后服务网点等)的职工薪酬、业务费、折旧费等经营费用。   (   )

8.管理费用是企业行政管理部门为组织和管理生产经营活动而发生的各项费用,包括管理部门职工薪酬、办公费、折旧费、业务招待费和产品展览费等。   (   )

9.财务费用是企业为筹集生产经营所需资金等而发生的各项费用,包括利息支出、支付给金融机构手续费等。   (   )

四、实训题一

(一)目的:练习筹集资金业务的核算。

(二)要求:根据经济业务编制会计分录。

(三)资料:某公司在12月份发生下列经济业务:

1.2日,向建设银行借入一年期借款100000元,存入银行。

2.4日,收到远大公司投资款200000元,存入银行。

3.8日,收到腾旺公司以商标权向本公司的投资,评估价为50000元。

4.10日,向工商银行借入三年期借款200000元,存入银行。

5.16日,三金公司以一新建厂房向本公司投资,价值2000000元。

6.20日,企业以银行存款300000元归还已到期的短期借款。

7.23日,经批准将盈余公积280000元,转增资本。

8.25日,用银行存款500000元归还已到期的三年期借款。

9.29日,公司收到甲公司作为投资的新设备一台,该设备确认的价值为150000元。

五、实训题二

(一)目的:练习材料采购业务的核算。

(二)要求:根据经济业务编制会计分录,登记在记账凭证用纸上。

(三)资料:某公司在12月份发生下列经济业务:

1.1日,从黄河公司购入A材料1000千克,单价10元,增值税进项税税额为1600元,运杂费100元(不考虑增值税),货、税款及运杂费均以银行存款支付,材料验收入库。

2.4日,从南方公司购入B材料2000千克,单价50元,增值税进项税税额为16000元,运杂费1000元,货、税款及运杂费均以银行存款支付,但材料尚在运输途中。

3.5日向理想工厂购入:

甲材料　5000千克　　　单价20元　　　计100000元

乙材料　4000千克　　　单价50元　　　计200000元

两种材料共付运杂费4500元,支付的增值税进项税税额共计48000元。货、税款及运杂费均以银行存款支付,材料验收入库。(材料的运杂费按材料的重量比例分摊)

4.10日,以银行存款归还前欠东风工厂货款20000元。

5.16日,向南方公司购入的B材料已验收入库,按实际采购成本入账。

六、实训题三

(一)目的:练习生产过程的核算。

(二)要求:根据经济业务编制会计分录。

(三)资料:某公司12月份发生下列经济业务

1.材料仓库本月发出材料用于A产品生产679800元,车间一般耗用5800元,企业管理部门耗用4000元。

2.本月应付职工工资100000元,其中A产品生产工人工资75000元,车间管理人员工资20000元,公司管理人员工资5000元。

3.计提本月固定资产折旧4500元,其中车间计提折旧4000元,行政管理部门计提折旧500元。

4.以银行存款购买办公用品1300元,其中车间用900元,企业管理部门用400元。

5.本月应负担的银行借款利息6500元。

6.以银行存款支付车间报纸杂志订阅费600元,全厂财产保险费840元。

7.用银行存款支付本月水电费32500元,其中生产车间应负担27000元,管理部门应负担5500元。

8.将本月发生的制造费用转入"生产成本"账户。

9.本月生产的产品,全部制成并验收入库,结转其实际生产成本。

七、实训题四

(一)目的:练习生产过程的核算。

(二)要求:根据经济业务编制会计分录。

(三)资料:某公司12月份发生下列经济业务:

1.2日,生产车间购买办公用品350元,付现金。

2.3日,采购员出差预借差旅费1000元,付现金。

3.5日,以银行存款3000元,作为预定下年度的报纸杂志款。

4.5日,材料仓库本月发出材料用于A产品生产68000元,B产品生产47000元,车间一般耗用9300元,企业管理部门耗用2400元。

5.8日,根据工资汇总表,本月应付职工工资140000元,其中A产品生产工人工资60000元,B产品生产工人工资40000元,车间管理人员工资25000元,公司管理人员工资15000元。

6.8日,从银行提取现金140000元,备发职工工资。

7.8日,以现金发放本月职工工资140000元。

8.12日,以银行存款支付租入固定资产的租金4500元。

9.14日,摊销应由本期负担的预付费用,其中车间负担900元,企业管理部门负担600元。

10.17日,计提本期固定资产折旧,其中车间计提7800元,行政管理部门计提3600元。

11.20日,计提本期应负担的银行借款利息880元。

12.23日,以现金购买行政管理部门使用的办公用品500元。

13.25日,企业管理部门人员出差开会,原预借1200元,现开会回来,报销差旅费1140元,其余归还现金。

14.31 日,将本月发生的制造费用转入"生产成本"账户。(按生产工人工资比例分摊制造费用)

15.31 日,本月生产的 A 产品 80 件,B 产品 100 件,全部完工验收入库,结转其实际生产成本。

八、实训题五

(一)目的:练习销售过程的核算。

(二)要求:根据经济业务编制会计分录。

(三)资料:某公司在 12 月份发生以下经济业务:

1.销售 A 产品 500 件,单价 300 元,增值税为 24000 元,款项全部收到存入银行。

2.销售 B 产品 800 件,单价 200 元,增值税为 25600 元,全部款项尚未收到。

3.以银行存款 2500 元支付销售 A、B 产品的广告费。

4.结转已售出产品的实际生产成本,其中 A 产品每件成本为 200 元,B 产品每件成本为 120 元。

5.按规定计算 A、B 产品城市维护建设税 3472 元、教育费附加 1488 元。

6.以银行存款 800 元支付产品的参展费。

7.收到东方公司汇来前欠货款 60000 元,将其存入银行。

8.以银行存款上缴城市维护建设税和教育费附加。

九、实训题六

(一)目的:练习利润形成和分配的核算。

(二)要求:根据经济业务编制会计分录。

(三)资料:某公司在 10 月份发生以下经济业务:

1.5 日,捐赠某小学现金 5000 元作为该校操场修缮费。

2.7 日,企业收到供货单位违约罚款 1200 元存入银行。

3.18 日,本企业发生一笔非常损失 4500 元,以银行存款支付.

4.31 日,将本月实现的主营业务收入 1000000 元,其他业务收入 3500 元,营业外收入 6200 元和投资收益 60000 元转入本年利润。

5.月末将本月发生的主营业务成本 550000 元,税金及附加 80000 元,销售费用 10000 元,其他业务成本 3000 元,营业外支出 9500 元,管理费用 65000 元和财务费用 4800 元转入本年利润账户。

6.按利润总额的 25% 计算本月应交所得税。

7.月末将"所得税费用"转入"本年利润"账户。

8.按税后利润的 10% 提取盈余公积金。

9.按税后利润的 30% 计算应付给投资者的利润。

150

|第五章|
记账凭证

 本章内容导读

按照会计工作的流程,会计"新手"学完原始凭证、填制凭证的"工具"及"方法",再加以"实践"后,现在可以独立填制记账凭证了。

与第二、三、四章相比,本章内容比较容易,重点介绍了记账凭证的种类、基本内容和填制要求,稍加理解、记忆和练习,您就会成为掌握本章知识的"能手"了。

 本章基本要求

熟悉	记账凭证的种类
掌握	记账凭证的基本内容、记账凭证的填制要求、记账凭证的审核

第一节 记账凭证的种类和基本内容

记账凭证又称记账凭单,是会计人员根据审核无误的原始凭证按照经济业务事项的内容加以归类,据以确定会计分录后所填制的会计凭证,是登记账簿的直接依据。由于原始凭证种类繁多、格式各异,需要对各种原始凭证反映的经济内容加以归类整理,确认各会计要素,以会计分录形式反映在记账凭证中。

一、记账凭证的种类

记账凭证可按不同的标准进行分类,具体如下。

(一)按凭证的用途分类

凭证按用途可分为专用记账凭证和通用记账凭证。

1．专用记账凭证

专用记账凭证是指分类反映经济业务的记账凭证，按其反映的经济业务内容，可分为收款凭证、付款凭证和转账凭证。

（1）收款凭证

收款凭证是指用于记录现金和银行存款收款业务的记账凭证。收款凭证根据有关库存现金和银行存款收入业务的原始凭证填制，是登记库存现金、银行存款日记账及有关明细账和总账等账簿的依据，也是出纳人员收讫款项的依据。其格式如表5-1所示。

表5-1　收款凭证

收 款 凭 证

借方科目：银行存款　　　　　　　　2019 年 1 月 3 日　　　　　　　　银收 字第 01 号

摘　　要	贷方总账科目	明细科目	√	金　额									
				千	百	十	万	千	百	十	元	角	分
收到货款	应收账款	万达商贸公司				2	2	8	5	0	0	0
合　计						￥	2	2	8	5	0	0	0

财务主管　　　　记账　　　　出纳　　　　审核　　　　制单　何萍

（2）付款凭证

付款凭证是指用于记录现金和银行存款付款业务的记账凭证。付款凭证根据有关库存现金和银行存款支付业务的原始凭证填制，是登记库存现金日记账、银行存款日记账以及有关明细账和总账等账簿的依据，也是出纳人员支付款项的依据。其格式如表5-2所示。

表5-2　付款凭证

付 款 凭 证

贷方科目：银行存款　　　　　　　　2019 年 1 月 6 日　　　　　　　　银付 字号第 01 号

摘　　要	借方总账科目	明细科目	√	金　额									
				千	百	十	万	千	百	十	元	角	分
付招待费	管理费用	招待费						1	7	0	2	0	0
合　计								￥	1	7	0	2	0	0

财务主管　　　　记账　　　　出纳　　　　审核　　　　制单　何萍

（3）转账凭证

转账凭证是指用于记录不涉及现金和银行存款业务的记账凭证。转账凭证根据有关转账业务的原始凭证填制，是登记有关明细账和转账等账簿的依据。其格式如表5-3所示。

表5-3　转账凭证

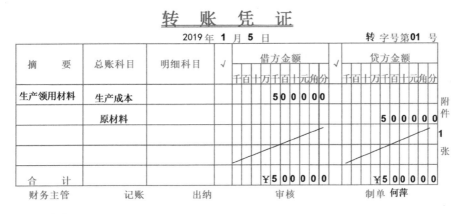

2.通用记账凭证

通用记账凭证是指用来反映所有经济业务的记账凭证，为各类经济业务所共同使用，其格式与转账凭证基本相同。如表5-4所示。

表5-4　记账凭证（空白）

记 账 凭 证

			年　　月　　日				字号第　　号		
摘　　要	总账科目	明细科目	√	借方金额		√	贷方金额		
				千百十万千百十元角分			千百十万千百十元角分		
									附件
									张
合　　计									
财务主管	记账	出纳			审核		制单		

（二）按凭证的填列方式分类

凭证按填列方式可分为单式记账凭证和复式记账凭证。

1.单式记账凭证

单式记账凭证是指只填列经济业务所涉及的一个会计科目及其金额的记账凭证。填列借方科目的称为借项凭证，填列贷方科目的称为贷项凭证。某项经济业务涉及几个会计科目，就填制几张单式记账凭证。单式记账凭证反映内容单一，便于分工记账，便于按会计科目汇总，但一张凭证不能反映每一笔经济业务的全貌，不便于检验会计分录的正确性。

2.复式记账凭证

复式记账凭证是将每一笔经济业务所涉及的全部科目及其发生额均在同一张记账凭证中反映的一种凭证。它是实际工作中应用最普遍的记账凭证。上述收款凭证、付款凭证、转账凭证和通用记账凭证均为复式记账凭证。复式记账凭证全面反映了经济业务的账户对应关系,有利于检查会计分录的正确性,但不便于会计岗位上的分工记账。

【演练53·判断题】 收、付款凭证的日期应按照货币收、付的日期填写,转账凭证的日期应按照原始凭证记录的日期填写。 ( )

二、记账凭证的基本内容

记账凭证是登记账簿的依据,因其所反映经济业务的内容不同、各单位规模不同及其对会计核算繁简程度的要求不同,其内容有所差异,但应当具备以下基本内容(见表5-5):

(1)填制凭证的日期;

(2)凭证编号;

(3)经济业务摘要;

(4)会计科目;

(5)金额;

(6)所附原始凭证张数;

(7)填制凭证人员、稽核人员、记账人员、会计机构负责人、会计主管人员签名或者盖章。收款和付款记账凭证还应当由出纳人员签名或者盖章。以自制的原始凭证或者原始凭证汇总表代替记账凭证的,也必须具备记账凭证应有的项目。

表 5-5 记账凭证

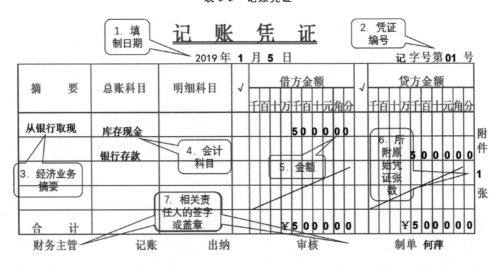

知识点提要

记账凭证的种类	按用途分	按照用途分类,可以分为专用记账凭证和通用记账凭证		
		专用记账凭证	指分类反映经济业务的记账凭证,按其**反映的经济业务内容是否与现金、银行存款收付**有关,可分为收款凭证、付款凭证和转账凭证	
			收款凭证	用于记录现金和银行存款收款业务的会计凭证
				分为**现金收款凭证和银行存款收款凭证**,由出纳人员填制
			付款凭证	用于记录现金和银行存款付款业务的会计凭证
				分为**现金付款凭证和银行存款付款凭证**,由出纳人员填制
			转账凭证	用于记录不涉及现金和银行存款业务的会计凭证,由**会计人员**填制
			这种划分方式的优点是便于分工;缺点是工作量较大;适用于规模较大、收付业务较多的单位	
		通用记账凭证	指用来反映所有经济业务的记账凭证,为各类经济业务所共同使用	
			适用于规模不大、款项收付业务不多的中小型企业	
	按填列方式分	单式记账凭证	指只填列经济业务所涉及的一个会计科目及其金额的记账凭证	
		复式记账凭证	指将每一笔经济业务所涉及的全部科目及其发生额均在同一张记账凭证中反映的一种凭证。上述收款凭证、付款凭证和转账凭证都属于复式记账凭证	
			优点	反映了经济业务的账号对应关系,降低工作量,减少凭证张数,检查会计分录的正确性
			缺点	不便于传递、汇总和分工记账
记账凭证的基本内容	(1)填制凭证的日期			
	(2)凭证编号	按月编号,可以按收款、付款和转账三类业务分为收、付、转三类编号,也可以分为现收、现付、银收、银付和转账五类		
	(3)经济业务摘要;(4)会计科目;(5)金额;(6)所附原始凭证张数			
	(7)相关人员签名或盖章	填制凭证人员、稽核人员、记账人员、会计机构负责人、会计主管人员签名或者盖章。**收款和付款记账凭证**还应当由**出纳人员**签名或者盖章		

本节演练答案及解析

53. × 【解析】收、付、转款凭证的日期应按照编制收款凭证、付款凭证和转账凭证的日期填写。

记 账 凭 证

字号第 号

年 月 日

摘要	总账科目	明细科目	√	借方金额									贷方金额									
				千	百	十	万	千	百	十	元	角	分	千	百	十	万	千	百	十	元	角	分
合 计																							

附件 张

财务主管　　记账　　出纳　　审核　　制单

第二节 记账凭证的填制和审核

实训项目三

资料：2019 年 1 月 22 日，会计何萍根据实训一差旅费报销单以及实训二现金支票存根，填制记账凭证。

准备：通用记账凭证一张。

要求：填写通用记账凭证。

一、记账凭证的填制要求

记账凭证根据审核无误的原始凭证或原始凭证汇总表填制。记账凭证填制正确与否，直接影响整个会计系统最终提供信息的质量。与原始凭证的填制相同，记账凭证也有记录真实、内容完整、手续齐全、填制及时等要求。

（一）记账凭证填制的基本要求

（1）记账凭证各项内容必须完整。

（2）记账凭证的书写应当清楚、规范。

（3）除结账和更正错账可以不附原始凭证外，其他记账凭证必须附原始凭证。

（4）记账凭证可以根据每一张原始凭证填制，或根据若干张同类原始凭证汇总填制，也可以根据原始凭证汇总表填制；但不得将不同内容和类别的原始凭证汇总填制在一张记账凭证上。

（5）记账凭证应连续编号。凭证应由主管该项业务的会计人员，按业务发生的顺序并按不同种类的记账凭证采用"字号编号法"连续编号。如果一笔经济业务需要填制两张以上（含两张）记账凭证的，可以采用"分数编号法"编号。如第四笔经济业务需要填写三张记账凭证，则填制的记账凭证编号为记字 41/3、记字 42/3、记字 43/3。

（6）填制记账凭证时若发生错误，应当重新填制。已登记入账的记账凭证在当年内发现填写错误时，可以用红字填写一张与原内容相同的记账凭证，在摘要栏注明"注销某月某日某号凭证"字样，同时再用蓝字重新填制一张正确的记账凭证，注明"订某月某日某号凭证"字样。如果会计科目没有错误，只是金额错误，也可将正确数字与错误数字之间的差额，另编一张调整的记账凭证，调增金额用蓝字、调减金额用红字。发现以前年度记账凭证有误的，应当用蓝字填制一张更正的记账凭证。

（7）记账凭证填制完成后，如有空行，应当自金额栏最后一笔金额数字下的空行处至合计数上的空行处划线注销。

（二）收款凭证的填制要求

收款凭证左上角的"借方科目"按收款的性质填写"库存现金"或"银行存款"；日期填写

的是填制本凭证的日期;右上角填写填制收款凭证的顺序号;"摘要"填写对所记录的经济业务的简要说明;"贷方科目"填写与收入"库存现金"或"银行存款"相对应的会计科目;"记账"是指该凭证已登记账簿的标记,防止经济业务重记或漏记;"金额"是指该项经济业务的发生额;该凭证右边"附件×张"是指本记账凭证所附原始凭证的张数;最下边分别由有关人员签章,以明确经济责任。

例 5-1　2019 年 1 月 2 日,众兴财纺织贸易公司通过银行转账收到万达商贸公司货款22850 元。根据这项经济业务的原始凭证(银行收款回单)填制的收款凭证如下。

根据审核无误的原始凭证(银行业务回单)如图 5-1 所示。

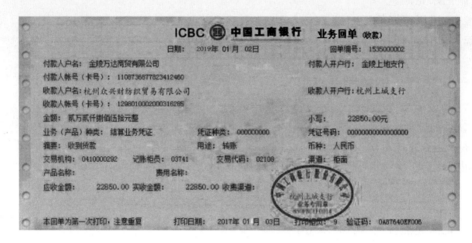

图 5-1　银行业务回单

编制收款凭证,如表 5-6 所示。

表 5-6　收款凭证

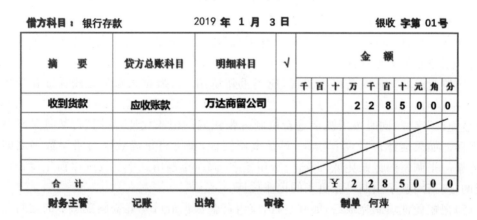

（三）付款凭证的填制要求

付款凭证是根据审核无误的有关库存现金和银行存款的付款业务的原始凭证填制的。付款凭证的填制方法与收款凭证基本相同,不同的是在付款凭证的左上角应填列贷方科目,即"库存现金"或"银行存款"科目,"借方科目"栏应填写与"库存现金"或"银行存款"相应的一级科目和明细科目。

对于涉及"库存现金"和"银行存款"之间的相互划转业务,为了避免重复记账,一般只填制付款凭证,不再填制收款凭证。

出纳人员在办理收款或付款业务后,应在原始凭证上加盖"收讫"或"付讫"的戳记,以免重收重付。

例 5-2 2019 年 1 月 6 日,众兴财纺织贸易公司销售部门报销餐饮费,以现金支付 1702 元。根据这项经济业务的原始凭证(报销单如表 5-7 所示,发票如表 5-8 所示)填制的付款凭证(见表 5-9)如下,均审核无误。

表 5-7 报销单

表 5-8 发票

表 5-9　付款凭证

付 款 凭 证

贷方科目：银行存款		2019 年 1 月 6 日			银付 字号第 01 号									
摘　要	借方总账科目	明细科目	√	金　额									
				千	百	十	万	千	百	十	元	角	分
付招待费	管理费用	招待费						1	7	0	2	0	0
合　计							¥	1	7	0	2	0	0

附件 2 张

财务主管　　　记账　　　出纳　　　审核　　　制单 何萍

（四）转账凭证的填制要求

转账凭证通常是根据有关转账业务的原始凭证填制的。转账凭证中"总账科目"和"明细科目"栏应填写应借、应贷的总账科目和明细科目，借方科目应记金额应在同一行的"借方金额"栏填列，贷方科目应记金额应在同一行的"贷方金额"栏填列，"借方金额"栏合计数与"贷方金额"栏合计数应相等。

此外，某些既涉及收款业务，又涉及转账业务的综合性业务，可分开填制不同类型的记账凭证。

例 5-3　2019 年 1 月 10 日，众兴财纺织贸易公司生产车间为生产布领用棉花，数量 2 吨，金额 40000 元。根据这项经济业务的原始凭证（领料单见表 5-10）填制转账凭证（见表 5-11）。

表 5-10　领料单

领 料 单

领料部门：生产车间 用途 布			2019年01月10日				第 003 号								
材料			单位	数量		成本									
编号	名称	规格		请领	实发	单价	总价								
							百	十	万	千	百	十	元	角	分
1	棉花		吨	2	2	20000.00	¥	4	0	0	0	0	0	0
合计							¥	4	0	0	0	0	0	0

会计联

部门经理　　　会计 何萍　　　仓库 周白　　　经办人 陆游

表 5-11 转账凭证

转 账 凭 证

2019年 **1** 月 **10** 日　　　　　　　　　转 字号第**01** 号

摘　　要	总账科目	明细科目	√	借方金额 千百十万千百十元角分	√	贷方金额 千百十万千百十元角分	
生产领用材料	生产成本	印花布		4 0 0 0 0 0 0			附
	原材料	棉花				4 0 0 0 0 0 0	件
							1
							张
合　　计				￥ 4 0 0 0 0 0 0		￥ 4 0 0 0 0 0 0	

财务主管　　　　记账　　　　出纳　　　　审核　　　　制单 **何萍**

【演练 54·判断题】 所有的记账凭证都必须附有原始凭证,否则不能作为记账的依据。　　　　　　　　　　　　　　　　　　　　　　　　　　　　　　　　（　　）

二、记账凭证的审核

（一）记账凭证审核的基本要求

为了保证会计信息的质量,在记账之前应由有关稽核人员对记账凭证进行严格的审核,审核的内容主要包括:

(1)内容是否真实:记账凭证是否附有原始凭证;记账凭证的内容与所附原始凭证的内容是否相符;记账凭证上填制的附件张数与实际原始凭证张数是否相符。

(2)项目是否齐全:记账凭证中有关项目是否填制齐全,有关人员是否签字或盖章。

(3)科目是否正确:会计科目应用是否正确;二级或明细科目是否齐全;科目对应关系是否清晰。

(4)金额是否正确。

(5)书写是否规范:填写的摘要是否清楚,是否正确归纳了经济业务的实际内容。

(6)手续是否完备。

另外,出纳人员在办理收款或付款凭证业务后,应在凭证上加盖"收讫"或"付讫"戳记,以避免重收重付。

在审核过程中,若发现记账凭证填制有错误或者不符合要求,则需要由填制人员重新填制或按规定的方法进行更正。经过审核无误的记账凭证,便可据以记账。

（二）记账凭证的审核范例

例 5-4　2019 年 2 月 6 日,众兴财纺织贸易公司以现金的方式支付行政部门报销的招待费 500 元。取得对方单位开具的一张增值税普通发票,并由经办人完成相关费用报销单手续后,把费用报销单(见表 5-12)、普通发票(见图 5-2)传递给制单会计。制单会计何萍根据该项经济业务的原始凭证填制了一张记账凭证(见表 5-13),请你审核该记账凭证的填制是否符合填制的要求。

表 5-12 报销单

报 销 单

填报日期: 2019 年 01 月 06 日   单据及附件共 1 张

姓名	陈华	所属部门	行政部	报销形式	现金		
				支票号码			
报销项目		摘要	现金付讫	金额		备注:	
业务招待费		餐饮费		¥500.00			
合计				¥500.00			

金额大写: ⊗拾 ⊗万 仟伍佰零拾零元零角零分   原借款: 元 应退(补)款: 元

总经理: 众兴财   财务经理: 杜文杰   部门经理: 会计: 何萍   出纳: 宋秋月   报销人: 吴星

北京增值税普通发票

0104174189

发票联

№ 0123456789

开票日期: 2019年01月02日

校验码 18347 78799 78787 27789

购货单位	名　称: 杭州众兴财纺织贸易有限公司 纳税人识别号: 91330100123758912L 地址、电话: 杭州市上城区梅花碑8号0571-86099687 开户行及账号: 中国建设银行上城支行33001019581060000556	密码区	000+*0-*00*>0000000000>0/>00- 0/0/+/00<0><>000000/00000*0+ 000+*0-*00*>0000000000>0/>00- 0/0/+/00<0><>000000/00000*0+

货物或应劳务名称	规格型号	单位	数量	单价	金额	税率	税额
餐费			1	485.44	485.44	3%	14.56
合计					¥485.44	3%	¥14.56

价税合计（大写）	⊗伍佰元整	(小写) ¥500.00

销货单位	名　称: 北京拾味餐饮有限公司 纳税人识别号: 12132135654546322 地址、电话: 北京市北二环89号 010-7887689 开户行及账号: 中国银行北京支行332501147945821473	北京拾味餐饮有限公司 350204158954517 发票专用章

收款人: 复核: 开票人: 孙瑶   销货单位: (章)

图 5-2 普通发票

表 5-13 记账凭证

记 账 凭 证

2019 年 1 月 6 日   记字号第 01 号

摘　要	总账科目	明细科目	√	借方金额								√	贷方金额							
				千	百	十	万	千	百	十	元	角	分		千	百	十	万	千	百	十	元	角	分
付行政部招待费	管理费用							5	0	0	0	0									
	库存现金																5	0	0	0	0
合计																				

财务主管   记账   出纳   审核   制单 何萍

附件   张

审核分析:该记账凭证的填制不符合记账凭证的填制要求。

(1)记账凭证中管理费用二级明细账招待费没有填写完整

(2)记账凭证科目填制完毕后,如有空行应将金额栏划斜线注销,而本张凭证没有划斜线注销。

(3)填制记账凭证时要求在记账凭证上填写所附原始凭证张数,而本张凭证没有填写。

(4)填制记账凭证时要求在合计数前面填写货币符号"¥",而本张凭证没有填写。

【演练55·单选题】 下列各项中关于记账凭证的审核,表述不正确的是(   )。

A. 如果在填制记账凭证时发生错误,应当重新填制

B. 发现以前年度记账凭证有错误的,应当用红字填制一张更正的记账凭证

C. 必须审核会计科目是否正确

D. 必须审核记账凭证项目是否齐全

 知识点提要

记账凭证的填制要求	各种记账凭证必须按规定及时、准确、完整地填制		
	基本要求	1. 记账凭证各项内容必须完整	
		2. 记账凭证的书写应清楚、规范	
		3. 除结账和更正错账可以不附原始凭证外,其他记账凭证必须附有原始凭证	(1)一张原始凭证如涉及几张记账凭证的,可以把原始凭证附在一张主要的记账凭证后面,并在其他记账凭证上注明附有该原始凭证的记账凭证的编号或附上该原始凭证的复印件
			(2)一张原始凭证所列的支出需要由几个单位共同负担时,应当由保存该原始凭证的单位开具原始凭证分割单给其他应负担的单位
		4. 记账凭证可以根据每一张原始凭证填制,或根据若干张同类原始凭证汇总编制,也可以根据原始凭证汇总表填制;但不得将不同内容和类别的原始凭证汇总填制在一张记账凭证上	
		5. 记账凭证应连续编号	记账凭证应由主管该项业务的会计人员,按业务发生顺序并按不同种类的记账凭证采用"字号编号法"连续编号;如果一笔经济业务,需要填制两张以上记账凭证,可采用"分数编号法"
		6. 填制记账凭证时若发生错误(未登记入账),应当重新填制	已登记入账的记账凭证在当年内发现填写错误的,可以用红字填写一张与原内容相同的记账凭证,在摘要栏注明"注销某月某日某号凭证"字样,同时再用蓝字重新填制一张正确的记账凭证,注明"订正某月某日某号凭证"字样
			如果会计科目没有错误,只是金额错误,也可将正确数字与错误数字之间的差额另编一张调整的记账凭证,调增金额用蓝字,调减金额用红字
		记账凭证填制完经济业务事项后,如有空行,应当自金额栏最后一笔金额数字下的空行处至合计数上的空行处划线注销	
	收款凭证的填制要求	在收款凭证左上角的"借方科目"按收款的性质填写"库存现金"或"银行存款"	

续表

记账凭证的填制要求	付款凭证的填制要求	在付款凭证左上角应填列的贷方科目,应是"库存现金"或"银行存款"科目
		对于涉及"库存现金"和"银行存款"之间的相互划转业务,一般只编制付款凭证,不编制收款凭证(如将现金送存银行,填写现金付款凭证;从银行提取现金,填写银行存款付款凭证)
		出纳人员在办理收款或付款业务后,应在原始凭证上加盖"收讫"或"付讫"的戳记,以免重收重付
	转账凭证的填制要求	转账凭证中"总账科目"和"明细科目"栏应填写应借、应贷的总账科目和明细科目,借方科目应记金额应在同一行的"借方金额"栏填列,贷方科目应记金额应在同一行的"贷方金额"栏填列,"借方金额"栏合计数与"贷方金额"栏合计数应相等
		某些既涉及收款业务,又涉及转账业务的综合性业务,可分开填制不同类型的记账凭证
		如:借:库存现金　　　　　　　500 　　　管理费用　　　　　　　1500 　　　贷:其他应收款　　　　　　　　2000 应填制现金收款凭证和转账凭证等两张凭证 第一张:转账凭证 借:管理费用　　　　　　　1500 　贷:其他应收款　　　　　　　　1500 第二张:收款凭证 借:库存现金　　　　　　　500 　贷:其他应收款　　　　　　　　500
	记账凭证的审核	内容是否真实、项目是否齐全、科目是否正确、金额是否正确、书写是否正确、手续是否完备

本节演练答案及解析

54.×　【解析】除结账和更正错误的记账凭证可以不附原始凭证外,其他记账凭证必须附有原始凭证。

55.B　【解析】本题考核记账凭证审核的内容和处理。发现以前年度记账凭证有错误的,应当用蓝字填制一张更正的记账凭证。

第三节　会计凭证的传递与保管

一、会计凭证的传递

会计凭证的传递是指从会计凭证的取得或填制时起至归档保管过程中,在单位内部有关部门和人员之间的传送程序。会计凭证的传递,应当满足内部控制制度的要求,使传递程序合理有效,同时尽量节约传递时间,减少传递的工作量。各单位应根据具体情况确定每一种会计凭证的传递程序和方法。

会计凭证的传递具体包括传递程序和传递时间。各单位应根据经济业务特点、内部机构设置、人员分工和管理要求,具体规定各种凭证的传递程序;根据有关部门和经办人员办理业务的情况,确定凭证的传递时间。明确规定凭证传递的路线和时间,不但可以及时地反映和监督经济业务的发生或完成情况,而且可以促使经办业务的部门和人员及时、正确地完成经济业务和办理凭证手续,从而加强经营管理岗位责任制。

科学而又合理的凭证传递程序应能适应经济业务的特点,同时要结合本单位各部门和人员分工的具体情况,满足各个工作环节加强经营管理的需要。这就要求会计凭证沿着最迅速、最合理的轨道传递,使会计凭证在传递过程中只经过必要的部门和人员,而且明确规定凭证在每个部门和业务环节停留的最长时间,并按照规定的顺序和时间指定专人负责监督凭证传递,做到凭证传递满足需要、手续完备、层次清楚、责任明确、传递及时。

【演练56·单选题】(   )是指从会计凭证的取得或填制时起至归档保管过程中,在单位内部有关部门和人员之间的传送程序。

A.会计凭证的填制　　　　　　　B.会计凭证的审核

C.会计凭证的传递　　　　　　　D.会计凭证的保管

二、会计凭证的保管

会计凭证的保管是指会计凭证记账后的整理、装订、归档和存查工作。会计凭证作为记账的依据,是重要的会计档案和经济资料。任何单位在完成经济业务手续和记账后,必须将会计凭证按规定的立卷归档制度形成会计档案资料,妥善保管,以便日后随时查阅。

会计凭证的保管要求主要有以下几点:

(1)会计凭证应定期装订成册,防止散失。会计部门在依据会计凭证记账以后,应定期(每天、每旬或每月)对各种会计凭证进行分类整理,将各种记账凭证按照编号顺序,连同所附的原始凭证一起加具封面和封底,装订成册,并在装订线上加贴封签,由装订人员在装订线封签处签名或盖章。

从外单位取得的原始凭证遗失时,应取得原签发单位盖有公章的证明,并注明原始凭证的号码、金额、内容等,由经办单位会计机构负责人(会计主管人员)和单位负责人批准后,才能代作原始凭证。若确实无法取得证明的,如车票丢失,则应由当事人写明详细情况,由经办单位会计机构负责人、会计主管人员和单位负责人批准后,代作原始凭证。

(2)会计凭证封面应注明单位名称、凭证种类、凭证张数、起止号数、年度、月份、会计主管人员和装订人员等有关事项,会计主管人员和保管人员应在封面上签章。

(3)会计凭证应加贴封条,防止抽换凭证。原始凭证不得外借,其他单位如有特殊原因确实需要使用时,经本单位会计机构负责人、会计主管人员批准,可以复制。向外单位提供的原始凭证复制件,应在专设的登记簿上登记,并由提供人员和收取人员共同签名、盖章。

(4)原始凭证较多时,可单独装订,但应在凭证封面注明所属记账凭证的日期、编号和种类,同时在所属的记账凭证上应注明"附件另订"及原始凭证的名称和编号,以便查阅。对各种重要的原始凭证,如押金收据、提货单等,以及各种需要随时查阅和退回的单据,应另编目录,单独保管,并在有关的记账凭证和原始凭证上分别注明日期和编号。

(5)每年装订成册的会计凭证,在年度终了时可暂由单位会计机构保管一年,期满后应当移交本单位档案机构统一保管;未设立档案机构的,应当在会计机构内部指定专人保管。出纳人员不得兼管会计档案。

(6)严格遵守会计凭证的保管期限要求,期满前不得任意销毁。《会计档案管理办法》规定原始凭证、记账凭证和汇总凭证的保管期限为15年。保存期满需要销毁时,必须开列清单,按照规定手续报经批准,批准后方可销毁。各种经济合同、存出保证金收据和涉外交付等重要的原始凭证,应当另编目录单独保管,并在有关记账凭证和原始凭证上相互注明日期和编号。

会计凭证的归档如图5-3所示。

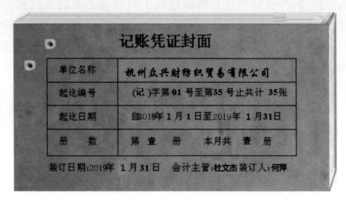

图 5-3　会计凭证装订归档

　知识点提要

会计凭证的保管	1. 会计凭证应定期装订成册,防止散失	(1)从外单位取得的原始凭证遗失时,应取得原签发单位盖有公章的证明,并注明原始凭证的号码、金额、内容等,由经办单位会计机构负责人(会计主管人员)和单位负责人批准后才能代作原始凭证
		(2)若确实无法取得证明,如车票丢失,则应由当事人写明详细情况,由经办单位会计机构负责人、会计主管人员和单位负责人批准后代作原始凭证
	2. 会计凭证应加贴封条,防止抽换凭证	原始凭证不得外借,其他单位如有特殊原因确实需要使用时,经本单位会计机构负责人(会计主管人员)批准,可以复制

【演练57·单选题】　下列关于会计凭证的保管的说法中,不正确的是(　　)。

A.原始凭证不得外借,其他单位如有特殊原因确实需要使用时,经本单位会计机构负责人、会计主管人员批准,可以复制

B.经单位领导批准,会计凭证在保管期满前可以销毁

C.会计凭证应定期装订成册,防止散失

D.会计主管人员和保管人员应在封面上签章

本节演练答案及解析

56.C 【解析】本题考核会计凭证传递的概念。

57.B

【习题五】

一、单项选择题

1. 企业销售货物收到价款 5000 元,这笔经济业务应编制的记账凭证是(　　)。

A. 收款凭证　　　　B. 付款凭证　　　　C. 转账凭证　　　　D. 以上均可

2. 某单位购入设备一台,价款 100 万元,用银行存款支付 60 万元,另 40 万元则签发了商业汇票。对这一经济业务,单位应编制的记账凭证是(　　)。

A. 编制一张转账凭证

B. 编制一张收款凭证

C. 编制一张付款凭证

D. 编制一张转账凭证和一张付款凭证

3. 某公司出纳小李将公司现金交存开户银行,应编制(　　)。

A. 现金收款凭证　　B. 现金付款凭证　　C. 银行收款凭证　　D. 银行付款凭证

4. 管理部门当月购进办公用品若干,经办人员不慎将原始发票遗失,你作为会计人员应(　　)。

A. 不予办理报销手续

B. 在其取得原供货单位注明原始凭证的号码、金额、内容并加盖公章的证明后,由本单位会计机构负责人、会计主管人员和单位负责人批准后,给予报销

C. 由当事人写明详细情况,经相关人员证明后,给予报销

D. 责成经办人员取得原供货单位加盖公章的证明并经会计主管人员审查属实后,给予报销

二、多项选择题

1. 在付款凭证左上方的"贷方科目"可能填列的会计科目有(　　)。

A. 库存现金　　　　B. 银行存款　　　　C. 应付账款　　　　D. 应收账款

2. 可以不附原始凭证的记账凭证有(　　)。

A. 一张原始凭证涉及几张记账凭证时

B. 更正错误的记账凭证

C. 一张原始凭证需要有多个单位共同使用时

D. 期末结账的记账凭证

3. 企业内审人员在对企业当年会计账本审查中发现,金额为 1000 元的购货发票在填制记账凭证时误填为 100 元,由于已登记入账,会计人员可以(　　)。

A. 用红字填写一张与原内容相同的记账凭证,同时再用蓝字发票重新填制一张正确的记账凭证

B. 重新填制一张正确的记账凭证,将原记账凭证换下,并对账本信息进行修改

C. 用蓝字编写一张调增 900 元的调增记账凭证

D. 将记账凭证和账簿的错误金额用红字划去,用蓝笔填上正确金额,并加盖印章

4. 记账凭证的基本内容包括(　　)

A. 经济业务事项所涉及的会计科目及其记账方向

B. 记账标记

C. 所附原始凭证的张数

D. 记账凭证的日期

5. 下列关于记账凭证的填制要求说法正确的有(　　　　)

A. 凭证应由主管该项业务的会计人员,按业务发生顺序并按不同种类的记账凭证连续编号。如果一笔经济业务,需要填列多张记账凭证,可采用"分数编号法"

B. 反映收付款业务的会计凭证可以由会计编号,也可以由出纳编号

C. 记账凭证可以根据每一张原始凭证填制

D. 记账凭证可以根据若干张同类原始凭证汇总编制,也可以根据原始凭证汇总表填制

三、判断题

1. 记账凭证是记录经济发生或完成情况的书面证明,也是登记账簿的凭据。　　　(　　)

2. 已经登记入账的记账凭证,在当年内发现科目、金额有误,可以用红字填写一张与原内容相同的记账凭证,在摘要栏注明冲销某月某日某号凭证字样,再用蓝字做一张正确登记入账。　　　(　　)

3. 银行存款付款凭证是根据银行存款付出业务的原始凭证编制的付款凭证,如现金支票、银行进账通知单。　　　(　　)

4. 转账凭证是指用于记录不涉及现金和银行存款业务的会计凭证。　　　(　　)

5. 发现以前年度记账凭证有错误的,应当用红字填制一张更正的记账凭证。　　　(　　)

|第六章|
会计账簿

 本章内容导读

　　按照导言介绍的会计工作流程:证、账、表的顺序,学习完证后,会计"菜鸟"要学习账,即账簿,主要包括单位实际工作中使用的"四本账":由会计登记的总分类账和明细分类账,由出纳登记的库存现金日记账和银行存款日记账。

　　学习本章时,您更多的是记忆一些知识,如会计账簿的概念与作用、会计账簿的基本内容、会计账簿的保管和会计账簿的登记要求等,还有少部分知识需要理解,如错账的查找方法和更正方法等。教材仅有一章的篇幅介绍"账",可见本章是非常重要的,在每次考试中所占分值也非常高。

 本章基本要求

了解	会计账簿的概念与作用、会计账簿的基本内容、了解会计账簿的种类、会计账簿的启用、会计账簿的更换、会计账簿的保管
熟悉	会计账簿与账户的关系、会计账簿的登记要求、总分类账户与明细分类账户的平行登记
掌握	日记账的格式与登记方法、总分类账的格式与登记方法、明细分类账的格式与登记方法、对账、结账、错账的查找方法、错账的更正方法

第一节　会计账簿概述

一、会计账簿的概念与作用

　　会计账簿是指由一定格式的账页组成的,以经过审核的会计凭证为依据,全面、系统、连续地记录各项经济业务的簿籍。对于账簿的概念,可以从两方面理解:一是从外表形式看,账簿是由具有一定格式的账页联结而成的簿籍;二是从记录的内容看,账簿是对各项经济业务进行分类和序时记录的簿籍。

会计账簿和会计凭证都是记录经济业务的会计资料,但两者记录的方式不同。会计凭证对经济业务的记录是零散的,不能全面、连续、系统地反映和监督经济业务内容;而会计账簿对经济业务的记录是分类、序时、全面、连续的,能够把分散在会计凭证中的大量核算资料加以集中,为经营管理提供系统、完整的核算资料。各单位应当按照国家统一的会计制度的规定和会计业务的需要设置会计账簿。

设置和登记账簿,既是填制和审核会计凭证的延伸,也是编制财务报表的基础,是连接会计凭证和财务报表的中间环节。账簿的设置和登记在会计核算中具有重要作用,具体如下:

(1)记载和储存会计信息。将会计凭证所记录的经济业务记入有关账簿,可以全面反映会计主体在一定时期内所发生的各项资金运动,储存所需要的各项会计信息。

(2)分类和汇总会计信息。账簿由不同的相互关联的账户所构成,通过账簿记录,一方面可以分门别类地反映各项会计信息,提供一定时期内经济活动的详细情况;另一方面可以通过发生额、余额的计算,提供各方面所需要的总括会计信息,反映财务状况、经营成果和现金流量的综合价值指标。

(3)检查和校正会计信息。账簿记录是会计凭证信息的进一步整理,也是会计分析、会计检查的重要依据。如在永续盘存制下,通过有关盘存账户余额与实际盘点或核查结果的核对,可以确认财产的盘盈或盘亏,并根据实际结存数额调整账簿记录,做到账实相符,提供如实、可靠的会计信息。

(4)编报和输出会计信息。为了及时反映企业的财务状况、经营成果和现金流量,应定期进行结账工作,进行有关账簿之间的核对,计算出本期发生额和余额,据以编制财务报表,向有关各方提供所需要的会计信息。

【演练 58·单选题】 会计账簿是指由一定格式账页组成的,以经过审核的(　　　)为依据,全面、系统、连续地记录各项经济业务的簿籍。

A. 原始凭证　　　　　　　　　　　B. 记账凭证

C. 会计凭证　　　　　　　　　　　D. 账页

二、会计账簿的基本内容

在实际工作中,由于各种会计账簿所记录的经济业务不同,账簿的格式也多种多样,但各种账簿都应具备封面、扉页、账页。

(1)封面。其主要用来标明账簿的名称,如总分类账、各种明细分类账、库存现金日记账、银行存款日记账等。如图 6-1 所示。

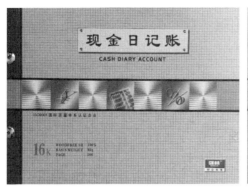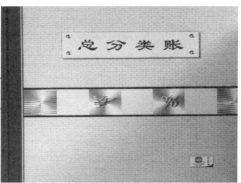

图 6-1   现金日记账封面、总分类账封面

（2）扉页。其主要用来列明会计账簿的使用信息，如科目索引、账簿启用和经管人员一览表等。其如图 6-2 所示。

账 簿 启 用 及 交 接 表

机构名称							印　鉴			
账簿名称				（第　　册）						
账簿编号										
账簿页数	本账簿共计　　　页		（ 本账簿页数　　　　 检点人盖章　　　　 ）							
启用日期	公元　　　年　　月　　日									

经管人员	负责人		主办会计		复核		记账			
	姓名	盖章	姓名	盖章	姓名	盖章	姓名	盖章		

接交记录	经管人员			交出			
	职别	姓名	年	月	日	盖章	年　月　日　盖章
备注							

图 6-2   账簿启用和经管人员

（3）账页。其是账簿用来记录经济业务的主要载体，包括账户的名称、日期栏、凭证种类和编号栏、摘要栏、金额栏以及总页次和分页次等基本内容。如图 6-3 所示。

【演练 59·多选题】下列各项中，属于账簿应具备的基本内容的有（　　　　）。

A. 账夹　　　　　　　　B. 账页　　　　　　　　C. 扉页　　　　　　　　D. 封面

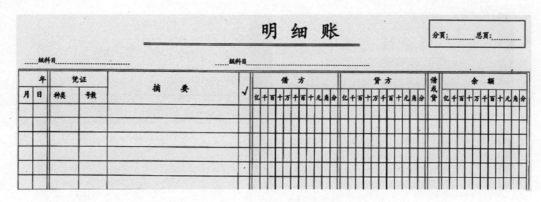

图 6-3　三栏式明细账账页

三、会计账簿与账户的关系

账簿与账户的关系是形式和内容的关系。账簿是由若干账页组成的一个整体,账簿中的每一账页就是账户的具体存在形式和载体,没有账簿,账户就无法存在;账簿序时、分类地记录经济业务,是在各个具体的账户中完成的。因此,账簿只是一个外在形式,账户才是它的实质内容。

【演练 60·单选题】 账簿与账户的关系是( )的关系。

A. 统驭与补充　　　　B. 形式与内容　　　　C. 包括与被包括　　　　D. 领导与被领导

四、会计账簿的种类

会计账簿的种类很多,不同类别的会计账簿可以提供不同的信息,满足不同的需要。账簿可以按用途、账页格式和外形特征进行分类。如图 6-4 所示。

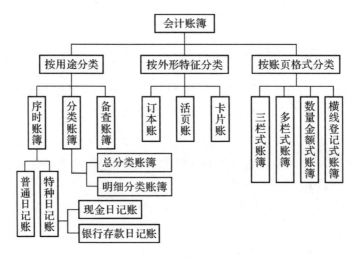

图 6-4　会计账簿的分类

(一)按用途分类

账簿按用途分类,可以分为序时账簿、分类账簿和备查账簿。

1. 序时账簿

序时账簿,又称日记账,是按照经济业务发生时间的先后顺序逐日、逐笔登记的账簿。序时账簿按其记录的内容,可分为普通日记账(见图 6-5)和特种日记账(见图 6-6)。

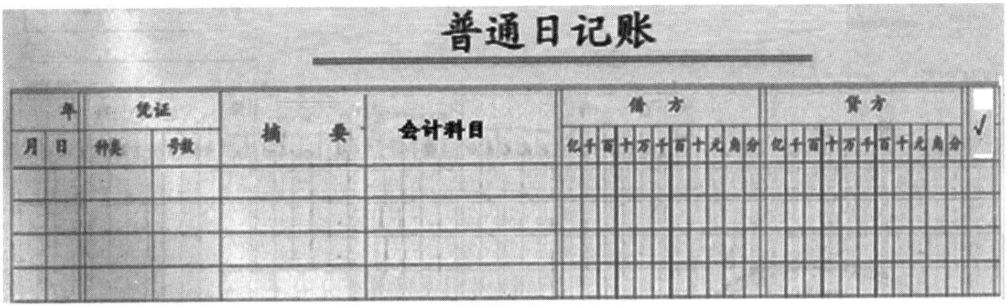
普通日记账

年		凭证		摘要	会计科目	借方	贷方	√
月	日	种类	号数			亿千百十万千百十元角分	亿千百十万千百十元角分	

图 6-5　普通日记账

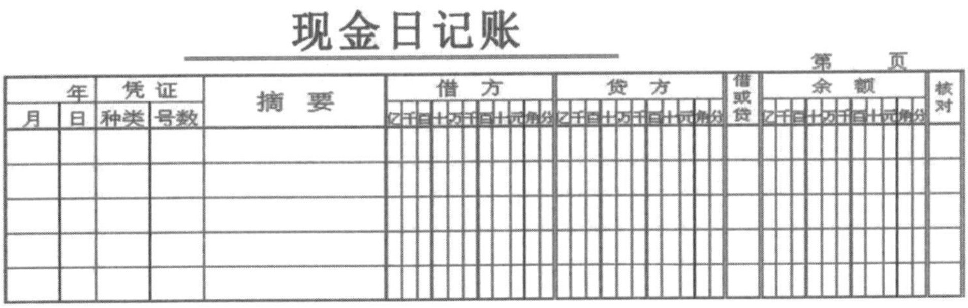
现金日记账

第　　页

年		凭证		摘要	借方	贷方	借或贷	余额	核对
月	日	种类	号数		亿千百十万千百十元角分	亿千百十万千百十元角分		亿千百十万千百十元角分	

图 6-6　特种日记账中的库存现金日记账

普通日记账是对全部经济业务按其发生时间的先后顺序逐日、逐笔登记的账簿;登记普通日记账只能由一个人负责,并且每笔会计记录都需要逐笔分别转记到分类账中,工作量很大。特别是随着企业规模的扩大、经济业务的增多及记账凭证的出现,普通日记账不便于登记分类账和登账工作量较大的缺陷逐渐显露。而且普通日记账不是分类记录经济业务,不便于日后的查阅,不利于对重要经济业务的严格管理。因此,目前已较少使用普通日记账。

特种日记账是对某一特定种类的经济业务按其发生时间的先后顺序逐日、逐笔登记的账簿。我国的会计制度规定,那些发生频繁,要求严格管理和控制的业务,应设置特种日记账。企业一般都必须设置库存现金和银行存款日记账,对库存现金和银行存款的收付及结存情况进行序时登记。当然,各单位还可根据自身的业务特点和管理需要来确定是否需要设置其他特种日记账,如为登记采购业务而设置的采购日记账,为登记产品销售业务而设置的销售日记账等。

2. 分类账簿

分类账簿是按照分类账户设置登记的账簿。账簿按其反映经济业务的详略程度,可分为总分类账簿和明细分类账簿。

总分类账簿，又称总账，是根据总分类账户开设的，能够全面地反映企业的经济活动。总分类账簿主要为编制财务报表提供直接数据资料，主要采用三栏式，如图6-7所示。

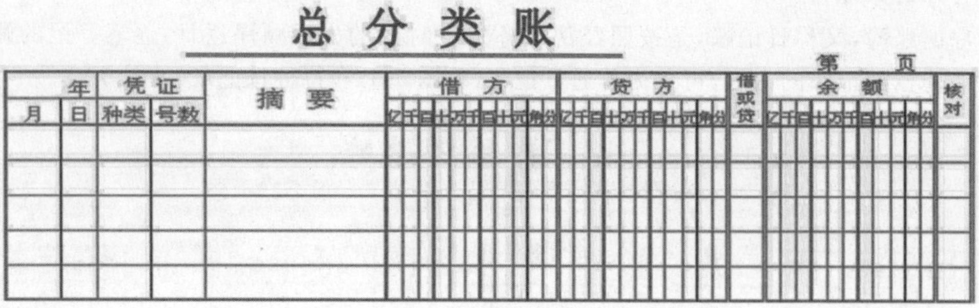

图 6-7　总分类账账页(三栏式)

明细分类账簿，又称明细账，是根据明细分类账户开设的，用来提供明细资料的核算。总账对所属的明细账起统驭作用，明细账对总账进行补充和说明。明细分类账可采用的格式主要有三栏式明细账、数量金额式明细账和多栏式明细账，其格式如图6-8所示。

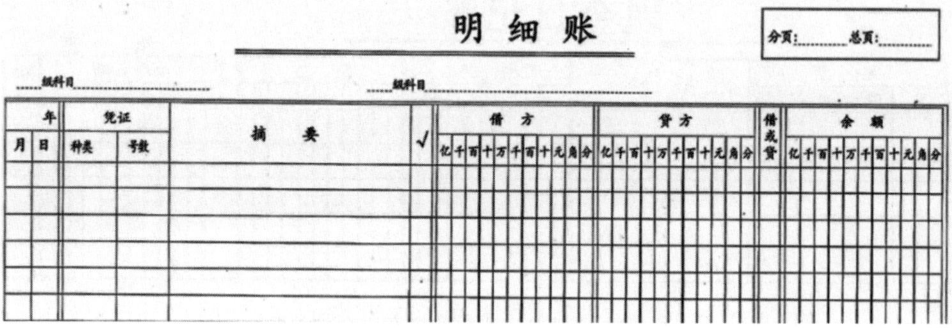

图 6-8　明细分类账账页(三栏式)

3.备查账簿

备查账簿，又称辅助登记簿或补充登记簿，是指对某些在序时账簿和分类账簿中未能记载或记载不全的经济业务进行补充登记的账簿。如租入固定资产登记簿(见表6-1)、代管商品物资登记簿等。

备查账簿只是对其他账簿记录的一种补充，与其他账簿之间不存在严密的依存和钩稽关系。备查账簿根据企业的实际需要设置，没有固定的格式要求。

表 6-1　租入固定资产登记簿

年		凭证	摘要	类别	规格	名称	单位	数量	租入期限	租金	修理费用
月	日										

(二)按账页格式分类

会计账簿按账页格式的不同,可以分为两栏式账簿、三栏式账簿、多栏式账簿、数量金额式账簿和横线登记式账簿。

1.两栏式账簿

两栏式账簿是指只有借方和贷方两个金额栏目的账簿。普通日记账(见图 6-5)和转账日记账一般采用两栏式账簿。

2.三栏式账簿

三栏式账簿是指设有借方、贷方和余额三个金额栏目的账簿,如图 6-6 至图 6-8 所示。各种日记账、总账以及资本、债权、债务明细账都可采用三栏式账簿。三栏式账簿又分为设对方科目和不设对方科目两种。区别是在摘要栏和借方科目栏之间是否有一栏"对方科目"。设有"对方科目"栏的,称为设对方科目的三栏式账簿;不设有"对方科目"栏的,称为不设对方科目的三栏式账簿。其格式与总账的格式基本相同。

3.多栏式账簿

多栏式账簿是指在账簿的两个金额栏目(借方和贷方)按需要分设若干专栏的账簿。这种账簿可以按"借方"和"贷方"分别设专栏,也可以只设"借方"或"贷方"专栏,设多少栏则根据需要确定。收入、成本、费用明细账一般均采用这种格式的账簿,其格式如图 6-9 所示。

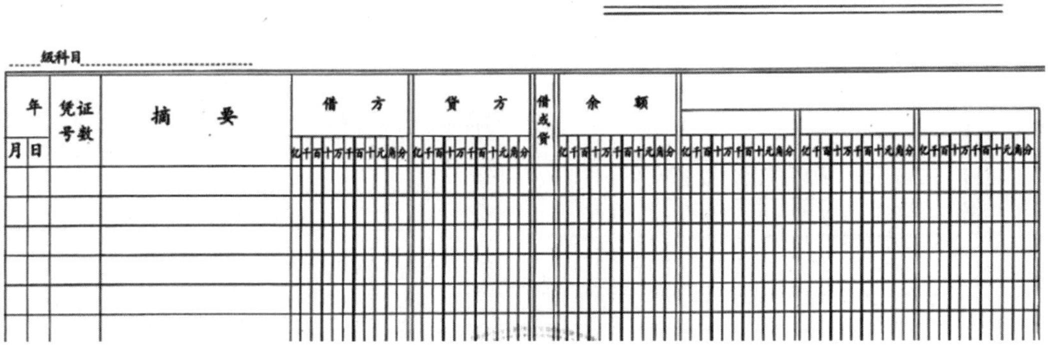

图 6-9　多栏式明细账

4.数量金额式账簿

数量金额式账簿是指在账簿的借方、贷方和余额三个栏目内,每个栏目再分设数量、单价和金额三小栏,借以反映财产物资的实物数量和价值量的账簿。原材料、库存商品等明细账一般采用数量金额式账簿,如图 6-10 所示。

5.横线登记式账簿

横线登记式账簿,又称平行式账簿,是指将前后密切相关的经济业务登记在同一行上,以便检查每笔业务的发生和完成情况的账簿。材料采购、在途物资、应收票据和一次性备用金等明细账一般采用横线登记式账簿。

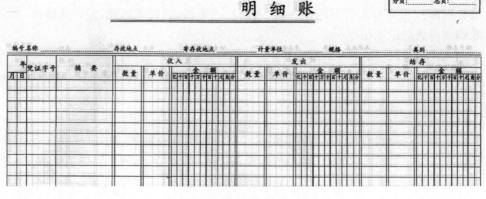

图 6-10　数量金额式明细账

（三）按外形特征分类

会计账簿按照外形特征分类，可分为订本式账簿、活页式账簿和卡片式账簿。

1.订本式账簿

订本式账簿，简称订本账，是在启用前将编有顺序页码的一定数量账页装订成册的账簿。订本账的优点是能避免账页散失和防止抽换账页；其缺点是不能准确为各账户预留账页。这种账簿一般适用于重要的和具有统驭性的总分类账、库存现金日记账（见图 6-11）和银行存款日记账。

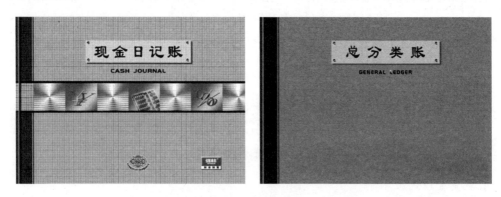

图 6-11　总分类账、现金日记账（订本式）

2.活页式账簿

活页式账簿，简称活页账，是将一定数量的账页置于活页夹内，可根据记账内容的变化随时增加或减少部分账页的账簿。这类账簿的优点是记账时可以根据实际需要，随时将空白账页装入账簿，或抽去不需要的账页，便于分工记账；其缺点是如果管理不善，可能会造成账页散失或故意抽换账页。活页账一般适用于明细分类账，如图 6-12 所示。

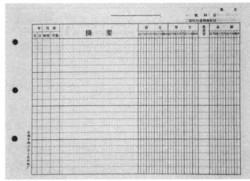

图 6-12　各种费用明细账（活页式）

3.卡片式账簿

卡片式账簿,简称卡片账,是将一定数量的卡片式账页存放于专设的卡片箱中,可以根据需要随时增添账页的账簿。在我国,企业一般只对固定资产的核算采用卡片账形式(见图 6-13),也有少数企业在材料核算中使用材料卡片。

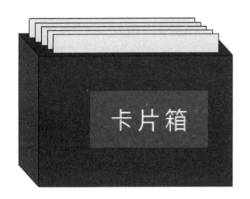

图 6-13　固定资产卡片(卡片式)

　知识点提要

	设置和登记账簿,是编制财务报表的基础,是连接会计凭证和财务报表的中间环节	
概念与作用	作用	(1)记载和储存会计信息
		(2)分类和汇总会计信息
		(3)检查和校正会计信息
		(4)编报和输出会计信息
基本内容	封面、扉页、账页	
账簿与账户的关系	形式和内容的关系。账簿只是一个外在形式,账户才是它的实质内容	

续表

		分为序时账簿、分类账簿和备查账簿		
会计账簿的分类	按用途分类	序时账簿	又称日记账,是按照经济业务发生的时间先后顺序,逐日、逐笔登记的账簿	
			按其记录的内容不同,又可分为普通日记账和特种日记账	
			特种日记账是对某一特定种类的经济业务,按其发生时间的先后顺序逐日、逐笔登记的账簿。在我国,大多数单位一般只设现金日记账和银行存款日记账,而不设转账日记账	
		分类账簿	分类账簿是对按照会计要素的具体类别而设置的分类账户进行登记的账簿	
			账簿按其反映经济业务的详略程度,可分为总分类账簿和明细分类账簿	
			总分类账簿	又称总分类账,简称总账,是根据总分类账户开设的,提供总括核算资料的分类账簿
			明细分类账簿	又称明细分类账,是根据明细账户开设的,用来提供明细核算资料的账簿
			总账对所属的明细账起统驭作用,明细账对总账进行补充和说明	
		备查账簿	也称辅助账簿,是对某些在序时账簿和分类账簿等主要账簿中未能登记或记载不全的经济业务进行补充登记的账簿	
			如租入固定资产登记簿、受托加工材料登记簿、代销商品登记簿、住房基金登记簿等	
	按账页格式分类	分为两栏式账簿、三栏式账簿、多栏式账簿、数量金额式账簿和横线登记式账簿等		
		两栏式账簿	指只有借方和贷方两个金额栏目的账簿	
		三栏式账簿	指采用借方、贷方、余额三个主要栏目的账簿	
			总分类账、现金日记账、银行存款日记账以及资本、债权、债务明细账都采用三栏式账簿。	
		多栏式账簿	指在账簿的两个金额栏目(借方和贷方)按需要分设若干专栏的账簿。如多栏式日记账、多栏式明细账。收入(贷方多栏)、成本(借方多栏)、费用(借方多栏)和利润分配(借贷方均多栏)明细账采用这种格式	
		数量金额式账簿	是反映财产物资的实物数量和价值量的账簿。原材料、库存商品等存货明细账采用这种格式	
		横线登记式账簿	又称平行式账簿,是指将前后密切相关的经济业务登记在同一行上,以便检查每笔业务的发生和完成情况的账簿。这种格式适用于物资采购和某些应收、应付款项的明细核算	

续表

		按外形特征不同,分为订本账、活页账和卡片账	
会计账簿的分类	订本账	是在启用前将编有顺序页码的一定数量账页装订成册的账簿	
		优点	可以避免账页散失和防止抽换账页
		缺点	不能准确为各账户预留账页;不便于分工
		适用范围	总分类账、库存现金日记账、银行存款日记账
	活页账	是将一定数量的账页置于活页夹内,可根据记账内容的变化而随时增加或减少部分账页的账簿	
		优点	(1)可以根据实际需要,随时将空白账页装入账簿,或抽去不需用的账页 (2)便于分工记账
		缺点	账页散失或故意抽换账页;在更换新账后,要装订成册或予以封扎,并妥善保管
		适用范围	各种明细账
	卡片账	是将一定数量的卡片式账页存放于专设的卡片箱中	
		优点	可以根据实际需要随时增添账页,便于分工,适用于机器记账
		缺点	若保管不善易散失,被抽取的可能性较大
		适用范围	固定资产核算采用卡片账,也有少数企业在材料核算中使用材料卡片

本节演练答案及解析

58. C 【解析】本题考核会计账簿的概念。会计账簿是指由一定格式账页组成的,以经过审核的会计凭证为依据,全面、系统、连续地记录各项经济业务的簿籍。

59. BCD

60. B 【解析】账簿是账户的外在形式,账户是账簿的真实内容,两者的关系是形式和内容的关系。

应付账款　明细账

二级科目编号及名称 ....

总第 56 页　分第　页

年		凭证		摘要	对方科目	借方金额		√	贷方金额		√	借或贷	余额	
月	日	种类	号数			页日	千百十万千百十元角分		千百十万千百十元角分				千百十万千百十元角分	

应付账款　明细账

二级科目编号及名称 ....

总第 57 页　分第　页

年		凭证		摘要	对方科目	借方金额		√	贷方金额		√	借或贷	余额	
月	日	种类	号数			页日	千百十万千百十元角分		千百十万千百十元角分				千百十万千百十元角分	

銀 行 存 款 日 记 账

第 1 页

凭证	支票				收入（借方）金额	支出（贷方）金额	结 余 金 额
月 日 字号	号码	摘 要	对 方 科 目	√	亿千百十万千百十元角分	亿千百十万千百十元角分	亿千百十万千百十元角分

总账

凭证			摘要	对方科目	借方金额	贷方金额	借或贷	余额
年 月 日	种类	号数			亿千百十万千百十元角分	亿千百十万千百十元角分		亿千百十万千百十元角分

总账

凭证			摘要	对方科目	借方金额	贷方金额	借或贷	余额
年 月 日	种类	号数			亿千百十万千百十元角分	亿千百十万千百十元角分		亿千百十万千百十元角分

账 簿 启 用 及 交 接 表

机构名称	
账簿名称	（第　　册）
账簿编号	
账簿页数	页（本账簿页数　检点人盖章） 本账簿共计
启用日期	公元　　年　　月　　日

印　鉴

经管人员	负责人		主办会计		复核		记账	
	姓名	盖章	姓名	盖章	姓名	盖章	姓名	盖章

接交记录	经管人员			交出		
	职别	姓名		年　月　日	盖章	

备注	

总 分 类 账

第 页

年		凭 证		摘 要	借 方												贷 方												借或贷	余 额												核对
月	日	种类	号数		亿	千	百	十	万	千	百	十	元	角	分	亿	千	百	十	万	千	百	十	元	角	分		亿	千	百	十	万	千	百	十	元	角	分	

银 行 存 款 日 记 帐

年		记帐凭证编号	银行凭证		摘　　要	借方金额（收入）										贷方金额（支出）										借方余额（结存）										
月	日		名称	编号		千	百	十	万	千	百	十	元	角	分	√	千	百	十	万	千	百	十	元	角	分	√	亿	千	百	十	万	千	百	十	元	角	分	√

明细账

分页: _____ 总页: _____

账户目 _____

账户目 _____

年		凭证		摘要	√	借方	贷方	借或贷	余额
月	日	种类	号数			亿千百十万千百十元角分	亿千百十万千百十元角分		亿千百十万千百十元角分

第二节　会计账簿的启用与登记要求

实训四:账簿的启用与登记

准备:账簿启用登记表、总分类账账页、银行存款日记账账页、三栏式明细分类账账页、多栏式明细分类账账页各一张。

其他资料:单位名称(杭州众兴财纺织贸易有限公司)、账簿名称(总分类账)、启用日期(2019年1月1日)、单位负责人(众兴财)、财务经理(杜文杰)、银行存款期初借方余额为11700元。

要求:根据上述资料和实训三记账凭证开启账簿启用一览表和登记相关账页。

一、会计账簿的启用

大部分会计账簿一年更换一次,因此,在年初应启用新的会计账簿。

启用会计账簿时,应当在账簿封面上写明单位名称和账簿名称,并在账簿扉页上附启用表。启用订本式账簿应当按从第一页到最后一页的顺序编定页数,不得跳页、缺号。使用活页式账簿应当按账户顺序编号,并须定期装订成册,装订后再按实际使用的账页顺序编定页码,另加目录以便于记明每个账户的名称和页次。记账人员或者会计机构负责人、会计主管人员调动工作时,应当在账簿扉页的经管人员一览表中注明交接日期、接办人员或者监交人员姓名,并由交接双方人员签名或者盖章,以明确有关人员的责任,加强有关人员的责任感,维护会计记录的严肃性。

【演练61·判断题】　各单位在更换旧账簿、启用新账簿时,应当填制账簿启用表。

（　　）

二、会计账簿的登记要求

为了保证账簿记录的正确性,必须根据审核无误的会计凭证登记会计账簿,并符合有关法律、行政法规和国家统一的会计准则制度的规定,主要有以下几项。

（一）准确完整

登记会计账簿时,应当将会计凭证日期、编号、业务内容摘要、金额和其他有关资料逐项记入账内,做到数字准确、摘要清楚、登记及时、字迹工整。

（二）注明记账符号

登记完毕后,要在记账凭证上签名或者盖章,并注明已经登账的符号表示已经登账。

（三）书写留空

账簿中书写的文字和数字上面要留有适当空格,不要写满格,一般应占格距的1/2。

（四）正常记账使用蓝黑墨水笔

登记账簿要用蓝黑墨水或者碳素墨水笔书写，不得使用圆珠笔（银行的复写账簿除外）或者铅笔书写。

（五）特殊记账使用红墨水

下列情况可以用红色墨水记账：

（1）按照红字冲账的记账凭证，冲销错误记录，如图 6-14 所示。

总第＿＿＿＿＿页 分第＿＿＿＿＿页

应付账款

＿＿＿级科目编号及名称 众兴财纺织贸易

＿＿＿级科目编号及名称＿＿＿＿＿＿＿＿

2019年		凭证		摘要	日期	借方	贷方	借或贷	余额
月	日	种类	号数						
7	1			期初余额				贷	1000000
7	3	记	6	偿付前欠货款		1000000		平	θ
7	5	记	10	冲销7月3日多记金额		900000		贷	900000

图 6-14　应付账款明细账红字冲销举例

（2）在不设借贷等栏的多栏式账页中，登记减少数，如图 6-15 所示。

生产成本　明细帐

户名：A产品　　第　号

2019年		凭证	摘要	成本项目						合计
月	日	字号		直接材料	直接人工	制造费用				
9	01		期初余额	24000.00	10000.00	6000.00				40000.00
	01	记06	领用材料	20000.00						20000.00
	30	记16	分配工资		19000.00					19000.00
	30	记17	结转制造费用			12900.00				12900.00
	30	记18	结转完工产品成本	36280.00	16000.00	10000.00				62280.00
9	30		月末余额	7720.00	13000.00	8900.00				29620.00

图 6-15　生产成本借方多栏明细账红字登记表示减少举例

（3）在三栏式账户的余额栏前，如未印明余额方向的，在余额栏内登记负数余额。

（4）根据国家统一的会计制度的规定可以用红字登记的其他会计记录。

（六）顺序连续登记

各种账簿应按页次顺序连续登记，不得跳行、隔页。如果发生跳行、隔页，应当将空行、空页划线注销，或者注明“此行空白”、“此页空白”字样，并由记账人员签名或者盖章。

（七）结出余额

凡需要结出余额的账户，应按时结出余额。库存现金日记账和银行存款日记账必须逐日结出余额；债权债务明细账和各种财产物资明细账，每次记账后，都要随时结出余额；总账平时每月需要结出月末余额。结出余额后，应当在“借或贷”等栏内写明“借”或者“贷”等字样。没有余额的账户，应在“借或贷”栏内写“平”字，并在“余额”栏用“θ”表示。一般来说，“θ”应当放在“元”位。如图 6-16 所示。

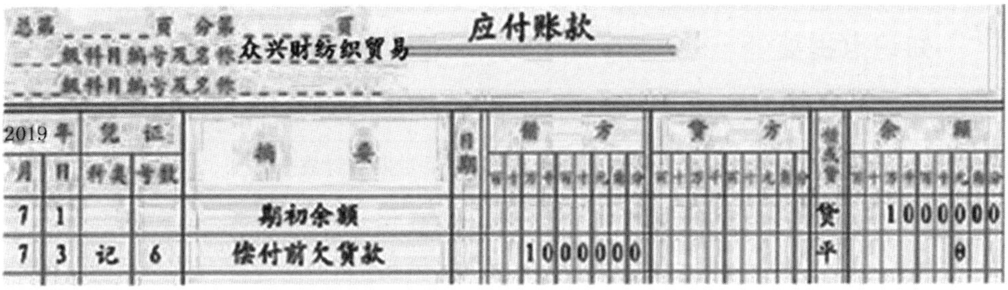

应付账款

总第____页　分第____页

____级科目编号及名称 众兴财纺织贸易

____级科目编号及名称________

2019年 月	日	凭证 种类	号数	摘要	目期	借方	贷方	借或贷	余额
7	1			期初余额				贷	1000000
7	3	记	6	偿付前欠货款		1000000		平	θ

图 6-16　应付账款结出余额举例

（八）过次承前

每一账页登记完毕结转下页时，应当结出本页合计数及余额，写在本页最后一行和下页第一行有关栏内，并在摘要栏内注明“过次页”和“承前页”字样；也可以将本页合计数及金额只写在下页第一行有关栏内，并在摘要栏内注明“承前页”字样，如图 6-17 所示。

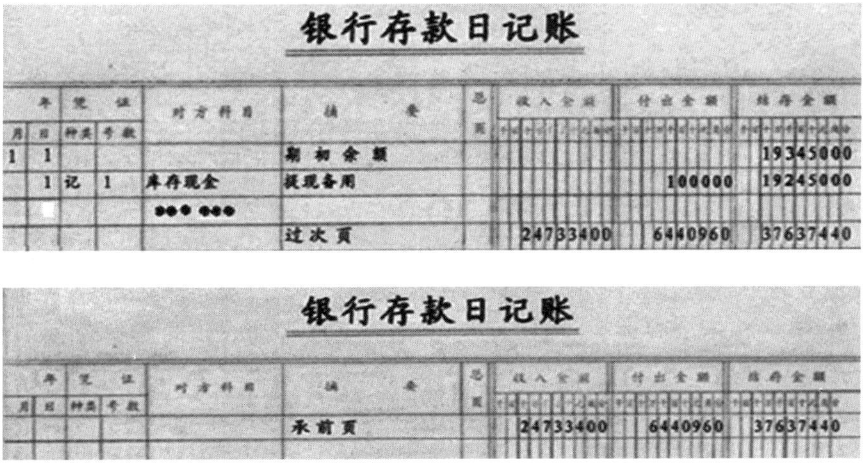

银行存款日记账

年 月	日	凭证 种类	号数	对方科目	摘要	总页	收入金额	付出金额	结存金额
1	1				期初余额				19345000
	1	记	1	库存现金	提现备用			100000	19245000
				●●● ●●●					
					过次页		24733400	6440960	37637440

银行存款日记账

年 月	日	凭证 种类	号数	对方科目	摘要	总页	收入金额	付出金额	结存金额
					承前页		24733400	6440960	37637440

图 6-17　银行存款日记账过次页、承前页举例

对需要结计本月发生额的账户，如库存现金日记账、银行存款日记账、收入明细账等结计“过次页”的本页合计数应当为自本月初起至本页末止的发生额合计数；对需要结计本年累计发生额的账户，如主营业务收入明细账等结计“过次页”的本页合计数应当为自年初起至本页末止的累计数；对既不需要结计本月发生额，也不需要结计本年累计发生额的账户，

如原材料明细账等可以只将每页末的余额结转次页。

(九)不得涂改、刮擦、挖补

如发生账簿记录错误,不得刮擦、挖补或用褪色药水更改字迹,而应采用规定的方法更正。

【演练62·单选题】 登记账簿时,错误的做法是(   )。

A.文字和数字的书写占格距的1/2　　　B.发生的空行、空页一定要补充书写

C.用红字冲销错误记录　　　D.在发生的空页上注明此页空白

 知识点提要

会计账簿的启用	在启用账簿时,应在账簿封面上写明账簿名称和单位名称,并应在账簿扉页上附启用表		
	使用活页式账页时,应当按账户顺序编号,并须定期装订成册		
会计账簿的登记要求	根据审核无误的会计凭证登记账簿		
	(1)准确完整	每一项会计事项,一方面要记入有关的总账,另一方面要记入该总账所属的明细账。账簿中的日期,应该是填写记账凭证的日期	
	(2)注明记账符号	账簿登记完毕后,记账人员应在记账凭证上签名或盖章,并应在记账凭证的"记账"栏内注明账簿页数,或划"√",表示已经记账完毕	
	(3)书写留空	账簿中书写的文字和数字上面要留有适当空格,不要写满格,一般应占格距的1/2	
	(4)正常记账使用蓝黑墨水笔	登记账簿必须使用蓝黑墨水或碳素墨水笔书写,不能使用圆珠笔(银行的复写账簿除外)或铅笔书写	
	(5)特殊记账使用红墨水	①按照红字冲账的记账凭证,冲销错误记录	
		②在不设借贷等栏的多栏式账页中,登记减少数	
		③在三栏式账户的余额栏前,如未印明余额方向的,在余额栏内登记负数余额	
		④根据国家统一会计制度的规定可以用红字登记的其他会计记录	
	(6)顺序连续登记	各种账簿应按页次顺序连续登记,不得跳行、隔页。如果发生跳行、隔行,应将空行、空页处用红色对角线划线注销,或注明"此行空白"、"此页空白"字样,并由记账人员签名或者盖章	
	(7)结出余额	凡需结出余额的账户,结出余额后,应在"借或贷"栏内写明"借"或"贷"字样。现金日记账和银行存款日记账必须逐日结出余额	
	(8)过次承前	每一账页登记完毕后转下页时,应当结出本页合计数及余额,写在本页最后一行和下页第一行有关栏内,并在摘要栏内注明"过次页"和"承前页"字样;也可以将本页合计数及金额只写在下页第一行有关栏内,并在摘要内注明"承前页"字样,以保持账簿记录连续性,便于对账和结账	
	(9)不得涂改、刮擦、挖补		

本节演练答案

　61.√　62.B

第三节　会计账簿的格式与登记方法

一、日记账的格式与登记方法

日记账是按照经济业务发生或完成的时间先后顺序逐日、逐笔进行登记的账簿。设置日记账的目的是使经济业务的时间顺序清晰地反映在账簿记录中。日记账按其所核算和监督经济业务的范围,分为特种日记账和普通日记账。

在我国,大多数企业一般只设库存现金日记账和银行存款日记账。

（一）库存现金日记账的格式与登记方法

库存现金日记账是用来核算和监督库存现金日常收、付和结存情况的序时账簿。库存现金日记账由出纳人员根据同库存现金收付有关的记账凭证,按时间顺序逐日、逐笔进行登记,并根据"上日余额＋本日收入－本日支出＝本日余额"的公式,逐日结出现金余额,与库存现金实存数核对,以检查每日现金收付是否有误。

库存现金日记账的格式主要有三栏式和多栏式两种。库存现金日记账必须使用订本账。

1. 三栏式库存现金日记账

三栏式库存现金日记账是用来登记库存现金的增减变动及其结果的日记账。设借方、贷方和余额三个金额栏目,一般将其分别称为收入、支出和结余三个基本栏目。

三栏式库存现金日记账是由出纳人员根据库存现金收款凭证、库存现金付款凭证以及银行存款的付款凭证,按照库存现金收、付款业务和银行存款付款业务发生时间的先后顺序逐日逐笔登记。

三栏式库存现金日记账的登记方法如下:

(1)日期栏,指记账凭证的日期,应与库存现金的实际收付日期一致。

(2)凭证栏,指登记入账的收、付款凭证的种类和编号,如"库存现金收(付)款凭证"简写为"现收(付)","银行存款收(付)款凭证"简写为"银收(付)"。凭证栏还应登记凭证的编号数,其作用在于便于查账和核对。

(3)摘要栏,摘要说明登记入账的交易或者事项的内容。

(4)对方科目栏,指库存现金收入的来源科目或支出的用途科目。如小王预借差旅费,其支出的用途科目(即对方科目)为"其他应收款",其作用在于了解交易或者事项的来龙去脉。

(5)借方、贷方(或收入、支出)栏,指库存现金实际收付的金额。如现金支付办公费500元,应在"贷方"或"支出"金额栏登记"500"。

(6)日清月结,每日终了,应分别计算库存现金收入和支出的合计数,结出余额,做到"日清",以便将账面余额与实际库存现金核对。月终,应计算出全月库存现金收入、支出合计数和余额,并在该行的上下各划一条通栏红线,做到"月结",如图6-17所示。

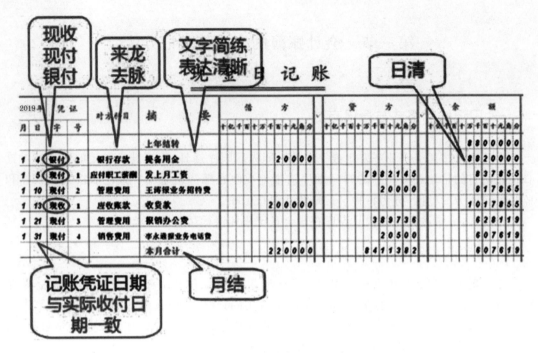

图 6-17　三栏式库存现金日记账的登记

2. 多栏式库存现金日记账

多栏式库存现金日记账是在三栏式库存现金日记账基础上发展起来的。这种日记账的借方(收入)和贷方(支出)金额栏都按对方科目设专栏,也就是按收入的来源和支出的用途设专栏。这种格式在月末结账时,可以结出各收入来源专栏和支出用途专栏的合计数,便于对现金收支的合理性、合法性进行审核分析,便于检查财务收支计划的执行情况,其全月发生额还可以作为登记总账的依据。

多栏式库存现金日记账的登记方法是:先根据有关库存现金收入业务的记账凭证登记库存现金收入日记账,根据有关库存现金支出业务的记账凭证登记库存现金支出日记账,每日营业终了,根据库存现金支出日记账结计的支出合计数,一笔转入库存现金收入日记账的"支出合计"栏中,并结出当日余额。

(二)银行存款日记账的格式与登记方法

银行存款日记账是用来核算和监督银行存款每日的收入、支出和结余情况的账簿。银行存款日记账应按企业在银行开立的账户和币种分别设置,每个银行账户设置一本日记账。由出纳员根据与银行存款收付业务有关的记账凭证,按时间先后顺序逐日逐笔进行登记。根据银行存款收款凭证和有关的库存现金付款凭证登记银行存款收入栏,根据银行存款付款凭证登记其支出栏,每日结出存款余额。如图 6-18 所示。

银行存款日记账由出纳人员根据银收凭证、银付凭证和现付凭证等业务发生时间的先后顺序逐日逐笔登记。

银行存款日记账的格式和登记方法与库存现金日记账大致相同,既可以采用三栏式,

银行存款日记账

第　页

2019年 月	日	凭证号数	银行票据名称号码	摘要	√	收入（借方）金额 千百十万千百十元角分	付出（贷方）金额 千百十万千百十元角分	借或贷	结存金额 千百十万千百十元角分
6	1			期初余额				借	10000000
	3	付2	转支7245	支付购料款			2600000	借	7400000
	5	收3	汇票1478	销售收款		3500000		借	10900000
	6	付6	现支1105	支付工资			1200000	借	9700000

图 6-18　银行存款日记账的登记

也可以采用多栏式。银行存款日记账采用三栏式时，其登记方法如下：

(1)日期栏。根据涉及银行存款收付的记账凭证的日期登记。

(2)凭证号码栏。登记入账的收付的记账凭证的种类和编号，与库存现金日记账的登记方法相同。

(3)对方科目栏。登记银行存款收入、支出所对应的科目，如开出支票一张支付购料款，其对方科目即为“原材料”或“在途物资”。

(4)摘要栏。用以说明登记入账的经济业务的内容，文字要简练、概括。

(5)收入、支出栏。登记银行存款实际收、付的金额。每日终了，应分别计算银行存款收入和支出的合计数，并结出余额；月终应结算出银行存款全月收入、支出的合计数，并结出月末余额，然后与开户银行对账。

与现金日记账相似，如果一个单位的银行收付款凭证数量较多，为简化登账的工作量，银行存款日记账可以采用多栏式日记账的格式，若银行存款的对应科目过多，可分设多栏式银行存款收入日记账和多栏式银行存款支出日记账，具体可以参照现金日记账。

【演练 63 · 判断题】 库存现金日记账是由出纳人员根据审核无误的库存现金收、付款凭证和转账凭证按照经济业务的发生顺序，逐日、逐笔序时登记。　　（　　）

二、总分类账的格式与登记方法

（一）总分类账的格式

总分类账是指按照总分类账户分类登记以提供总括会计信息的账簿。总分类账最常用的格式为三栏式，设有借方、贷方和余额三个金额栏目。

（二）总分类账的登记方法

总分类账的登记方法因登记的依据不同而有所不同。它可以直接根据记账凭证逐笔登记，也可以采用一定的汇总方式。经济业务少的小型单位的总分类账可以根据记账凭证逐笔登记；经济业务多的大中型单位的总分类账可以根据记账凭证汇总表（又称科目汇总表）或汇总记账凭证等定期登记。月终，全部经济业务登记入账后，结出各账户的本期发生额和期末余额。如图 6-19 所示为库存现金总分类账根据汇总记账凭证登记。

库存现金

月	日	凭证种类	号数	摘要	日期	借方	贷方	借或贷	余额
				承前页		21744100	21711000	借	113000
11	20	记汇	32	11—20日发生额		1920000	2010000	借	23000
	30	记汇	33	21—30日发生额		101000		借	124000
12	10	记汇	34	1—10日发生额		108000	90000	借	142000
	20	记汇	35	11—20日发生额		1728000	1809000	借	61000
	31	记汇	36	21—31日发生额		90900		借	151900
				本年合计		25692000	25620000	借	151900
				结转下年					

图 6-19 库存现金总分类账

【演练 64 · 单选题】 总分类账必须采用(　　)账簿。

A. 活页式　　B. 订本式　　C. 三栏式　　D. 多栏式

三、明细分类账的格式与登记方法

明细分类账是根据有关明细分类账户设置并登记的账簿。它能提供比较详细、具体的交易或事项的核算资料，以补充总账所提供核算资料的不足。因此，各企业单位在设置总账的同时，还应设置必要的明细账。明细分类账一般采用活页式账簿、卡片式账簿。明细分类账一般根据记账凭证和相应的原始凭证来登记。

（一）明细分类账的格式

根据各种明细分类账所记录经济业务的特点，明细分类账的常用格式主要有三栏式、多栏式、数量金额式和横线登记式。

1. 三栏式

三栏式账页是设有借方、贷方和余额三个栏目，用以分类核算各项经济业务，提供详细核算资料的账簿，其格式与三栏式总账格式相同，如图 6-20 所示。

其他应收款 明细账

总第 28 页
分第 3 页

科目代码：李强

2019年 月	日	凭证号数	摘要	√	借方	贷方	借或贷	余额
6	1		期初余额				借	50000
	3	付5	预借差旅费		100000		借	150000
	9	转3	报销差旅费			100000	借	50000

图 6-20 其他应收款明细账（三栏式明细账）

2. 多栏式

多栏式账页是将属于同一个总账科目的各个明细科目合并在一张账页上进行登记，即在这种格式账页的借方或贷方金额栏内按照明细项目设若干专栏。这种格式适用于收入、成本、费用类科目的明细核算。

在实际工作中，为减少栏次，成本、费用类科目的明细账也可以只按借方发生额设专栏，因为贷方发生额每月发生的笔数很少，可以在借方直接用红字冲记。如图 6-21 所示。

生产成本明细账

车间名称：一车间

产品名称：机床

第　页

2019年		凭证号数	摘要	借方(成本项目)				贷方	借或贷	余额
月	日			直接材料	直接人工	制造费用	合计	金额		
6	4	转 3	生产领料	16 200			16 200		借	16 200
	8	转 5	分配工资		6 800		6 800		借	6 800

图 6-21　生产成本明细账(借方多栏式明细账)

3. 数量金额式

数量金额式账页适用于既要进行金额核算又要进行数量核算的账户，如原材料、库存商品等存货账户，其借方(收入)、贷方(发出)和余额(结存)都分别设有数量、单价和金额三个专栏。如图 6-22 所示。

数量金额式账页提供了企业有关财产物资数量和金额收、发、存的详细资料，从而能加强财产物资的实物管理和使用监督，保证这些财产物资的安全完整。

原材料明细账

产地：______ 牌号：______ 包装：______

最高存量：______ 最低存量：______ 计量单位：______

货号		页次		总次	
货名	圆钢		计划单价		
规格	12#		类别		

2019 年		凭证号数	摘要	单价	收入（借方）金额									发出（贷方）金额									结存金额									√
月	日				数量	十	万	千	百	十	元	角	分	数量	十	万	千	百	十	元	角	分	数量	十	万	千	百	十	元	角	分	
6	1		月初余额	50.00																			200		1	0	0	0	0	0	0	
	5	付 9	购料付款	50.00	100			5	0	0	0	0	0										300		1	5	0	0	0	0	0	
	11	转 2	生产领料	50.00										60			3	0	0	0	0	0	240		1	2	0	0	0	0	0	

图 6-22　原材料明细账(数量金额式明细账)

4. 横线登记式

横线登记式账页采用横线登记，即将每一相关的业务登记在一行，从而可依据每一行各个栏目的登记是否齐全来判断该项业务的进展情况。这种格式适用于登记材料采购、在途物资、应收票据和一次性备用金业务。如图 6-23 所示。

在途物资明细账

明细科目：轴承钢　　规格型号：18#　　计量单位：吨　　第　页

2019年		凭证号数	摘要	借方金额				2017年		凭证号数	摘要	贷方金额			
月	日			数量	采购成本	运杂费用	合计	月	日			数量	单价	金额	
6	7	付11	购料付款	20	54 000	1 000	55 000	6	19	转7	材料入库	20	2 750	55 000	

图 6-23　在途物资明细账（横线登记式）

【演练 65 · 单选题】 “营业外支出”明细账应该采用的格式是(　　)。

A. 三栏式　　B. 多栏式

C. 数量金额式　　D. 任意格式

（二）明细分类账的登记方法

不同类型经济业务的明细分类账，可以根据原始凭证直接登记，也可以根据汇总原始凭证登记，还可以根据记账凭证登记。其中，固定资产、债权、债务等明细账应逐日逐笔登记；库存商品、原材料、产成品收发明细账可以逐笔登记，也可以定期汇总登记。

【演练 66 · 单选题】 下列账簿中，必须逐日逐笔登记的是(　　)。

A. 费用明细账　　B. 收入明细账

C. 应收账款明细账　　D. 原材料明细账

四、总分类账户与明细分类账户的平行登记

（一）总分类账户与明细分类账户的关系

在实际会计核算工作中，有必要同时设置和应用两类账户，即总分类账户和明细分类账户。总分类账户是所属明细分类账户的统驭账户，对所属明细分类账户起着控制作用；明细分类账户则是总分类账户的从属账户，对其所隶属的总分类账户起着辅助作用。总分类账户及其所属明细分类账户的核算对象是相同的，它们所提供的核算资料互相补充，只有把两者结合起来，才能既总括又详细地反映同一核算内容。因此，总分类账户和明细分类账户必须平行登记。

（二）总分类账户与明细分类账户平行登记的要点

平行登记是指对所发生的每项经济业务都要以会计凭证为依据，一方面记入有关总分类账户，另一方面记入所属明细分类账户的方法。

总分类账户与明细分类账户平行登记的要点如下。

1. 方向相同

对于每项经济业务，在有关总分类账户及其所属明细分类账户中进行登记时，它

们的记账方向相同,即凡是记入有关总分类账户借方的,也必须记入其所属各有关明细分类账户的借方;凡是记入总分类账户贷方的,也必须记入其所属各有关明细分类账户的贷方。

2.期间一致

对于每项经济业务,在登记总分类账户时,必须同时在其所属明细分类账户中进行登记。

3.金额相等

对于每项经济业务,记入有关总分类账户中的金额,必须与记入其所属各有关明细分类账户中的金额之和相等。

总之,总分类账户与明细分类账户平行登记要求做到:所依据会计凭证相同、借贷方向相同、所属会计期间相同、记入总分类账户的金额与记入其所属明细分类账户的金额合计相等。

知识点提要

日记账的格式和登记方法	库存现金日记账的格式和登记方法	格式	库存现金日记账的格式主要有三栏式和多栏式两种,库存现金日记账必须使用订本账
			三栏式库存现金日记账设借方、贷方和余额三个金额栏目,一般将其分别称为收入、支出和结余三个基本栏目
			由出纳人员根据现金收款凭证(借方库存现金)、现金付款凭证(贷方库存现金)和提取现金的银行存款付款凭证(借方库存现金),按照库存现金收、付款业务和银行存款付款业务发生时间的先后顺序逐日逐笔登记 【注意】凡是凭证中有"库存现金"科目的就必须登记现金日记账
		登记方法	根据"上日余额＋本日收入－本日支出＝本日余额"的公式,逐日结出现金余额,与库存现金实存数核对,以检查每日现金收付是否有误
			(1)日期栏:系记账凭证的日期,应与现金实际收付日期一致
			(2)对方科目栏:其作用在于了解经济业务的来龙去脉
			(3)收入、支出栏:指现金实际收付的金额。每日终了,结出余额,即通常说的"日清"。月终,同样要计算现金收、付合计数和结存数,通常称"月结"
	银行存款日记账的格式和登记方法		银行存款日记账通常也是由出纳人员根据审核后的银行存款收款凭证(借方银行存款)、银行存款付款凭证(贷方银行存款)和存款业务的现金付款凭证(借方银行存款)填写,逐日逐笔按照经济业务发生的先后顺序进行登记,其登记方法与现金日记账相同 【注意】凡是凭证中有"银行存款"科目的就必须登记银行存款日记账

续表

总分类账的格式	格式			最常用的为三栏式
明细分类账的格式与登记方法				明细分类账一般采用**活页式账簿**、**卡片式账簿**。明细分类账一般根据记账凭证和相应的原始凭证来登记
	格式	三栏式		适用于只需进行金额核算的账户,如**资本**、**债权**(应收)、**债务**(应付)结算账户的明细账等
		多栏式		适用于**收入**、**成本**、**费用**的明细核算
				借方多栏:费用、成本(生产成本、制造费用、管理费用等)明细分类账
				贷方多栏:收入(主营业务收入、营业外收入等)明细分类账
		数量金额式		适用于既要进行金额核算又要进行数量核算的账户,如**原材料**、**库存商品**等存货账户
				其借方(收入)、贷方(发出)和余额(结存)都分别设有**数量**、**单价**和**金额**三个专栏
		横线登记式		适用于登记**材料采购**、**在途物资**、**应收票据**和**一次性备用金**业务
	明细分类账的登记方法			一是根据**原始凭证**直接登记明细分类账
				二是根据**汇总原始凭证**登记明细分类账
				三是根据**记账凭证**登记明细分类账
				【注意】固定资产、债权、债务等明细账应逐日逐笔登记;库存商品、原材料收发明细账以及收入、费用明细账可以逐笔登记,也可定期汇总登记
总分类账户与明细分类账户的平行登记	总分类账户与明细分类账户的关系			总分类账户是所属明细分类账户的**统驭账户**,对所属明细分类账户起着**控制作用**
				明细分类账户则是总分类账户的**从属账户**,对其所隶属的总分类账户起着**辅助作用**
		内在联系		反映业务的**内容相同**
				登记账簿的原始**依据相同**
		区别		详细程度不同
				作用不同
	平行登记的要点			平行登记是指对所发生的每项经济业务都要以会计凭证为依据,**一方面记入有关总分类账户**,**另一方面记入所属明细分类账户**的方法
				(1)**方向相同**;(2)**期间一致**;(3)**金额相等**

本节演练答案及解析

63.×

64.B 【解析】总分类账最常用的格式为三栏式,必须采用订本式账簿。

65.B

66.C

第四节　对账与结账

一、对账

(一)对账的概念

对账就是核对账目,是对账簿记录所进行的核对工作。

在会计工作中,由于种种原因,难免发生记账、计算等差错,也难免出现账实不符的现象。为了确保账簿记录的正确、完整、真实,在有关经济业务入账之后,必须进行账簿记录的核对。对账工作的目的就是保证账证相符、账账相符和账实相符。

对账工作一般在月末进行,即在记账之后、结账之前进行对账。遇特殊情况,如有人员办理调动手续前或发生非常事件后,应随时进行对账。

(二)对账的内容

对账一般可以分为账证核对、账账核对和账实核对。

1.账证核对

账证核对是指核对会计账簿记录与原始凭证和记账凭证的时间、凭证字号、内容、金额是否一致,记账方向是否相符。

账簿是根据经过审核之后的会计凭证登记的,但实际工作中仍有可能发生账证不符的情况。记账后,应将账簿记录与会计凭证核对,核对账簿记录与原始凭证和记账凭证的时间、凭证字号、内容、金额等是否一致,记账方向是否相符,做到账证相符。

会计期末,如果发现账证不符,也可以再将账簿记录与有关会计凭证进行核对,以保证账证相符。

账证核对主要在日常编制凭证和记账过程中进行。必要时,也可以采用抽查核对和目标核对的方法进行。核对的重点是凭证所记载的业务内容、金额和分录是否与账簿中的记录一致。

2.账账核对

账账核对是指核对不同会计账簿之间的账簿记录是否相符。各个会计账簿是一个有机的整体,既有分工,又有衔接,目的就是全面、系统、综合地反映企事业单位的经济活动与财务收支情况。各种账簿之间的这种衔接依存关系就是账簿的钩稽关系。利用这种关系,可以通过账簿的相互核对发现记账工作是否有误。一旦发现错误,就应立即更正。账账核对的内容主要包括：

（1）总分类账簿之间的核对。按照"资产＝负债＋所有者权益"这一会计等式和"有借必有贷、借贷必相等"的记账规律，总分类账簿各账户的期初余额、本期发生额和期末余额之间存在对应的平衡关系，各账户的期末借方余额合计和贷方余额合计也存在平衡关系。通过这种等式和平衡关系，可以检查总账记录是否正确、完整。这项核对工作通常采用编制"总分类账户本期发生额和余额对照表"（简称"试算平衡表"）来完成。

（2）总分类账簿与所属明细分类账簿之间的核对。总分类账户的期末余额应与其所属的各明细分类账的期末余额之和核对相符。

（3）总分类账簿与序时账簿之间的核对。我国企事业单位必须设置库存现金日记账和银行存款日记账。库存现金日记账必须每天与库存现金核对相符，银行存款日记账也必须定期与银行对账。在此基础上，还应检查库存现金总账和银行存款总账的期末余额，与库存现金日记账和银行存款日记账的期末余额是否相符。

（4）明细分类账簿之间的核对。例如，会计部门有关实物资产的明细账与财产物资保管部门或使用部门的明细账定期核对，以检查其余额是否相符。核对的方法一般是由财产物资保管部门或使用部门定期编制收发结存汇总表报会计部门核对。

3.账实核对

账实核对是指各项财产物资、债权债务等账面余额与实有数额之间的核对。

账实核对的内容主要包括：

(1)库存现金日记账账面余额与库存现金实际库存数逐日核对是否相符；

(2)银行存款日记账账面余额与银行对账单的余额定期核对是否相符；

(3)各项财产物资明细账账面余额与财产物资的实有数额定期核对是否相符；

(4)有关债权债务明细账账面余额与对方单位的账面记录核对是否相符等。

造成账实不符的原因较多，如财产物资保管过程中发生的自然损耗；财产收发过程中由于计量或检验不准，造成多收或少收的差错；由于管理不善、制度不严造成的财产损坏、丢失和被盗等；在账簿记录中发生的重记、漏记和错记等；由于有关凭证未到，形成未达账项，造成结算双方账实不符；发生意外灾害等。因此，需要通过定期的财产清查来弥补漏洞，保证会计信息真实可靠，提高企业管理水平。

【演练67·单选题】 对账就是核对账目，其主要内容包括（   ）。

A.账实核对、账表核对、账账核对　　　　B.账账核对、账证核对、账表核对

C.账账核对、账证核对、表表核对　　　　D.账证核对、账账核对、账实核对

二、结账

（一）结账的概念

结账是一项将账簿记录定期结算清楚的账务工作。在一定时期结束时（如月末、季末或年末），为了编制财务报表，需要进行结账，具体包括月结、季结和年结。结账的内容通常包括两个方面：一是结清各种损益类账户，并据以计算确定本期利润；二是结出各资产、负债和所有者权益账户的本期发生额合计和期末余额。

(二)结账的程序

(1)结账前,将本期发生的经济业务全部登记入账,并保证其正确性。对于发现的错误,应采用适当的方法进行更正。

(2)在本期经济业务全面入账的基础上,根据权责发生制的要求,调整有关账项,合理确定应计入本期的收入和费用。

①应计收入和应计费用的调整。

应计收入是指已在本期实现、因款项未收而未登记入账的收入。企业发生的应计收入,主要是本期已经发生且符合收入确认标准,但尚未收到相应款项的销售商品或提供劳务收入。

应计费用是指已经发生但尚未支付的费用。企业发生的应计费用,本期已经受益,如应付未付的借款利息等。

②收入分摊和成本分摊的调整。收入分摊是指企业已经收取有关款项,但未完成或未全部完成销售商品或提供劳务,需在期末按本期已完成的比例,分摊确认本期已实现收入的金额,并调整以前预收款项时形成的负债。

成本分摊是指为了正确计算各个会计期间的盈亏,将已经发生且能使若干个会计期间受益的支出在其受益的会计期间进行合理分配。

(3)将各损益类账户余额全部转入"本年利润"账户,结平所有损益类账户。

(4)结出资产、负债和所有者权益账户的本期发生额和余额,并转入下期。

上述工作完成后,就可以根据总分类账和明细分类账的本期发生额和期末余额,分别进行试算平衡。

(三)结账的方法

根据结账时期不同,结账可分为月结、季结和年结。

结账方法的要点主要有:

(1)对不需按月结计本期发生额的账户,每次记账以后,都要随时结出余额,每月最后一笔余额是月末余额,即月末余额就是本月最后一笔经济业务记录的同一行内余额。月末结账时,只需要在最后一笔经济业务记录之下通栏划单红线,不需要再次结计余额。如图 6-24 所示。

应收账款—— 红星公司

年 月	年 日	凭证 种类	凭证 号数	摘要	[illegible]	借方	贷方	借或贷	余额
				承前页				借	400000
11	07	记	15	收到货款,存入银行			400000	平	θ
	08	记	23	销售产品,款未收		930150		借	930150
	14	记	43	收到货款,存入银行			930150	平	θ
	20	记	55	销售产品,款未收		2825550		借	2825550
	25	记	63	收到货款,存入银行			2825550	平	θ
12	08	记	21	销售产品,款未收		1053000		借	1053000
	26	记	65	销售产品,款未收		1942200		借	1942200

图 6-24　应收账款明细账

(2)库存现金、银行存款日记账和需要按月结计发生额的收入、费用等明细账，每月结账时，要在最后一笔经济业务记录下面通栏划单红线，结出本月发生额和余额，在摘要栏内注明“本月合计”字样，并在下面通栏划单红线。如图 6-25 所示。

银行存款日记账

年 月	日	凭证 种类	凭证 号数	对方科目	摘要	总页	收入金额	付出金额	结存金额
					承前页		35425330	25107760	29662570
11	24	记	61	库存现金	提现备用			100000	29562570
	25	记	62	营业外支出	对外捐款			200000	29362570
	25	记	63	应收账款	收到贷款，存入银行		2825550		32188120
	26	记	64	应付账款	偿付前欠货款			2567200	29620920
	26	记	66	管理费用	支付水电费			290000	29330920
	27	记	67	原材料等	购进材料，验收入库，款已付			186520	29144400
	29	记	69	主营业务收入等	销售产品，贷款收存银行		7651800		36796200
	31				本月合计		45902680	28451480	36796200

图 6-25　银行存款日记账

(3)对于需要结计本年累计发生额的明细账户，每月结账时，应在“本月合计”行下结出自年初起至本月末止的累计发生额，登记在月份发生额下面，在摘要栏内注明“本年累计”字样，并在下面通栏划单红线。12 月末的“本年累计”就是全年累计发生额，全年累计发生额下通栏划双红线。如图 6-26 所示。

主营业务收入——甲产品

年 月	日	凭证 种类	凭证 号数	摘要	日期	借方	贷方	借或贷	余额
				承前页		35721000	37491000	贷	1770000
11	24	记	60	销售产品，收到部分货款			375000	贷	2145000
	26	记	65	销售产品，款未收			300000	贷	2445000
	29	记	69	销售产品，贷款收存银行			1200000	贷	3645000
	30	记	81	结转本月收入		3645000		平	0
	30			本月合计		3645000	3645000	平	0
	30			本年累计		39366000	39366000	平	0
12	13	记	39	销售产品，贷款收存银行			1584000	贷	1584000
	16	记	46	销售产品，款未收			540000	贷	2124000
	20	记	51	销售产品，款未收			540000	贷	2664000
	22	记	59	销售产品，收到部分货款			396000	贷	3060000
	26	记	65	销售产品，款未收			300000	贷	2445000
	28	记	72	销售产品，贷款收存银行			1440000	贷	4860000
	31	记	81	结转本月收入		4860000		平	0
	31			本月合计		4860000	4860000	平	0
	31			本年累计		44226000	44226000	平	0

图 6-26　主营业务收入明细账

(4)总账账户平时只需结出月末余额。年终结账时，为了总括地反映全年各项资金运动情况的全貌，核对账目，要将所有总账账户结出全年发生额和年末余额，在摘要栏内注明“本年合计”字样，并在合计数下通栏划双红线。如图 6-27 所示。

(5)年度终了结账时，有余额的账户，应将其余额结转下年，并在摘要栏注明“结转下年”字样；在下一会计年度新建有关账户的第一行余额栏内填写上年结转的余额，并在摘要栏注明“上年结转”字样，使年末有余额账户的余额如实反映在账户中，以免混淆有余额的

库存现金

年 月	日	凭证 种类	号数	摘要	借方	贷方	借或贷	余额
				承前页	2174 4100	2171 1000	借	1 13000
11	20	记汇	32	11—20日发生额	19 20000	20 10000	借	2 3000
	30	记汇	33	21—30日发生额	10 1000		借	1 24000
12	10	记汇	34	1—10日发生额	10 8000	9 0000	借	1 42000
	20	记汇	35	11—20日发生额	17 28000	18 09000	借	6 1000
	31	记汇	36	21—31日发生额	9 0900		借	1 51900
				本年合计	256 92000	256 20000	借	1 51900
				结转下年				

图 6-27　库存现金总账

账户和无余额的账户。

【演练68·单选题】　下列关于结账方法的表述中,不正确的是(　　　)。

A. 总账账户平时只需结出本月发生额和本月余额

B. 现金、银行存款日记账每月结账时要结出本月发生额和余额

C. 收入、费用等明细账每月结账时要结出本月发生额和余额

D. 需要结计本年累计发生额的某些明细账户,每月结账时,应在"本月合计"行下结出自年初起至本月末止的累计发生额

 知识点提要

对账	账证核对	记账后,应将账簿记录与会计凭证核对	
	账账核对	1. 总分类账簿之间的核对(内部核对)	总账账户的**借方期末余额**合计数与**贷方期末余额**合计数核对相符
		2. 总分类账簿与所属明细分类账簿之间的核对	总分类账账户的期末余额与所属明细分类账账户的期末余额之和核对相符
		3. 总分类账簿与序时账簿之间的核对	现金日记账和银行存款日记账期末余额与总分类账"**库存现金**"和"**银行存款**"账户的期末余额核对相符
		4. 明细分类账簿之间的核对	会计部门各种财产物资明细分类账的期末余额与财产物资保管或使用部门有关明细分类账的期末余额核对相符
	账实核对	账实核对是在账账核对的基础上,将各种财产物资和结算款项的账面余额与实存数额核对相符	
		1. 现金	库存现金日记账账面余额与实际现金库存数逐日核对是否相符
		2. 银行存款	银行存款日记账账面余额与银行对账单的余额定期核对是否相符 【注意】不是账账核对
		3. 财产物资	各种财产物资明细账账面余额与财产物资的实有数定期核对是否相符
		4. 债权债务	有关债权债务明细账账面余额与对方单位的账面记录是否相符 【注意】不是账账核对

续表

结账	概念	在一定时期结束时（如月末、季末或年末），为了编制财务报表，需要进行结账，具体包括**月结、季结和年结**
	程序	1.将本期内发生的经济业务全部记入有关账簿
		2.根据权责发生制的要求，调整有关账项，合理确定本期应计的收入和费用
		3.**将损益类余额全部转入"本年利润"账户，结平所有损益类账户**
		4.结算出资产、负债和所有者权益科目的本期发生额和余额，并结转下期
	方法	1.月末结账时，只需要在最后一笔经济业务记录之下通栏划单红线
		2.库存现金、银行存款日记账和需要按月结计发生额的收入、费用等明细账，每月结账时，在摘要栏内注明"**本月合计**"字样，并在下面通栏划单红线
		3.对于需要结计本年累计发生额的明细账户，每月结账时，应在"本月合计"行下结出自年初起至本月末止的累计发生额，登记在月份发生额下面，在摘要栏内注明"本年累计"字样，并在下面通栏划单红线。**12月末的"本年累计"就是全年累计发生额，全年累计发生额下通栏划双红线**
		4.总账账户平时只需结出月末余额。**年终结账**时，要将所有总账账户结出全年发生额和年末余额，在摘要栏内注明"**本年合计**"字样，并在合计数下通栏划**双红线**
		5.年度终了结账时，有余额的账户，应将其余额结转下年，并在摘要栏注明"**结转下年**"字样；在下一会计年度新建有关账户的第一行余额栏内填写上年结转的余额，并在摘要栏注明"**上年结转**"字样

本节演练答案及解析

67.D 【解析】对账包括账证核对、账账核对、账实核对。

68.A 【解析】本题考核结账的方法。总账账户平时只需结出月末余额。

第五节　错账查找与更正的方法

一、错账查找方法

在记账过程中，可能发生各种各样的差错，产生错账，如重记、漏记、数字颠倒、数字错位、数字记错、科目记错、借贷方向记反等，从而影响会计信息的准确性，所以应及时找出差错，并予以更正。错账查找的方法主要有差数法、尾数法、除2法、除9法四种。

（一）差数法

差数法是指按照错账的差数查找错账的方法。在记账过程中只登记了会计分录的借方或贷方，漏记了另一方，从而形成试算平衡中借方合计与贷方合计不等。如借方金额遗漏，会使该金额在贷方超出；贷方金额遗漏，会使该金额在借方超出。对于这样的差错，可由会计人员通过回忆和与相关金额的记账核对来查找。

（二）尾数法

尾数法是指对于发生的差错只查找末位数，以提高查错效率的方法。

（三）除 2 法

除 2 法是指以差数除以 2 来查找错账的方法。当某个借方金额错记入贷方（或相反）时，出现错账的差数表现为错误的 2 倍，将此差数用 2 去除，得出的商即反向的金额。例如，应计入"银行存款"科目借方的 1000 元误计入贷方，则该科目的期末余额将小于总分类科目期末余额 2000 元，被 2 除后的商 1000 元即借贷方向反向的金额。

（四）除 9 法

除 9 法是指以差数除以 9 来查找错账的方法，适用于以下三种情况：
（1）将数字写小；如 300 元误记成 30 元。
（2）将数字写大；如 30 元误记成 300 元。
（3）邻数颠倒。
查找方法：将差数除以 9，直到找出颠倒的数字为止，如 95 元误记成 59 元。

二、错账更正方法

在记账过程中，可能由于种种原因会使账簿记录发生错误。对于发生的账簿记录错误，应该采用正确、规范的方法予以更正，不得涂改、挖补、刮擦或者用药水消除字迹，不得重新抄写。错账的更正方法一般有划线更正法、红字更正法和补充登记法三种。

（一）划线更正法

在结账前发现账簿记录有文字或数字错误，而记账凭证没有错误，采用划线更正法。更正时，可在错误的文字或数字上划一条红线，在红线的上方填写正确的文字或数字，并由记账人员及会计机构负责人（会计主管人员）在更正处盖章，以明确责任。但应注意，更正时不得只划销错误数字，应将全部数字划销，并保持原有数字清晰可辨，以便审查。如记账凭证中的文字或数字发生错误，在尚未过账前，也可用划线更正法更正。

例 6-1 2019 年 3 月 6 日，众兴财纺织贸易公司车间生产产品领用原材料 158932.66 元。记账凭证编制正确，但登记原材料总分类账簿的时候笔误把 158932.66 元写成了 159832.66 元。发现该错账后，可在错误数字 159832.66 元上划一条红线，在红线的上方填写正确数字 158932.66 元，并由记账人员张三在更正处盖章。如图 6-28 所示。

（二）红字更正法

红字更正法，适用于以下两种情形：
（1）记账后发现记账凭证中的应借、应贷会计科目有错误，从而引起了记账错误。更正的方法是：用红字填写一张与原记账凭证完全相同的记账凭证，在摘要栏内写明"注销某月某日某号凭证"，并据以用红字登记入账，以示注销原记账凭证，然后用蓝字填写一张正确

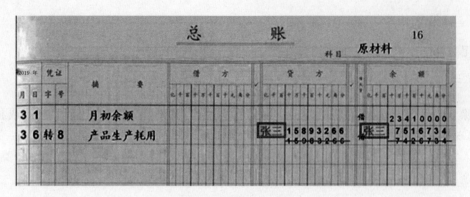

图 6-28 原材料总账

的记账凭证,并据以用蓝字登记入账。

例 6-2 2019 年 12 月 31 日,众兴财纺织贸易公司生产车间一般消耗领用材料 5000 元。

(1)填制记账凭证时,误将借方科目写成"生产成本",并已登记入账。

原错误记账凭证为:

借:生产成本　　　　　　　　　　　　　　　　　　　　5000

　　贷:原材料　　　　　　　　　　　　　　　　　　　　　　　5000

(2)发现错误后,先用红字填制一张与原错误记账凭证内容完全相同的记账凭证,用于注销错账。

借:生产成本　　　　　　　　　　　　　　　　　　　　5000

　　贷:原材料　　　　　　　　　　　　　　　　　　　　　　　5000

(3)用蓝字填制一张正确的记账凭证。

借:制造费用　　　　　　　　　　　　　　　　　　　　5000

　　贷:原材料　　　　　　　　　　　　　　　　　　　　　　　5000

(4)更正前后的账簿记录如图 6-29 所示。

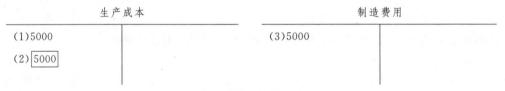

众兴财纺织贸易公司

图 6-29 红字更正法(1)

(2)记账后发现记账凭证和账簿记录中应借、应贷会计科目无误,只是所记金额大于应记金额,从而引起了记账错误。更正的方法是:按多记的金额用红字编制一张与原记账凭证应借、应贷科目完全相同的记账凭证,在摘要栏内写明"冲销某月某日第×号记账凭证多记金额",以冲销多记的金额,并据以用红字登记入账。

例 6-3 2019 年 12 月 31 日,众兴财纺织贸易公司计提生产车间生产人员工资 2000 元,假设在填写记账凭证时应借、应贷科目没有错误,只是金额由 2000 元误写成了 20000

元,并且已登记入账。

(1)原错误的会计分录如下:

借:生产成本　　　　　　　　　　　　　　　　　20000

　　贷:应付职工薪酬　　　　　　　　　　　　　　　　　20000

(2)用红字更正法更正如下:

借:生产成本　　　　　　　　　　　　　　　　　18000

　　贷:应付职工薪酬　　　　　　　　　　　　　　　　　18000

(3)更正前后的账簿记录如图 6-30 所示。

生产成本		应付职工薪酬	
(1)20000			(1)20000
(2)⟦18000⟧			(2)⟦18000⟧

图 6-30　红字更正法(2)

(三)补充登记法

记账后发现记账凭证和账簿记录中应借、应贷会计科目无误,只是所记金额小于应记金额时,采用补充登记法。更正的方法是:按少记的金额用蓝字填制一张与原记账凭证应借、应贷科目完全相同的记账凭证,在摘要栏内写明"补记某月某日第×号记账凭证少记金额",以补充少记的金额,并据以用蓝字登记入账。

例 6-4　2019 年 12 月 31 日,众兴财纺织贸易公司计提生产车间生产人员工资 2000元,假设在填写记账凭证时应借、应贷科目没有错误,只是金额由 2000 元误写成了 200 元,并且已登记入账。

(1)原错误的会计分录如下:

借:生产成本　　　　　　　　　　　　　　　　　200

　　贷:应付职工薪酬　　　　　　　　　　　　　　　　　200

(2)补充登记法更正如下:

借:生产成本　　　　　　　　　　　　　　　　　1800

　　贷:应付职工薪酬　　　　　　　　　　　　　　　　　1800

(3)更正前后的账簿记录如图 6-31 所示。

生产成本		应付职工薪酬	
(1)200			(1)200
(2)1800			(2)1800

图 6-31　补充登记法

错账更正的三种方法中红字更正法和补充登记法都是用来更正因记账凭证错误而产生的记账错误,如果非因记账凭证的差错而产生的记账错误,只能用划线更正法更正。

以上三种方法是对当年内发现填写记账凭证或者记账错误而采用的更正方法,如果发现以前年度记账凭证中有错误(指会计科目和金额错误)并导致账簿登记出现差错,应当用蓝字或黑字填制一张更正的记账凭证。因错误的账簿记录已经在以前会计年度终了,所以在进行结账或决算,不可能将已经决算的数字进行红字冲销,只能用蓝字或黑字凭证对除文字外的一切错误进行更正并在更正凭证上特别注明"更正××年度错账"的字样。

【演练 69·单选题】 某会计人员在填制凭证时,误将 40000 元写成 4000 元,科目、方向正确无误,并已入账,月度结账时发现错误,下列各项做法中,适用于此情况的是( )。

A.补充登记法　　　　B.还原更正法　　　　C.冲销法　　　　D.划线更正法

 知识点提要

错账查找方法	差数法	指按照错账的差数查找错账的方法	
	尾数法	指对于发生的差错只查找末位数,以提高查错效率的方法	
		适合于借贷方金额其他位数都一致,而只有末位数出现差错的情况	
	除 2 法	指以差数除以 2 来查找错账的方法。当某个借方金额错记入贷方(或相反)时,出现错账的差数表现为错误的 2 倍,将此差数用 2 去除,得出的商即反向的金额	
	除 9 法	是指以差数除以 9 来查找错账的方法,适用于以下三种情况:	(1)将数字写小
			(2)将数字写大
			(3)邻数颠倒
错账更正方法	划线更正法	**在结账前**发现账簿记录有文字或数字错误,而记账凭证没有错误,采用划线更正法。对于错误的数字,应全部划红线更正,不得只更正其中的错误数字 **【注意】凭证无误,账簿错误**	
	红字更正法	科目错误	表现	记账后发现记账凭证中的应借、应贷会计科目有错误,从而引起了的记账错误,可以采用红字更正法予以更正
			更正方法	首先用红字填写一张内容与原错误凭证完全相同的记账凭证,以示注销原记账凭证;然后用蓝字填制一张正确的记账凭证,并据以记账
		金额写大	表现	记账后发现记账凭证和账簿记录中应借、应贷会计科目无误,只是**所记金额大于应记金额**,从而引起了记账错误
			更正方法	按多记的金额用红字填制一张与原记账凭证应借、应贷科目完全相同的记账凭证,以冲销多记金额,并据以入账
		【注意】凭证错误(科目错误或金额写大了),账簿错误		
	补充登记法	金额写小	表现	记账后发现记账凭证和账簿记录中应借、应贷会计科目无误,只是**所记金额小于应记金额**时,采用补充登记法
			更正方法	按少记的金额用蓝字填制一张与原记账凭证应借、应贷科目完全相同的记账凭证,以补充少记金额,并据以记账
		【注意】凭证错误(金额写小了),账簿错误		
	【注意】凭证错误,账簿未登,需重新填写一张记账凭证,不用上述方法更正			

本节演练答案及解析

69. A

第六节　会计账簿的更换与保管

按照《会计法》的规定,会计账簿、会计凭证和会计报表等属于单位重要的经济档案,必须定期对账簿进行更换,并妥善保管,否则要承担相应的法律责任。

一、会计账簿的更换

为保证会计账簿资料的连贯性,在每一会计年度结束和新的会计年度开始时,应按会计制度规定进行账簿的更换工作。

会计账簿的更换通常在新会计年度建账时进行。一般来说,总账、日记账和多数明细账应每年更换一次;部分明细账,如固定资产明细账簿,各种备查账簿等,因年度内变动不多,若更换新账,重抄一遍的工作量相当大,因此,可以跨年使用,年初可不必更换账簿。

二、会计账簿的保管

年度终了,各种账户在结转下年、建立新账后,一般应将旧账集中统一管理。会计账簿暂由本单位财务会计部门保管一年,期满后,由本单位财务会计部门编造清册移交本单位的档案部门保管。

各种账簿应当按年度分类归档,编造目录,妥善保管,既保证在需要时迅速查阅,又保证各种账簿的安全和完整。

保管期满后,还要按照规定的审批程序经批准后才能销毁。

账簿日常应由各自分管的记账人员专门保管,未经领导和会计负责人或有关人员批准,不许非经管人员翻阅、查看、摘抄和复制。会计账簿除特殊需要或司法介入要求外,一般不允许携带外出。

新会计年度对更换下来的旧账簿应进行整理、分类,对有些缺少手续的账簿,应补办必要的手续,然后装订成册,并编制分录,办理移交手续,按期归档保管。对会计账簿的保管既是会计人员应尽的职责,又是会计工作的重要组成部分。

【演练70·单选题】　下列各项中,不符合账簿平时管理具体要求的是(　　　)。

A.年度终了,一般要把旧账交给总账会计集中统一管理

B.会计账簿不能随意交与其他人员管理

C.会计账簿除需要与外单位核对外,一般不能携带外出

D.各种账簿应指定专人管理

知识点提要

会计账簿的更换	日记账、总分类账和多数明细分类账应每年更换一次。变动较小的部分明细账,不必每年更换,如固定资产明细账(固定资产卡片)。备查账可以连续使用
	新旧账簿有关账户之间的结转余额,无需编制记账凭证
会计账簿的保管	会计账簿暂由本单位财务会计部门保管一年,期满后,由财务会计部门编造清册移交本单位的档案部门保管

本节演练答案及解析

70.C 【解析】会计账簿需要与外单位核对时,一般通过发函询证的方式。

【习题六】

一、单项选择题

1.存货明细账一般采用(　　)账簿。

A.两栏式　　　　　　B.三栏式　　　　　　C.多栏式　　　　　　D.数量金额式

2.账簿按(　　)的不同,可分为序时账簿、分类账簿和备查账簿。

A.用途　　　　　　B.外形　　　　　　C.格式　　　　　　D.启用时间

3.账簿的格式繁多,下列不属于账簿应具备的基本内容的是(　　)

A.封面　　　　　　B.账夹　　　　　　C.扉页　　　　　　D.账页

4.下列对账事项,属于账账核对的是(　　)。

A.银行日记账和银行对账单的核对

B.债权债务明细账与对方单位债权债务明细账的核对

C.账簿记录和原始凭证的核对

D.会计部门财产明细账与仓库保管部门财产明细账的核对

5.对账即核对账目,其主要内容包括(　　)。

A.账实核对、账表核对、账账核对

B.账账核对、账证核对、账表核对

C.账账核对、账证核对、表表核对

D.账证核对、账账核对、账实核对

6.会计人员在审核记账凭证时,发现误将5000元写成500元,尚未入账,应当采用(　　)。

A.重新填制　　　　B.红字更正法　　　　C.补充登记法　　　　D.冲销法

7.记账凭证中的会计科目错误导致账簿记录错误的,则只能使用(　　)更正。

A.还原更正法　　　B.划线更正法　　　C.红字更正法　　　D.补充登记法

8.记账后发现记账凭证填写的会计科目无误,只是所登记的金额大于应记金额,应采用的错账更正方法为(　　)。

A.涂改法　　　　　B.红线更正法　　　　C.红字更正法　　　　D.补充登记法

二、多项选择题

1.以下关于活页账的表述,正确的有(　　)。

A.它是指把若干张零散的账页,根据业务需要,自行组合成的账簿

B.账簿的页数不固定,使用前不加装订,可以根据实际需要,随时将空白账页加入账簿

C.在更换新账后,不需要装订成册或予以封扎

D.活页式账簿主要适用于各种明细账

2.以下关于会计账簿的记账规则的表述正确的有(　　　)。

A.为了防止重记和漏记,便于查阅,账簿登记完毕后,记账人员应在记账凭证上注明或盖章,并应在记账凭证上注明所记账簿的页数,或划"√"符号,表示已经记账

B.凡需结出余额的账户,结出余额后,应在"借或贷"栏内写明"借"或"贷"字样。没有余额的账户,应在"借或贷"栏内写"平"字,并在余额栏内用"0"表示。

C.为了使账簿记录清晰,防止涂改,记账时应使用蓝黑墨水或碳素墨水书写,也可以使用圆珠笔或铅笔书写

D.各种账簿应按页次顺序连续登记,不得跳行、隔页。如果发生跳行、隔页,应将空行、空页处用红色对角线划线注销,或注明"此行空白"、"此页空白"字样,并由记账人员签名盖章

3.下列情况,可以用红色墨水记账的有(　　　)。

A.按照红字冲账的记账凭证,冲销错误记录

B.根据国家统一会计制度的规定可以用红字登记的其他会计账簿

C.在三栏式账户的余额栏前,如未印明余额方向的,在余额栏内登记负数余额

D.在不设借贷等栏的多栏式账页中,登记增加数

4.以下提法中属于平行登记规则要点的有(　　　)。

A.金额相等　　　　B.期间一致　　　　C.方向一致　　　　D.依据不同

5.账账核对包括(　　　)的核对是否相等。

A.所有总账的借方发生额合计和贷方发生额合计

B.总账余额和所属明细账余额合计

C.现金日记账和银行存款日记账余额与其总账余额

D.银行存款日记账和银行对账单

6.年终结账,将余额结转下年时,下列操作不正确的有(　　　)

A.不需要编制记账凭证,但需将上年账户的余额反向结平才能结转下年

B.需编制记账凭证,并将上年账户的余额反向结平

C.不需要编制记账凭证,也不需要将上年账户的余额结平,直接注明"结转下年"

D.需编制记账凭证予以结平,但不需要将上年账户的余额反向结平

7.错账更正的方法主要有(　　　)。

A.涂改法　　　　B.划线更正法　　　　C.红字更正法　　　　D.补充登记法

三、判断题

1.订本账户一般适用于总分类账、现金日记账、银行存款日记账。　　　　　(　　　)

2.按经济业务发生的时间先后顺序,逐日逐笔进行登记的账簿是明细分类账。(　　　)

3.三栏式账簿是指采用借方、贷方、余额三个主要栏目的账簿。一般适用于总分类账、现金日记账、银行存款日记账以及所有的明细账。　　　　　　　　　　　(　　　)

4.平行登记是指对所发生的每项经济业务,一方面要以会计凭证为依据登记有关总分

类账户,另一方面又要以登记好的总分类账户为依据,将其拆分后登记到所属明细分类账户中。 ( )

5.账证核对是指对会计账簿记录与原始凭证、记账凭证的时间、凭证字号、内容、金额是否一致,记账方向是否相同。 ( )

6.月末结账时,只需要在最后一笔经济业务事项记录之下通栏划单红线,不需要再结计一次余额。12月末的"本年累计"就是全年累计发生额,全年累计发生额下通栏划单红线。 ( )

|第七章|
财产清查

 本章内容导读

按照会计工作流程：证、账、表的顺序，我们已经学完"证"和"账"，是不是可以学习填"表"了？不，不，不！会计工作要求企业在期末要做到"账实一致"，所以我们需要先学习财产清查。

您在学习本章时不仅要重点记忆财产清查的种类、各种财产物资清查的方法等，还需要理解财产清查的账务处理，本章学习难度不大，但是必考内容。

 本章基本要求

了解	财产清查的概念与意义、财产清查的种类、财产清查结果处理的要求、财产清查结果处理的步骤与方法
熟悉	财产清查的一般程序、实物资产的清查方法、往来款项的清查方法
掌握	货币资金的清查方法、财产清查结果的账务处理

第一节 财产清查概述

一、财产清查的概念与意义

财产清查是指通过对货币资金、实物资产和往来款项等财产物资进行盘点或核对，确定其实存数，查明账存数与实存数是否相符的一种专门方法。

企业应当建立健全财产物资清查制度，加强管理，以保证财产物资核算的真实性和完整性。具体而言，财产清查的意义主要有：

（1）查明各项财产物资的实有数量，确定实有数量与账面数量之间的差异，查明原因和责任,以便采取有效措施,消除差异,改进工作,从而保证账实相符,提高会计资料的准确性。

(2)查明各项财产物资的保管情况是否良好,有无因管理不善,造成霉烂、变质、损失浪费,或者被非法挪用、贪污盗窃的情况,以便采取有效措施,改善管理,切实保障各项财产物资的安全完整。

(3)查明各项财产物资的库存和使用情况,合理安排经济活动,充分利用各项财产物资,加速资金周转,提高资金使用效益。

【演练 71 · 判断题】 财产清查是指对货币资金、实物资产和往来款项进行盘点或核对,确定其实存数,查明账存数与实存数是否相符的一种专门方法。 ( )

二、财产清查的种类

财产清查可以根据清查的范围、时间的不同进行分类,也可以按照清查的执行系统进行分类。

(一)按照清查范围分类

财产清查按照清查范围,可分为全面清查和局部清查。

1.全面清查

全面清查是指对所有的财产进行全面的盘点和核对。全面清查的对象包括固定资产、存货、库存现金、银行存款、往来结算款、缴拨款等。

全面清查由于清查范围大、内容多、时间长、参与人员多,不宜经常进行。需要进行全面清查的情况通常有:年终决算前;企业在合并、撤销或改变隶属关系前;中外合资、国内合资前;企业股份制改造前;开展全面的资产评估、清产核资前;单位主要领导调离工作岗位前等。

2.局部清查

局部清查是指根据需要只对部分财产进行盘点和核对。

局部清查范围小、内容少、时间短、参与人员少,但专业性很强。局部清查的范围和对象应根据业务需要和相关的具体情况而定,一般而言,对于流动性较大的财产物资,如原材料、在产品、产成品,应根据需要随时轮流盘点或重点抽查;对于贵重财产物资,每月都要进行清查盘点;对于库存现金,每日终了,应由出纳人员进行清点核对;对于银行存款,企业至少每月同银行核对一次;对债权、债务,企业应每年至少同债权、债务人核对一至两次。

(二)按照清查的时间分类

财产清查按照清查的时间,可分为定期清查和不定期清查。

1.定期清查

定期清查是指按照预先计划安排的时间对财产进行的盘点和核对。定期清查一般在年末、季末、月末进行。通过定期清查,可以在编制财务报表前发现账实不符的情况,据以调整有关账簿记录,使账实相符,从而可以保证会计资料的真实性。定期清查,可以是全面清查,也可以是局部清查。

2. 不定期清查

不定期清查是指事前不规定清查日期,而是根据特殊需要临时进行的盘点和核对。不定期清查,可以是全面清查,也可以是局部清查,应根据实际需要来确定清查的对象和范围。

不定期清查主要在以下情况下进行:

(1)财产、库存现金保管人员更换时,要对有关人员保管的财产、库存现金进行清查,以分清经济责任,便于办理交接手续。

(2)发生自然灾害和意外损失时,要对受损失的财产进行清查,以查明损失情况。

(3)上级主管,财政、审计和银行等部门,对本单位进行会计检查,应按检查的要求和范围对财产进行清查,以验证会计资料的可靠性。

(4)进行临时性清产核资时,要对本单位的财产进行清查,以便摸清家底。

企业应当定期将会计账簿记录与实物、款项及有关资料相互核对,保证会计账簿记录与实物及款项的实有数额相符;在编制年度财务报表前,应当全面清查财产、核实债务。

(三)按照清查的执行系统分类

财产清查按照清查的执行系统,可分为内部清查和外部清查。

1. 内部清查

内部清查是指由本单位内部自行组织清查工作小组所进行的财产清查工作。大多数财产清查都是内部清查。

2. 外部清查

外部清查是指由上级主管部门、审计机关、司法部门、注册会计师根据国家有关规定或情况需要对本单位进行的财产清查。一般来讲,进行外部清查时应有本单位相关人员参加。

【演练 72·单选题】 企业现金出纳人员发生变动时,应对其保管的现金进行清查,下列关于该清查类别的表述中,正确的是(　　　　)。

A. 全面清查和不定期清查　　　　　B. 局部清查和定期清查

C. 局部清查和不定期清查　　　　　D. 全面清查和定期清查

三、财产清查的一般程序

财产清查既是会计核算的一种专门方法,又是财产物资管理的一项重要制度。企业必须有计划、有组织地进行财产清查。

财产清查一般包括以下程序:

(1)建立财产清查组织;

(2)组织清查人员学习有关政策规定,掌握有关法律、法规和相关业务知识,以提高财产清查工作的质量;

(3)确定清查对象、范围,明确清查任务;

(4)制定清查方案,具体安排清查内容、时间、步骤、方法,以及必要的清查前准备;

(5)清查时本着先清查数量、核对有关账簿记录等,后认定质量的原则进行;

(6)填制盘存清单;

(7)根据盘存清单,填制实物、往来账项清查结果报告表。

【演练73·单选题】 以下项目中不是财产清查基本程序的是( )。

A. 成立清查组织 　　　　　　B. 确定清查对象

C. 制定清查方案 　　　　　　D. 编制复查报告

 知识点提要

财产清查概念与意义	指通过对货币资金、实物资产和往来款项等财产物资进行盘点或核对,确定其实存数,查明账存数与实存数是否相符的一种专门方法		
	(1)保证账实相符,提高会计资料的准确性		
	(2)切实保障各项财产物资的安全完整		
	(3)加速资金周转,提高资金使用效益		
财产清查种类	按照清查范围分类	全面清查	清查对象	对所有的财产进行全面的盘点和核对
			需进行全面清查的情况	(1)年终决算前 (2)单位撤销、分立、合并或改变隶属关系 (3)中外合资、国内合资前 (4)股份制改造前 (5)开展全面的资产评估、清产核资前 (6)单位主要领导调离工作岗位前 【注意】单位的副总、财务主管等非主要调离工作岗位不需要全面清查
		局部清查	清查对象	根据需要只对部分财产进行盘点和核对。其主要是对货币资金、存货等流动性较大的财产的清查
			需进行局部清查的情况	(1)对于库存现金,应由出纳人员每日清点核对一次,做到日清月结 (2)对于银行存款,每月至少同银行核对一次 (3)对于债权债务,每年至少核对一至两次,有问题及时解决 (4)对于原材料、在产品和库存商品等流动性较大的存货,除全年安排一次全面清查外,平时应根据需要轮流盘点或重点抽查 (5)对于贵重财产物资,每月清查一次
	按照清查时间分类	定期清查	概念	按照预先计划安排的时间对财产进行的盘点和核对
			时间、对象	时间：一般在年末、季末、月末进行
				对象：可以是全面清查,也可以是局部清查
			目的	保证会计资料的真实性与正确性
		不定期清查	概念	事前不规定清查日期,而是根据特殊需要临时进行的盘点和核对
			对象	其清查对象可以是全面清查也可以是局部清查
				更换出纳人员时对现金、银行存款所进行的清查
				更换仓库保管员时对其所保管的财产进行的清查等
			【补充】目的:在于查明情况,分清责任	

续表

财产清查种类	按照清查的执行系统	内部清查	由本单位内部自行组织清查工作小组所进行的财产清查工作
			大多数财产清查都是内部清查
		外部清查	由上级主管部门、审计机关、司法部门、注册会计师根据国家有关规定或情况需要对本单位进行的财产清查
			一般来讲,进行外部清查时应有本单位相关人员参加
	一般程序		清查时本着先清查数量、核对有关账簿记录等,后认定质量的原则进行

本节演练答案

71.√

72.C

73.D

第二节　财产清查的方法

由于货币资金、实物、往来款项的特点各有不同,因此在进行财产清查时,应采用与其特点和管理要求相适应的方法。

一、货币资金的清查方法

(一)库存现金的清查

库存现金的清查采用实地盘点法确定库存现金的实存数,然后与库存现金日记账的账面余额相核对,确定账实是否相符。库存现金清查一般由主管会计或财务负责人和出纳人员共同清点出各种面值钞票的张数和硬币的个数,并填制库存现金盘点报告表。

对库存现金进行盘点时,出纳人员必须在场,有关业务必须在库存现金日记账中全部登记完毕。盘点时,一方面要注意账实是否相符,另一方面还要检查现金管理制度的遵守情况,如库存现金有无超过其限额,有无白条抵库、挪用舞弊等情况。盘点结束后,应填制"库存现金盘点报告表",作为重要原始凭证,它也具有实存账存对比表的作用。

(二)银行存款的清查

银行存款的清查是采用与开户银行核对账目的方法进行的,即将本单位银行存款日记账的账簿记录与开户银行转来的对账单逐笔进行核对,来查明银行存款的实有数额。银行存款的清查一般在月末进行。

1.银行存款日记账与银行对账单不一致的原因

将截止到清查日所有银行存款的收付业务都登记入账后,对发生的错账、漏账应及时查清更正,再与银行的对账单逐笔核对。如果两者余额相符,通常说明没有错误;如果两者余额不相符,则可能是企业或银行一方或双方记账过程有错误或者存在未达账项。

未达账项,是指企业和银行之间,由于记账时间不一致而发生的一方已经入账,而另一方尚未入账的事项。未达账项一般分为以下四种情况:

(1)企业已收款记账,银行未收款未记账的款项。例如,企业已将收到的购货单位开出的转账支票送存银行并且入了账,但是,因银行尚未办妥转账收款手续而没有入账。

(2)企业已付款记账,银行未付款未记账的款项。例如,企业开出的转账支票已经入账,但是,因收款单位尚未到银行办理转账手续或银行尚未办妥转账付款手续而没有入账。

(3)银行已收款记账,企业未收款未记账的款项。例如,企业委托银行代收的款项,银行已经办妥收款手续并且入了账,但是,因收款通知尚未到达企业而使企业没有入账。

(4)银行已付款记账,企业未付款未记账的款项。例如,企业应付给银行的借款利息,银行已经办妥付款手续并且入了账,但是,因付款通知尚未到达企业而使企业没有入账。

上述任何一种未达账项的存在,都会使企业银行存款日记账的余额与银行开出的对账单的余额不符。所以,在与银行对账时首先应查明是否存在未达账项,如果存在未达账项,就应该编制"银行存款余额调节表",据以调节双方的账面余额,确定企业银行存款实有数。

2.银行存款清查的步骤

银行存款的清查按以下四个步骤进行:

(1)根据经济业务和结算凭证的种类、号码和金额等资料逐日逐笔核对银行存款日记账与银行对账单。凡双方都有记录的,用铅笔在金额旁打上记号"√"。

(2)找出未达账项(即银行存款日记账和银行对账单中没有打"√"的款项)。

(3)将日记账和对账单的月末余额及找出的未达账项填入"银行存款余额调节表",并计算出调整后的余额。

(4)经主管会计签章后,将调整平衡的"银行存款余额调节表"呈报开户银行。

凡有几个银行户头以及开设有外币存款户头的单位,应分别按存款户头开设"银行存款日记账"。每月月底,应分别将各户头的"银行存款日记账"与各户头的"银行对账单"核对,并分别编制各户头的"银行存款余额调节表"。

银行存款余额调节表的编制,以双方账面余额为基础,各自分别加上对方已收款入账而己方尚未入账的数额,减去对方已付款入账而己方尚未入账的数额。其计算公式如下:

企业银行存款日记账余额+银行已收企业未收款-银行已付企业未付款

=银行对账单存款余额+企业已收银行未收款-企业已付银行未付款

银行存款余额调节表的格式如表7-2所示。

例7-1 2019年12月31日,众兴财纺织贸易公司银行存款日记账余额为413000元,银行对账单余额为499000元。经逐笔核对,发现有下列未达账项:

(1)12月28日,企业收到转账支票一张,计46000元,企业登记银行存款增加,但尚未到银行办理入账手续,因此银行尚未入账。

(2)12月29日,企业开出转账支票一张,计70000元,用以支付供货单位账款,企业已登记银行存款减少,但支票尚未到达银行,银行尚未入账。

(3)12月30日,企业委托银行代收其他公司的购货款80000元,银行已登记入账,作为银行存款的增加,而企业未收到收款通知,尚未入账。

(4)12月30日,银行代企业付水电费18000元,银行已登记入账,作为银行存款的减

少,而企业尚未收到付款通知,尚未入账。

根据以上未达账项,编制银行存款余额调节表如表 7-2 所示。

表 7-1 银行存款余额调节表

2019 年 12 月 31 日

单位:元

项目	金额	项目	金额
企业银行存款日记账余额	413000	银行对账单余额	499000
加:银行已收,企业未收款	80000	加:企业已收,银行未收款	46000
减:银行已付,企业未付款	18000	减:企业已付,银行未付款	70000
调节后的存款余额	475000	调节后的存款余额	475000

3.银行存款余额调节表的作用

(1)银行存款余额调节表是一种对账记录或对账工具,不能作为调整账面记录的依据,即不能根据银行存款余额调节表中的未达账项来调整银行存款账面记录。未达账项只有在收到有关凭证后才能进行有关的账务处理。

(2)调节后的余额如果相等,通常说明企业和银行的账面记录一般没有错误,该余额通常为企业可以动用的银行存款实有数。

(3)调节后的余额如果不相等,通常说明一方或双方记账有误,需进一步核查,查明原因后予以更正和处理。

【演练 74·单选题】 对银行存款进行清查时,下列各项中,(   )应与银行对账单逐笔核对。

A.银行存款总账   B.银行存款日记账   C.银行支票备查簿   D.库存现金日记账

二、实物资产的清查方法

实物资产主要包括固定资产、存货等。实物资产的清查就是对实物资产在数量和质量上所进行的清查。常用的清查方法主要有实地盘点法和技术推算法。

(1)实地盘点法。通过点数、过磅、量尺等方法来确定实物资产的实有数量。其适用的范围较广,在多数财产物资清查中都可以采用。

(2)技术推算法。利用技术方法对财产物资的实存数进行推算,故又称估推法。这种方法,对于财产物资不是逐一清点计数,而是通过量方、计尺等技术推算财产物资的结存数量。这种方法只适用于成堆量大而价值又不高、难以逐一清点的财产物资的清查。如露天堆放的煤炭等。

对于实物的质量,应根据不同的实物采用不同的检查方法,例如有的采用物理方法,有的采用化学方法来检查实物的质量。

实物清查过程中,实物保管人员和盘点人员必须同时在场。对于盘点结果,应如实登记盘存单,并由盘点人和实物保管人签字或盖章,以明确经济责任。盘存单既是记录盘点结果的书面证明,也是反映财产物资实存数的原始凭证。其一般格式如表 7-2 所示。

表7-2　盘存单

单位名称：　　　　　　　　盘点时间：　　　　　　　　编号：
财产类别：　　　　　　　　存放地点：　　　　　　　　金额单位：

编号	名称	计量单位	数量	单价	金额	备注

盘点人签章：　　　　　　　　　　　保管人：

为了查明实存数与账存数是否一致，确定盘盈或盘亏情况，应根据盘存单和有关账簿的记录，编制实存账存对比表。实存账存对比表是用以调整账簿记录的重要原始凭证，也是分析产生差异的原因、明确经济责任的依据。实存账存对比表的一般格式如表7-3所示。

表7-3　实存账存对比表

单位名称：　　　　　　　　　　年　月　日

编号	类别及名称	计量单位	单价	实存		账存		差异				备注
								盘盈		盘亏		
				数量	金额	数量	金额	数量	金额	数量	金额	
1												
2												

主管人员：　　　　　　会计：　　　　　　制表：

【演练75·单选题】 下列不属于实物资产清查范围的是（　　）。

A. 固定资产　　　　　　　　B. 原材料
C. 库存商品　　　　　　　　D. 现金

三、往来款项的清查方法

往来款项主要包括应收、应付款项和预收、预付款项等。往来款项的清查一般采用发函询证的方法进行核对。清查单位应在其各种往来款项记录准确的基础上，按每一个经济往来单位填完"往来款项对账单"一式两联，其中一联送交对方单位核对账目，另一联作为回单联。对方单位经过核对相符后，在回单联上加盖公章退回，表示已核对。如有数字不符，对方单位应在对账单中注明情况退回本单位，本单位进一步查明原因，再行核对。

往来款项清查以后，将清查结果编制"往来款项清查报告单"，填列各项债权、债务的余额。对于有争执的款项以及无法收回的款项，应在报告单上详细列明情况，以便及时采取措施进行处理，避免或减少坏账损失。

【演练76·单选题】 某些资产项目的清查应采用向有关单位发函核对账目的方法。下列各项中，应当采取该方法进行清查的是（　　）。

A. 应收账款　　　　　　　　B. 实收资本
C. 原材料　　　　　　　　　D. 银行存款

 知识点提要

		方法	采用**实地盘点**的方法	
库存现金的清查		**库存现金清查**应由清查人员同出纳人员进行定期或不定期清查		
		盘点时,为了明确责任,**出纳人员必须在场**		
		库存现金清查既要检查**账实是否相符**,又要检查**现金管理制度是否符合相关规定**	库存现金有无超过银行规定的限额	
			是否有**白条抵库**、挪用舞弊	
			是否按现金范围使用现金	
			有无坐支现金	
		现金盘点后,应填写"**现金盘点报告表**"。现金盘点报告表是用以调整账簿的重要原始凭证		
货币资金的清查方法	**银行存款的清查**	方法	采用与开户银行**核对账目**的方法进行的,即将本单位**银行存款日记账**的账簿记录与开户银行转来的对账单逐笔进行核对,来查明银行存款的实有数额	
		时间	银行存款的清查一般在月末进行	
		银行存款日记账与银行对账单不一致的原因	一是企业或银行一方或双方记账过程有错误	
			二是存在未达账项	概念	指企业和银行之间,由于**记账时间不一致**而发生的一方已经入账,而另一方尚未入账的事项
				未达账项的情况	(1)企业已收,银行未收
					(2)企业已付、银行未付
					(3)银行已收、企业未收
					(4)银行已付,企业未付
				【注意】(1)、(4)两种情况会使企业账面存款余额大于银行对账单余额;(2)、(3)两种情况会使企业账面存款余额小于银行对账单余额	
		银行存款清查的步骤	(1)将本单位银行存款日记账与银行对账单,以结算凭证的种类、号码和金额为依据,逐日逐笔核对。凡双方都有记录的,用铅笔在金额旁打上记号"√"	
			(2)找出未达账项(即银行存款日记账和银行对账单中没有打"√"的款项)	
			(3)将日记账和对账单的月末余额及找出的未达账项填入"银行存款余额调节表",并计算出调整后的余额	
			(4)将调整平衡的"银行存款余额调节表",经主管会计签章后,呈报开户银行	
			公式	企业银行存款日记账余额+银行已收企业未收款-银行已付企业未付款=银行对账单存款余额+企业已收银行未收款-企业已付银行未付款
		银行存款余额调节表的作用	(1)银行存款余额调节表是一种对账记录或对账工具,**不能作为调整账面记录的依据**,未达账项只有在收到有关凭证后才能进行有关的账务处理(该表本身并非原始凭证)	
			(2)调节后的余额如果相等,通常说明企业和银行的账面记录一般没有错误,**该余额通常为企业可以动用的银行存款实有数**	
			(3)调节后的余额如果不相等,通常说明一方或双方记账有误,需进一步追查,查明原因后予以更正和处理	

续表

实物资产的清查方法	对于实物资产的清查,应从**数量**和**质量**两个方面进行		
	实地盘点法	财产物资存放在**现场逐一清点数量**或用**计量仪器确定**其实存数的方法	
		缺点	**工作量大,还要花大量人力、时间**
	技术推算法	利用技术推算财产物资实存数的方法	
		适用于量大成堆、廉价又笨重、难以逐一清点的物资,如煤炭、砂石、油罐中的油等大宗物资的清查	
		优缺点	**工作量小,但盘点数字不够准确**
		将盘点结果填入"**盘存单**",并由盘点人员和实物保管人员共同签章。"**盘存单**"是反映财产物资实存数的原始凭证	
		盘点后,确认盘盈盘亏数,并填制"**实存账存对比表**"。**实存账存对比表是调整账簿记录的原始凭证**	
往来款项的清查方法	往来款项的清查一般采用**发函询证**的方法进行核对。往来款项清查结束后,应将清查结果编制成"**往来款项清查结果报告表**"。该表不是原始凭证		

【总结】原始凭证:现金盘点报告表、盘存单、实存账存对比表;
不是原始凭证:银行存款余额调节表、往来款项清查结果报告表

本节演练答案及解析

74. B 【解析】银行存款清查是指企业将其银行存款日记账与开户银行送给该企业的对账单进行逐笔核对,查明有无未达账项及其具体情况的财产清查的方法。

75. D

76. A

第三节 财产清查结果的处理

一、财产清查结果处理的要求

对于财产清查中发现的问题,如财产物资的盘盈、盘亏、毁损或其他各种损失,应核实情况,调查分析产生的原因,按照国家有关法律法规的规定,进行相应的处理。

财产清查结果处理的具体要求有:

(1)分析产生差异的原因和性质,提出处理建议。对于财产清查所发现的盘盈、盘亏,应及时查明原因,明确经济责任,并依据有关规定进行处理。对于一些合理的物资损耗等,只要在规定的损耗标准和范围内,会计人员可按照规定及时做出处理。对于超出规定职权范围,会计人员无权自行处理,应及时报请单位负责人做出处理。一般而言,个人造成的损失,应由个人赔偿;因管理不善造成的损失,应作为企业管理费用入账;因自然灾害造成的非常损失,列入企业的营业外支出。

(2)积极处理多余积压财产,清理往来款项。对于财产清查中发现的多余、积压物资,应分成不同情况处理。属于盲目采购或者盲目生产等原因造成的积压,一方面积极利用或者改造出售,另一方面要停止采购或生产。

(3)总结经验教训,建立健全各项管理制度。财产清查后,要针对存在的问题和不足,总结经验教训,采取必要的措施,建立健全财产管理制度,进一步提高财产管理水平。

(4)及时调整账簿记录,保证账实相符。对于财产清查中发现的盘盈或盘亏,应根据清查中取得的原始凭证填制记账凭证,登记有关账簿,及时调整账面记录,使各种财产物资的账存数与实存数相一致,同时反映待处理财产损益的发生。

【演练77·判断题】 财会部门对财产清查中所发现的差异,有些应及时进行账簿记录的调整。 （ ）

二、财产清查结果处理的步骤与方法

对于财产清查结果的处理可分为以下两种情况。

(一)审批之前的处理

根据"清查结果报告表"、"盘点报告表"等已经查实的数据资料,填制记账凭证,记入有关账簿,使账簿记录与实际盘存数相符,同时根据权限,将处理建议报股东大会或董事会,或经理(厂长)会议或类似机构批准。

(二)审批之后的处理

企业清查的各种财产的损益,应于期末前查明原因,并根据企业的管理权限,经股东大会或董事会,或经理(厂长)会议或类似机构批准后,在期末结账前处理完毕。企业应严格按照有关部门对财产清查结果提出的处理意见进行账务处理,填制有关记账凭证,登记有关账簿,并追回由于责任者造成的财产损失。

企业清查的各种财产的损益,如果在期末结账前尚未经批准,在对外提供财务报表时,先按上述规定进行处理,并在附注中做出说明;其后批准处理的金额与已处理金额不一致的,调整财务报表相关项目的年初数。

【演练78·判断题】 财产清查建议应由股东大会或董事会,经理会议或类似机构根据管理权限批准后执行。 （ ）

三、财产清查结果的账务处理

(一)设置"待处理财产损益"账户

为了反映和监督企业在财产清查过程中查明的各种财产物资的盘盈、盘亏、毁损及其处理情况,应设置"待处理财产损益"账户(但固定资产盘盈和毁损分别通过"以前年度损益调整"、"固定资产清理"账户核算)。该账户属于双重性质的资产类账户,下设"待处理流动资产损益"和"待处理非流动资产损益"两个明细分类账户进行明细分类核算。

"待处理财产损益"账户的基本结构如表7-4所示。

表7-4 待处理财产损益

借方	贷方
①清查时发现的盘亏数 ②经批准后盘盈的转销数	①清查时发现的盘盈数 ②经批准后盘亏的转销数

该账户的借方登记财产物资的盘亏数、毁损数和批准转销的财产物资盘盈数;贷方登记财产物资的盘盈数和批准转销的财产物资盘亏及毁损数。企业清查的各种财产的盘盈、盘亏和毁损应在期末结账前处理完毕,所以"待处理财产损益"账户在期末结账后没有余额。

(二)库存现金清查结果的账务处理

1.库存现金盘盈的账务处理

库存现金盘盈时,应及时办理库存现金的入账手续,调整库存现金账簿记录,即按盘盈的金额借记"库存现金"科目,贷记"待处理财产损益——待处理流动资产损益"科目。

对于盘盈的库存现金,应及时查明原因,按管理权限报经批准后,按盘盈的金额借记"待处理财产损益——待处理流动资产损益"科目,按需要支付或退还他人的金额贷记"其他应付款"科目,按无法查明原因的金额贷记"营业外收入"科目。

例7-2 众兴财公司在现金清查中发现现金溢余150元,后查明其中的50元是应付给职工金灿灿的报销款,100元无法查明原因。

(1)盘盈时,众兴财公司应根据"库存现金盘点报告表",编制会计分录如下:

    借:库存现金   150
        贷:待处理财产损益   150

(2)批准后,根据批准处理意见,众兴财企业应编制会计分录如下:

    借:待处理财产损益   150
        贷:其他应付款   50
            营业外收入   100

2.库存现金盘亏的账务处理

库存现金盘亏时,应及时办理盘亏的确认手续,调整库存现金账簿记录,即按盘亏的金额借记"待处理财产损益——待处理流动资产损益"科目,贷记"库存现金"科目。

对于盘亏的库存现金,应及时查明原因,按管理权限报经批准后,按可收回的保险赔偿和过失人赔偿的金额借记"其他应收款"科目,按管理不善等原因造成净损失的金额借记"管理费用"科目,按自然灾害等原因造成净损失的金额借记"营业外支出"科目,按原记入"待处理财产损益——待处理流动资产损益"科目借方的金额贷记本科目。

例7-3 众兴财公司在现金清查中发现现金短缺300元,后查明是由于管理不善造成的。

（1）盘亏时，众兴财公司应该根据"库存现金盘点报告表"编制会计分录如下：

借：待处理财产损益　　　　　　　　　　　　　　　　　　　　300

　　贷：库存现金　　　　　　　　　　　　　　　　　　　　　　　　300

（2）批准后

借：管理费用　　　　　　　　　　　　　　　　　　　　　　300

　　贷：待处理财产损益　　　　　　　　　　　　　　　　　　　　　300

（三）存货清查结果的账务处理

1.存货盘盈的账务处理

存货盘盈时，应及时办理存货入账手续，调整存货账簿的实存数。盘盈的存货应将其重置成本作为入账价值借记"原材料"、"库存商品"等科目，贷记"待处理财产损益——待处理流动资产损益"科目。

对于盘盈的存货，应及时查明原因，按管理权限报经批准后，冲减管理费用，即按其入账价值，借记"待处理财产损益——待处理流动资产损益"科目，贷记"管理费用"科目。

例7-4　众兴财公司在财产清查中，盘盈甲材料一批，价值5000元。后查明原因，是材料收发计量错误。众兴财公司财务处理如下：

（1）在报经批准前，根据"实存账存对比表"确定的材料盘盈数，编制会计分录如下：

借：原材料　　　　　　　　　　　　　　　　　　　　　　5000

　　贷：待处理财产损益　　　　　　　　　　　　　　　　　　　　5000

（2）在批准后，根据批准处理意见，注销材料盘盈，编制会计分录如下：

借：待处理财产损益——待处理流动资产损益　　　　　　　　5000

　　贷：管理费用　　　　　　　　　　　　　　　　　　　　　　　5000

2.存货盘亏的账务处理

存货盘亏时，应按盘亏的金额借记"待处理财产损益——待处理流动资产损益"科目，贷记"原材料"、"库存商品"等科目。材料、产成品、商品采用计划成本（或售价）核算的，还应同时结转成本差异（或商品进销差价）。涉及增值税的，还应进行相应处理。

对于盘亏的存货，应及时查明原因，按管理权限报经批准后，按可收回的保险赔偿和过失人赔偿的金额借记"其他应收款"科目，按管理不善等原因造成净损失的金额借记"管理费用"科目，按自然灾害等原因造成净损失的金额借记"营业外支出"科目，按原记入"待处理财产损益——待处理流动资产损益"科目借方的金额贷记本科目。

例7-5　众兴财公司财产清查中发现盘亏乙产品40件，单位成本200元。经查40件产品全部在一次火灾中烧毁，根据保险合同规定，保险公司赔偿6000元，假定不考虑税费。众兴财公司账务处理如下：

（1）在报经批准前，根据"实存账存对比表"确定的产品盘亏数，编制会计分录如下：

借：待处理财产损益　　　　　　　　　　　　　　　　　　8000

　　贷：库存商品　　　　　　　　　　　　　　　　　　　　　　　8000

（2）报经批准后，按批准意见处理，编制会计分录如下：

借：其他应收款——保险公司　　　　　　　　　　　　　　6000

　　营业外支出　　　　　　　　　　　　　　　　　　　　2000

贷:待处理财产损益   8000

(四)固定资产清查结果的账务处理

1.固定资产盘盈的账务处理

企业在财产清查过程中盘盈的固定资产,经查明确属企业所有,按管理权限报经批准后,应根据盘存凭证填制固定资产交接凭证,经有关人员签字后送交企业会计部门,填写固定资产卡片账,并作为前期差错处理,通过"以前年度损益调整"科目核算。盘盈的固定资产通常将其重置成本作为入账价值借记"固定资产"科目,贷记"以前年度损益调整"科目。涉及增值税、所得税和盈余公积的,还应按相关规定处理。

例7-6 2019年1月10日,众兴财公司在财产清查中发现账外设备一台,该设备2019年12月购入,重置成本为100万元(假定与其计税基础不存在差异)。假定众兴财公司按净利润的10%提取法定盈余公积,不考虑相关税费及其他因素的影响。

(1)盘盈时,应根据"固定资产盘盈盘亏报告表"编制会计分录如下:

借:固定资产   1000000

　　贷:以前年度损益调整   1000000

(2)结转为留存收益时,编制会计分录如下:

借:以前年度损益调整   1000000

　　贷:盈余公积——法定盈余公积   100000

　　　　利润分配——未分配利润   900000

2.固定资产盘亏的账务处理

固定资产盘亏时,应及时办理固定资产注销手续,按盘亏固定资产的账面价值,借记"待处理财产损益——待处理非流动资产损益"科目,按已提折旧额,借记"累计折旧"科目,按其原价,贷记"固定资产"科目。涉及增值税和递延所得税的,还应按相关规定处理。

对于盘亏的固定资产,应及时查明原因,按管理权限报经批准后,按过失人及保险公司应赔偿额,借记"其他应收款"科目,按盘亏固定资产的原价扣除累计折旧和过失人及保险公司赔偿后的差额,借记"营业外支出"科目,按盘亏固定资产的账面价值,贷记"待处理财产损益——待处理非流动资产损益"科目。

例7-7 众兴财公司在财产清查时发现短缺设备一台,账面原价200000元,已计提折旧140000。众兴财公司的账务处理如下:

(1)盘亏时,根据"固定资产盘盈盘亏报告表"确定的固定资产盘亏数,编制会计分录如下:

借:待处理财产损益   60000

　　累计折旧   140000

　　贷:固定资产   200000

(2)在批准后,根据批准处理意见,转销固定资产盘亏的会计分录如下:

借:营业外支出   60000

　　贷:待处理财产损益   60000

(五)结算往来款项盘存的账务处理

在财产清查过程中发现的长期未结算的往来款项,应及时清查。对于经查明确实无法支付的应付款项可按规定程序报经批准后,转作营业外收入。

对于无法收回的应收款项则作为坏账损失冲减坏账准备。坏账是指企业无法收回或收回的可能性极小的应收款项。由于发生坏账而产生的损失,称为坏账损失。

企业通常应将符合下列条件之一的应收款项确认为坏账:

(1)债务人死亡,以其遗产清偿后仍然无法收回;

(2)债务人破产,以其破产财产清偿后仍然无法收回;

(3)债务人较长时间内未履行其偿债义务,并有足够的证据表明无法收回或者收回的可能性极小。

企业将有确凿证据表明确实无法收回的应收款项,经批准后作为坏账损失。

对于已确认为坏账的应收款项,并不意味着企业放弃了追索权,一旦重新收回,应及时入账。

例 7-8 众兴财公司确定一笔应付账款 3600 元为无法支付的款项,应予转销。众兴财公司应编制会计分录如下:

借:应付账款　　　　　　　　　　　　　　　　　　　3600

贷:营业外收入　　　　　　　　　　　　　　　　　　　　　　3600

【演练 79·多选题】 财产清查中查明的各种流动资产盘亏或毁损数,根据不同的原因,报经批准后可能列入的科目有(　　　)。

A.营业外收入　　　　B.营业外支出　　　　C.其他应收款　　　　D.管理费用

 知识点提要

财产清查结果处理的要求	(1)分析账实不符的原因和性质,提出处理建议	由个人和保险公司赔偿的部分,记入"其他应收款"
		因管理不善造成的损失,应作为企业管理费用入账
		因自然灾害造成的非常损失,列入企业的营业外支出
	(2)及时调整账簿记录,保证账实相符	

财产清查结果的处理步骤和方法	审批之前、后的处理(发现时)	审批前处理		根据"清查结果报表"、"盘点报告表"等已经查实的数据资料,填制记账凭证,记入有关账簿,使账簿记录与实际盘存数相符,同时根据权限,将处理建议报股东大会或董事会,或经理(厂长)会议或类似机构批准
		1.库存现金		
		盘盈	审批前处理	借:库存现金 　　贷:待处理财产损益
			审批后处理	借:待处理财产损益 　　其他应付款 　　贷:营业外收入
		盘亏	审批前处理	借:待处理财产损益 　　贷:库存现金
			审批后处理	借:其他应收款 　　管理费用 　　营业外支出 　　贷:待处理财产损益

续表

财产清查结果的处理步骤和方法	审批之前、后的处理（发现时）	2. 存货		
		盘盈	审批前处理	借:原材料 　　库存商品 贷:待处理财产损益
			审批后处理	借:待处理财产损益 贷:管理费用
		盘亏	审批前处理	借:待处理财产损益 贷:原材料 　　库存商品
			审批后处理	借:其他应收款 　管理费用 　原材料(残料) 贷:待处理财产损益
		3. 固定资产		
		盘盈	审批前处理	借:固定资产(重置成本) 贷:以前年度损益调整
			审批后处理	借:以前年度损益调整 贷:盈余公积——法定盈余公积 　　利润分配——未分配利润
		盘亏	审批前处理	借:待处理财产损益 　累计折旧 贷:固定资产
			审批后处理	借:营业外支出 　其他应收款 贷:待处理财产损益
		4. 往来款项		
		无法支付的应付账款	借:应付账款 贷:营业外收入	
		应收账款	采用备抵法计提坏账准备	借:资产减值损失 贷:坏账准备
			发生坏账损失	借:坏账准备 贷:应收账款

本节演练答案

　　77. ×

　　78. ×

　　79. BCD

【习题七】

一、单项选择题

银行存款的清查方法,应采用( )。

A. 实地盘点法　　　　B. 技术分析法　　　　C. 对账单法　　　　D. 询证法

二、多项选择题

1. 以下关于财产清查分类的表述正确的有( )。

A. 按清查的范围分为全面清查和局部清查

B. 按清查的时间分为全面清查和局部清查

C. 按清查的范围分为定期清查和不定期清查

D. 按清查的时间分为定期清查和不定期清查

2. 一般而言,在以下情况中,需要进行财产全面清查的有( )。

A. 单位主要负责人调离工作　　　　　　B. 单位撤销、分立

C. 单位改变隶属关系　　　　　　　　　D. 开展清产核资

3. 下列关于全面清查的说法中,正确的有( )。

A. 年终决算前,为了确保年终决算会计资料真实、正确,需进行一次全面清查

B. 单位成立、撤销、分立、合并或改变隶属关系,需进行全面清查

C. 开展清产核资,需要进行全面清查

D. 单位财务负责人调离工作,需要进行全面清查。

4. 局部清查一般包括( )。

A. 对于现金应由出纳员在每日业务终了时点清,做到日清月结

B. 对于银行存款和其他货币资金,应由出纳员每月同银行核对一次

C. 对于债权债务,应在年度内至少核对1～2次,有问题应及时核对,及时解决。

D. 对于材料、在产品和产成品除年度清查外,应有计划地每月重点抽查,对于贵重的财产物资,应每月清查盘点一次

5. 对下列资产的清查,应采用实地盘点法的有( )。

A. 库存现金　　　　B. 银行存款　　　　C. 存货　　　　D. 往来款项

6. 会使企业银行存款日记账账面余额小于银行对账单余额的未达账项有( )。

A. 企业已收,银行未收款　　　　　　B. 企业已付,银行未付款

C. 银行已收,企业未收款　　　　　　D. 银行已付,企业未付款

7. 对于银行存款的清查,下列说法正确的有( )。

A. 经过银行存款余额调节表调整后,若双方账目没有差错,它们应该相符,且其金额表示企业可动用的银行存款实有数

B. 编制银行存款余额调节表的目的是为了消除未达账项的影响,核对银行存款账目有无错误

C. 银行存款余额调节表是原始凭证,能根据该表在银行存款日记账上登记

D. 在清查过程中,若发现长期存在的未达账项,应查明原因及时处理

8. 财产清查中填制的"账存实存对比表"是( )。

A. 调整账簿的原始凭证　　　　　　　B. 财产清查的重要报表

C. 登记日记账的直接依据 D. 调整账簿记录的记账凭证

三、判断题

1. 财产清查时应本着先认定质量,后清查数量、核对有关账簿记录等的原则进行。
（　　）

2. 财产清查按照清查的执行系统分为内部清查和上级清查。

3. 在各种实物的清查过程中,实物保管人员必须在场,参加盘点,但不宜单独承揽财产清查工作。
（　　）

4. 技术推算法适用于大量成堆又廉价又笨重、难以逐一清点的物资,如煤炭、砂石、油罐中的油等大宗物资的清查。
（　　）

5. "实存账存对比表"和"往来款项清查结果报告表"都是财产清查的重要报表,是调整账簿记录的原始凭证。
（　　）

第八章
财务报表

 **本章内容导读**

  终于到了会计工作流程的最后一步——学习"表",即财务报表的时候了,"新手"的心情难免有点小激动吧！财务报表的内容主要包括"四表一注"——资产负债表、利润表、现金流量表、所有者权益变动表和附注。

  考试要求"新手"学会编制资产负债表和利润表,所以我们在学习时要牢记这两张表的"简表"(由编者独创,详见内容),掌握报表每个项目的金额来源等。同时"新手"要记忆一些基础的知识,如财务报表的分类、两张表的格式和编制要求等。

  学完本章,你将不再是一位会计"新手"！

 本章基本要求

了解	财务报表的概念与分类、财务报表编制前的准备工作
熟悉	财务报表编制的基本要求、资产负债表的列报要求、我国企业资产负债表的一般格式、资产负债表编制的基本方法、利润表的列报要求、我国企业利润表的一般格式、利润表编制的基本方法
掌握	资产负债表的概念与作用、利润表的概念与作用

第一节　财务报表概述

一、财务报表的概念与分类

(一)财务报表的概念

  在日常会计核算中,对于企业、行政事业单位在一定时期内所发生的各项经济业务都要按照一定的会计程序,在有关账簿中进行连续、系统、全面、分类的记录和归集。但这些会计核算资料是分散地反映在各个会计账户中的,不能集中、概括、相互联系地反映企业、单位的经济活动和财务收支的全貌。为了满足经营管理的各方面的需要,就有必要定期地对日常会计核算资料加以总结,按照一定的表格形式编制财务报表。总括、综合地反映企业的经济活动过程和结果,为有关方面进行管理和决策提供科学、准确的会计信息。

财务报表是对企业财务状况、经营成果和现金流量的结构性表述。

财务报表至少应当包括下列组成部分:

(1)资产负债。资产负债表是反映企业在某一特定日期的财务状况的财务报表。

(2)利润表。利润表是反映企业在一定会计期间的经营成果的财务报表。

(3)现金流量表。现金流量表是反映企业在一定会计期间的现金和现金等价物流入和流出的财务报表。

(4)所有者权益变动表。所有者权益变动表是反映构成所有者权益的各组成部分当期的增减变动的财务报表。

(5)附注。附注是对在资产负债表、利润表、现金流量表和所有者权益变动表等报表中列示的文字描述或明细资料,以及对未来能在这些报表中列示项目的说明等。

财务报表上述组成部分具有同等的重要程度。

(二)财务报表的分类

财务报表可以按其编报期间不同分为中期财务报表和年度财务报表;按其编报主体不同分为个别财务报表和合并财务报表。

1.按编报期间不同分类

财务报表按编报期间的不同,可以分为中期财务报表和年度财务报表。

(1)中期财务报表,是以短于一个完整会计年度的报告期间为基础编制的财务报表,包括月报、季报和半年报等。中期财务报表至少包括资产负债表、利润表、现金流量表和附注,其中,中期资产负债表、利润表和现金流量表应当是完整报表,其格式和内存应当与年度财务报表相一致。与年度财务报表相比,中期财务报表中的附注披露可适当简略。

(2)年度财务报表,是指以一个完整的会计年度(自公历1月1日起至12月31日止)为基础编制的财务报表。年度财务报表一般包括资产负债表、利润表、现金流量表、所有者权益变动表和附注等内容。

2.按编报主体不同分类

财务报表按编报主体的不同,可以分为个别财务报表和合并财务报表。

(1)个别财务报表,是由企业在自身会计核算基础上对账簿记录进行加工而编制的财务报表,它主要是用以反映企业自身的财务状况、经营成果和现金流量情况。

(2)合并财务报表,是以母公司和子公司组成的企业集团为会计主体,根据母公司和所属子公司的财务报表,由母公司编制的综合反映企业集团财务状况、经营成果及现金流量的财务报表。

【演练80·单选题】 下列各项中,属于编制动态报表的主要依据的是(　　　　)。

A.账户的期初余额　　　　　　　　　　B.账户的期末余额

C.账户的本期发生额　　　　　　　　　D.账户的期初、期末余额

二、财务报表编制的基本要求

财务报表是按照一定的格式和一定的指标体系,对日常会计核算资料进行加工整理而编制出来的,它有助于国家宏观经济管理、企业内部管理决策,在投资人、债权人对企业经营管理进行考察方面都有重要的意义,因此企业在编制财务报表时一定要做到以下几点。

(一)以持续经营为基础编制

企业应当以持续经营为基础,根据实际发生的交易和事项,按照《企业会计准则——基本准则》和其他各项会计准则的规定进行确认和计量,在此基础上编制财务报表。以持续经营为基础编制财务报表不再合理时,企业应当采用其他基础编制财务报表,并在附注中声明财务报表未以持续经营为基础编制的事实、披露未以持续经营为基础编制的原因和财务报表的编制基础。

(二)按正确的会计基础编制

除现金流量表按照收付实现制原则编制外,企业应当按照权责发生制原则编制财务报表。

(三)至少按年编制财务报表

企业至少应当按年编制财务报表。年度财务报表涵盖的期间短于一年的,应当披露年度财务报表的涵盖期间、短于一年的原因以及报表数据不具可比性的事实。

(四)项目列报遵守重要性原则

重要性,是指在合理预期下,财务报表某项目的省略或错报会影响使用者据此作出经济决策的项目。

重要性应当根据企业所处的具体环境,从项目的性质和金额两方面予以判断,且对各项目重要性的判断标准一经确定,不得随意变更。判断项目性质的重要性,应当考虑该项目在性质上是否属于企业日常活动、是否显著影响企业的财务状况以及经营成果和现金流量等因素;判断项目金额大小的重要性,应当考虑该项目金额占资产总额、负债总额、所有者权益总额、营业收入总额、营业成本总额、净利润、综合收益总额等直接相关项目金额的比重或所属报表单列项目金额的比重。

性质或功能不同的项目,应当在财务报表中单独列报,但不具有重要性的项目除外。

性质或功能类似的项目,其所属类别具有重要性的,应当按其类别在财务报表中单独列报。

某些项目的重要性程度不足以在资产负债表、利润表、现金流量表或所有者权益变动表中单独列示,但对附注却具有重要性,则应当在附注中单独披露。

《企业会计准则第30号——财务报表列报》规定在财务报表中单独列报的项目,应当单独列报。其他会计准则规定单独列报的项目,应当增加单独列报项目。

（五）保持各个会计期间财务报表项目列报的一致性

财务报表项目的列报应当在各个会计期间保持一致，除会计准则要求改变财务报表项目的列报或企业经营业务的性质发生重大变化后，变更财务报表项目的列报能够提供更可靠、更相关的会计信息外，不得随意变更。

（六）各项目之间的金额不得相互抵销

财务报表中的资产项目和负债项目的金额、收入项目和费用项目的金额、直接计入当期利润的利得项目和损失项目的金额不得相互抵销，但其他会计准则另有规定的除外。

一组类似交易形成的利得和损失应当以净额列示，但具有重要性的除外。

资产或负债项目按扣除备抵项目后的净额列示，不属于抵销。

非日常活动产生的利得和损失，以同一交易形成的收益扣减相关费用后的净额列示更能反映交易实质的，不属于抵销。

（七）至少应当提供所有列报项目上一个可比会计期间的比较数据

当期财务报表的列报，至少应当提供所有列报项目上一个可比会计期间的比较数据，以及与理解当期财务报表相关的说明，但其他会计准则另有规定的除外。

财务报表的列报项目发生变更的，应当至少对可比期间的数据按照当期的列报要求进行调整，并在附注中披露调整的原因和性质，以及调整的各项目金额。对可比数据进行调整不切实可行的，应当在附注中披露不能调整的原因。

（八）应当在财务报表的显著位置披露编报企业的名称等重要信息

企业应当在财务报表的显著位置（如表首）至少披露下列各项：

(1)编报企业的名称；

(2)资产负债表日或财务报表涵盖的会计期间；

(3)人民币金额单位；

(4)财务报表是合并财务报表的，应当予以标明。

企业应当依照有关法律、行政法规规定的结账日进行结账。年度结账日为公历年度每年的12月31日；半年度、季度、月度结账日分别为公历年度每半年度、每季、每月的最后一天。并且要求：月度财务报表应当于月度终了后6天内（节假日顺延，下同）对外提供，季度财务报表应当于季度终了后15天内对外提供，半年度财务报表应当于年度中期结束后60天内（相当于两个连续的月份）对外提供，年度财务报表应当于年度终了后4个月内对外提供。

伪造、变造财务报表都是违反《会计法》的，最终将受到惩罚。因此，每一位会计人员在编制财务报表时必须实事求是，认真负责。

三、财务报表编制前的准备工作

在编制财务报表前，需要完成下列工作：

（1）严格审核会计账簿的记录和有关资料；

（2）进行全面财产清查、核实债务，并按规定程序报批，进行相应的会计处理；

（3）按规定的结账日进行结账，结出有关会计账簿的余额和发生额，并核对各会计账簿之间的余额；

（4）检查相关的会计核算是否按照国家统一的会计制度的规定进行；

（5）检查是否存在因会计差错、会计政策变更等原因需要调整前期或本期相关项目的情况等。

 知识点提要

财务报表的概念与分类	概念		财务报表是对企业**财务状况**、**经营成果**和**现金流量**的结构性表述
			组成部分：(1)资产负债表；(2)利润表；(3)现金流量表；(4)所有者权益变动表；(5)附注 （"四表一注"）
		资产负债表	反映企业在**某一特定日期**的财务状况的会计报表（**财务状况、静态报表**）
		利润表	反映企业在**一定会计期间的经营成果**的会计报表（**经营成果、动态报表**）
		现金流量表	反映企业在**一定会计期间现金及现金等价物流入和流出**的报表（**动态报表**）
		所有者权益变动表	反映构成所有者权益各组成部分当期增减变动情况的报表
		附注	对上述四表中列示项目的**文字描述或明细资料**，以及对**未能在这些报表中列示项目的说明**等
			附注是报表的重要组成部分
	分类	按其**编报期间**不同	中期财务报表：中期可以是半年度、季度和月度
			至少应当包括(1)资产负债表；(2)利润表；(3)现金流量表；(4)附注。（"三表一注"）
			年度财务报表：一个完整会计年度（公历1月1日—12月31日）
			(1)资产负债表；(2)利润表；(3)现金流量表；(4)所有者权益变动表；(5)附注（"四表一注"）
		按其**编报主体**不同	个别财务报表：个别企业自身会计核算编制的财务报表
			合并财务报表：母子公司组成的集团为一报告主体编制的财务报表

续表

财务报表编制的基本要求	1.以**持续经营**为基础编制	自报告期末起至少 12 个月的持续经营能力
	2.按正确的**会计基础**编制	除现金流量表按照收付实现制原则编制外,企业应当按照**权责发生制**原则编制财务报表
	3.至少**按年编制**财务报表	
	4.项目列报遵守**重要性**原则	重要性应当根据企业所处的具体环境,从项目的性质和金额两方面予以判断,且各项目重要性的判断标准一经确定,不得随意变更
	5.保持各个会计期间财务报表**项目列报**的**一致性**	
	6.各项目之间的**金额不得相互抵销**	
	7.至少应当**提供所有列报项目上一个可比会计期间的比较数据**	
	8.应当在财务报表的**显著位置**披露编报企业的名称等重要信息	

本节演练答案及解析

80.C 【解析】动态报表主要是指利润表和现金流量表,这两张表主要通过本期发生额来记录企业的状况。

资产负债表

编制单位：　　　　　　　　　年　月　日　　　　　　　　　单位:元

资　产	期末余额	年初余额	负债和所有者权益（或股东权益）	期末余额	年初余额
流动资产：			**流动负债：**		
货币资金			短期借款		
交易性金融资产			交易性金融负债		
衍生金融资产			衍生金融负债		
应收票据及应收账款			应付票据及应付账款		
预付款项			预收款项		
其他应收款			合同负债		
存货			应付职工薪酬		
合同资产			应交税费		
持有待售资产			其他应付款		
一年内到期的非流动资产			持有待售负债		
其他流动资产			一年内到期的非流动负债		
流动资产合计			其他流动负债		
非流动资产：			**流动负债合计**		
债权投资			**非流动负债：**		
其他债权投资			长期借款		
长期应收款			应付债券		
长期股权投资			其中:优先股		
其他权益工具投资			永续债		
其他非流动金融资产			长期应付款		
投资性房地产			预计负债		
固定资产			递延收益		
在建工程			递延所得税负债		
生产性生物资产			其他非流动负债		
油气资产			**非流动负债合计**		
无形资产			**负债合计**		
开发支出			**所有者权益(或股东权益)**		
商誉			实收资本(或股本)		
长期待摊费用			其他权益工具		
递延所得税资产			其中:优先股		
其他非流动资产			永续债		
非流动资产合计			资本公积		
资产总计			减:库存股		
			其他综合收益		
			盈余公积		
			未分配利润		
			所有者权益(或股东权益)合计		
			负债和所有者权益(或股东权益)总计		

单位负责人：　　　　会计主管：　　　　　　复核：　　　　制表人：

第二节 资产负债表

 实训五:编制资产负债表

准备:资产负债表一张。

其他资料:银行存款年初数11700元,存货(库存商品)期初数20000元,应付账款期初数20000元,未分配利润期初数11700元。2019年1月,主营业务收入增加的同时应收账款增加20000元,主营业务成本增加的同时库存商品减少10000元。

要求:根据实训四和上述资料编制资产负债表。

一、资产负债表的概念与作用

资产负债表是反映企业在某一特定日期的财务状况的财务报表。它用资产、负债、所有者权益及其相互关系反映一个企业资金运动在某一特定时日的相对静止状态。资产负债表的核心是向会计报表的使用者展示一个企业的财务状况。财务状况是指一个企业的资产、负债、所有者权益结构及其相互关系。

资产负债表的作用主要有:

(1)可以提供某一日期资产的总额及其结构,表明企业拥有或控制的资源及其分布情况;

(2)可以提供某一日期的负债总额及其结构,表明企业未来需要用多少资产或劳务清偿债务以及清偿时间;

(3)可以反映所有者所拥有的权益,据以判断资本保值、增值的情况以及对负债的保障程度。

【演练81·单选题】 编制会计报表时,以"资产＝负债＋所有者权益"这一会计等式作为编制依据的会计报表是( )。

A. 利润表　　　　　　　　　　　B. 所有者权益变动表

C. 现金流量表　　　　　　　　　D. 资产负债表

二、资产负债表的列报要求

(一)资产负债表列报总体要求

1.分类别列报

资产负债表列报,最根本的目标就是应如实反映企业在资产负债表日所拥有的资产、所承担的负债以及所有者所拥有的权益。因此,资产负债表应当按照资产、负债和所有者权益三大类别分类列报。

2.资产和负债按流动性列报

资产和负债应当按照流动性分别分为流动资产和非流动资产、流动负债和非流动负债列示。流动性,通常按资产的变现或耗用时间长短或者负债的偿还时间长短来确定。按照财务报表列报准则的规定,应先列报流动性强的资产或负债,再列报流动性弱的资产或负债。

银行、证券、保险等金融企业由于在经营内容上不同于一般的工商企业,导致其资产和负债的构成项目也与一般工商企业有所不同,具有特殊性。金融企业的有些资产或负债无法严格区分为流动资产和非流动资产。在这种情况下,按照流动性列示往往能够提供可靠且更相关的信息,因此金融企业可以大体按照流动性顺序列示资产和负债。

3.列报相关的合计、总计项目

资产负债表中的资产类至少应当列示流动资产和非流动资产的合计项目;负债类至少应当列示流动负债、非流动负债以及负债的合计项目;所有者权益类应当列示所有者权益的合计项目。

资产负债表遵循了"资产＝负债＋所有者权益"这一会计恒等式,把企业在特定时日所拥有的经济资源和与之相对应的企业所承担的债务及偿债以后属于所有者的权益充分反映出来。因此,资产负债表应当分别列示资产总计项目和负债与所有者权益之和的总计项目,并且这两者的金额应当相等。

（二）资产的列报

资产负债表中的资产类至少应当单独列示反映下列信息的项目:①货币资金;②以公允价值计量且其变动计入当期损益的金融资产;③应收款项;④预付款项;⑤存货;⑥被划分为持有待售的非流动资产及被划分为持有待售的处置组中的资产;⑦可供出售金融资产;⑧持有至到期投资;⑨长期股权投资;⑩投资性房地产;⑪固定资产;⑫生物资产;⑬无形资产;⑭递延所得税资产。

（三）负债的列报

资产负债表中的负债类至少应当单独列示反映下列信息的项目:①短期借款;②以公允价值计量且其变动计入当期损益的金融负债;③应付款项;④预收款项;⑤应付职工薪酬;⑥应交税费;⑦被划分为持有待售的处置组中的负债;⑧长期借款;⑨应付债券;⑩长期应付款;⑪预计负债;⑫递延所得税负债。

（四）所有者权益的列报

资产负债表中的所有者权益类至少应当单独列示反映下列信息的项目:①实收资本（或股本）;②资本公积;③其他综合收益;④盈余公积;⑤未分配利润。

【演练82·单选题】 下列各项中,属于资产负债表中非流动资产项目的是（   ）。

A.交易性金融资产　　　　　　　　B.可供出售金融资产

C.其他应收款　　　　　　　　　　D.预付账款

三、我国企业资产负债表的一般格式

在我国,资产负债表采用账户式的格式,即左侧列示资产,右侧列示负债和所有者权益。

资产负债表由表头和表体两部分组成。表头部分应列明报表名称、编表单位名称、资产负债表日和人民币金额单位;表体部分反映资产、负债和所有者权益的内容。其中,表体部分是资产负债表的主体和核心,各项资产、负债和所有者权益按流动性排列,所有者权益项目按稳定性排列。

资产负债表正是依据"资产＝负债＋所有者权益"的基本平衡原理,按照一定的分类标准和一定的次序分项排列编制的。可以从两方面来理解资产负债表的结构原理及内容:一方面,它反映了某一企业在一定时日所拥有的资产总额,以及相对于这些资产的权益总额;另一方面,它反映了某一企业在一定时日的债权人、所有者以及经过有效的经营活动所提供的资本及其积累,这些权益被运用并物化为各种资产。所以,从一定意义上说,资产负债表就是资产与权益具体项目及其相互关系的分项表述和归纳。

资产负债表的基本结构分为两大部分:一部分列示资产各项目,反映企业资金的分布状况和存在形式;另一部分列示权益各项目,反映企业的负债、所有者权益及其增减情况。两方总金额始终保持平衡关系,反映了资产与权益的本质联系。

根据资产与权益两方排列格式的不同,资产负债表可分为账户式和报告式两种。

账户式资产负债表,又称平行式资产负债表,是指将资产和权益分列左右两方,左方列示资产项目,右方列示权益项目,左右平衡。

报告式资产负债表是将资产和权益采用上下垂直分列的形式,上方列示资产项目,下方列示权益项目,上下平衡。账户式资产负债表的优点是报表格式与账户的结构相似,直观清晰,左右对应平行排列,便于对比分析。同时,考虑到目前我国的习惯,现行会计准则及行业会计制度规定采用账户式资产负债表,左方反映资产状况,右方反映企业负债和所有者权益的情况。

我国企业资产负债表的格式一般如表 8-1 所示。

表 8-1　资产负债表

会企 01 表

编制单位:　　　　　　　　　　年　　月　　日　　　　　　　　　　单位:元

资　　　产	期末余额	年初余额	负债和所有者权益 (或股东权益)	期末余额	年初余额
流动资产:			**流动负债:**		
货币资金			短期借款		
交易性金融资产			交易性金融负债		
衍生金融资产			衍生金融负债		
应收票据及应收账款			应付票据及应付账款		
预付款项			预收款项		

续表

资　产	期末余额	年初余额	负债和所有者权益 （或股东权益）	期末余额	年初余额
其他应收款			合同负债		
存货			应付职工薪酬		
合同资产			应交税费		
持有待售资产			其他应付款		
一年内到期的非流动资产			持有待售负债		
其他流动资产			一年内到期的非流动负债		
流动资产合计			其他流动负债		
非流动资产：			**流动负债合计**		
债权投资			**非流动负债：**		
其他债权投资			长期借款		
长期应收款			应付债券		
长期股权投资			其中：优先股		
其他权益工具投资			永续债		
其他非流动金融资产			长期应付款		
投资性房地产			预计负债		
固定资产			递延收益		
在建工程			递延所得税负债		
生产性生物资产			其他非流动负债		
油气资产			**非流动负债合计**		
无形资产			**负债合计**		
开发支出			**所有者权益（或股东权益）**		
商誉			实收资本（或股本）		
长期待摊费用			其他权益工具		
递延所得税资产			其中：优先股		
其他非流动资产			永续债		
非流动资产合计			资本公积		
资产总计			减：库存股		
			其他综合收益		
			盈余公积		
			未分配利润		
			所有者权益（或股东权益）合计		
			负债和所有者权益 （或股东权益）总计		

单位负责人：　　　　会计主管：　　　　　复核：　　　　制表人：

【演练83·单选题】 我国资产负债表采用的格式为（　　　）。

A.单步报告式　　　　　　　　　　　B.账户式

C.多步报告式　　　　　　　　　　　D.混合式

四、资产负债表编制的基本方法

（一）"期末余额"栏的填列方法

资产负债表"期末余额"栏内各项数字，一般应根据资产、负债和所有者权益类科目的期末余额填列，具体方法如下：

（1）根据一个或几个总账科目的余额填列。如"交易性金融资产"、"短期借款"、"应交税费""其他应付款"、"预计负债"、"实收资本（或股本）"、"资本公积"、"盈余公积"等项目应根据有关总账科目的余额填列。

有些项目则应根据几个总账科目的余额计算填列。如"货币资金"项目，应根据"库存现金"、"银行存款"、"其他货币资金"三个总账科目余额的合计数填列。

（2）根据明细账科目的余额计算填列。如"应付账款及应付票据"项目，应根据"应付票据"、"应付账款"和"预付账款"科目所属的相关明细科目的期末贷方余额合计数填列；"未分配利润"项目，应根据"利润分配"科目所属的"未分配利润"明细科目期末余额填列。

（3）根据总账科目和明细账科目的余额分析计算填列。如"长期借款"项目，应根据"长期借款"总账科目余额扣除"长期借款"科目所属的明细科目中将在资产负债表日起一年内到期且企业不能自主地将清偿义务展期的长期借款后的金额计算填列。

（4）根据有关科目余额减去其备抵科目余额后的净额填列。如"长期股权投资"、"在建工程"项目，应根据相关科目的期末余额填列，已计提减值准备的，还应扣减相应的减值准备；"固定资产"、"无形资产"、"投资性房地产"项目，应根据相关科目的期末余额扣减相应的累计折旧（摊销、折耗）填列，已计提减值准备的，还应扣减相应的减值准备，采用公允价值计量的上述资产，应根据相关科目的期末余额填列。

（5）综合运用上述填列方法分析填列。如"存货"项目，应根据"材料采购"、"原材料"、"发出商品"、"库存商品"、"周转材料"、"生产成本"等科目期末余额合计，减去"存货跌价准备"等科目期末余额后的金额填列，材料采用计划成本核算以及库存商品采用计划成本核算或售价核算的企业，还应按加减材料成本差异、商品进销差价后的金额填列。

该表主要项目的填列详见知识点提要2。

（二）"年初余额"栏的填列方法

本表的"年初余额"栏通常根据上年年末有关项目的期末余额填列，且与上年年末资产负债表"期末余额"栏一致。如果企业上年度资产负债表规定的项目名称和内容与本年度不一致，应当对上年年末资产负债表相关项目的名称和数字按照本年度的规定进行调整，填入"年初余额"栏。

五、资产负债表编制的举例

（一）2019 年众兴财纺织贸易有限公司有关账户的余额资料（见表 8-2）

表 8-2　2019 年众兴财纺织贸易公司期初及期末余额表　　　　单位:元

		2019 年 1 月 1 日年初余额		2019 年 12 月 31 日年末余额	
		借方	贷方	借方	贷方
资产	库存现金	5000.00		6300.00	
	银行存款	792000.00		789000.00	
	其他货币资金	360000.00		620000.00	
	应收票据	350000.00		650000.00	
	预付账款	80000.00		42000.00	
	——光明公司	120000.00		120000.00	
	——凌华公司		40000.00		78000.00
	应收账款	390000.00		140000.00	
	——四海公司	460000.00		250000.00	
	——军亮公司		70000.00		110000.00
	其他应收款	9000.00		4000.00	
	坏账准备（应收账款计提）		18000.00		22000.00
	原材料	650000.00		980957.00	
	库存商品	967450.00		1087225.00	
	生产成本	105000.00		105374.00	
资产	存货跌价准备		230000.00		250000.00
	在建工程	380000.00		220000.00	
	固定资产	6600000.00		6600000.00	
	累计折旧		1960000.00		2420000.00
	无形资产	1300000.00		1300000.00	
	累计摊销		852000.00		874000.00
资产合计		8928450.00		8978856.00	

续表

		2019 年 1 月 1 日年初余额		2019 年 12 月 31 日年末余额	
		借方	贷方	借方	贷方
负债	短期借款		420000.00		450000.00
	应付票据		323242.68		382000.00
	应付账款		703600.00		765721.24
	——南方公司		825600.00		948145.24
	——雅迪公司	122000.00		182424.00	
	预收账款		800000.00		900000.00
	——锦东公司		1200000.00		1200000.00
	——瑞宇公司	400000.00		300000.00	
	其他应付款		48500.00		48331.65
	应交税费		48415.24		45258.11
	应付职工薪酬		98257.32		87510.24
	应付股利		300000.00		100000.00
	长期借款		480000.00		480000.00
	其中：一年到期长期借款		50000.00		80000.00
负债合计			3222015.24		3258821.24
所有者权益	实收资本		3000000.00		3000000.00
	资本公积		100000.00		100000.00
	盈余公积		980000.00		980000.00
	本年利润		0.00		0.00
	利润分配		1626434.76		1640034.76
所有者权益合计			5706434.76		5720034.76
负债及所有者权益合计			8928450.00		8978856.00

（二）资产负债表编制过程演示（见表 8-3）

表 8-3 资产负债表编制过程演示表

单位:元

类别	项目	年初余额	期末余额
资产类	货币资金	=5000.00+792000.00+ 360000.00=1157000.00	=6300.00+789000.00+620000.00 =1415300.00
	应收票据及应收账款	=350000.00+(460000.00+ 400000.00)-18000.00 =842000.00+350000=11192000	=650000.00+(250000.00+ 300000.00)-22000.00 =528000.00+650000=1178000
	预付账款	=120000.00+122000.00 =242000.00	=120000.00+182424.00 =302424.00
	其他应收款	9000.00	4000.00
	存货	=(650000.00+967450.00+ 105000.00)-230000.00 =1492450.00	=(980957.00+1087225.00+ 105374.00)-250000.00 =1923556.00
	流动资产合计	4092450.00	4823280.00
	固定资产	=6600000.00-1960000.00 =4640000.00	=6600000.00-2420000.00 =4180000.00
	无形资产	=1300000.00-852000.00 =448000.00	=1300000.00-874000.00 =426000.00
	在建工程	380000.00	220000.00
	非流动资产合计	5468000.00	4826000.00
资产总计		**9560450.00**	**9649280.00**
负债类	短期借款	420000.00	450000.00
	应付票据及应付账款	=323242.68+825600.00+40000.00 =865600.00+323242.68 =1188842.68	=382000.00+948145.24+78000.00 =1026145.24+382000=1408145.24
	预收账款	=1200000.00+70000.00 =1270000.00	=1200000.00+110000.00 =131000.00
	应付职工薪酬	98257.32	87510.24
	应交税费	48415.24	45258.11
	其他应付款	48500.00+300000=348500	48331.65+100000=148331.65
	一年内到期的非流动负债	50000.00	80000.000
	流动负债合计	3424015.24	3529245.24
	长期借款	430000.00	400000.00
	非流动负债合计	430000.00	400000.00
负债总计		**3854015.24**	**3929245.24**

续表

类别	项目	年初余额	期末余额
所有者权益类	实收资本（股本）	3000000.00	3000000.00
	资本公积	100000.00	100000.00
	盈余公积	980000.00	980000.00
	未分配利润	1626434.76	1640034.76
所有者权益总计		**5706434.76**	**5720034.76**
负债及所有者权益合计		**9560450.00**	**9649280.00**

（三）众兴财纺织贸易有限公司 2019 年 12 月份资产负债表（见表 8-4）

表 8-4　资产负债表

会企 01 表

编制单位：2017 年众兴财纺织贸易有限公司　　　　2019 年 12 月 31 日　　　　单位：元

资　产	期末余额	年初余额	负债和所有者权益（或股东权益）	期末余额	年初余额
流动资产：			流动负债：		
货币资金	1415300.00	1157000.00	短期借款	450000.00	420000.00
交易性金融资产			交易性金融负债		
应收票据及应收账款	117800000	119200000	应付票据及应付账款	1408145.24	1188842.68
预付款项	302424.00	242000.00	预收款项	1311000.00	1270000.00
其他应收款	4000.00	9000.00	应付职工薪酬	87510.24	98257.32
存货	1923556.00	1492450.00	应交税费	45258.11	48415.24
一年内到期的非流动资产			其他应付款	48331.65	48500.00
其他流动资产			一年内到期的非流动负债	80000.00	50000.00
流动资产合计	**4823280.00**	**4092450.00**	其他流动负债		
非流动资产：			**流动负债合计**	**3529245.24**	**3424015.24**
可供出售金融资产			非流动负债：		
持有至到期投资			长期借款	400000.00	430000.00
长期应收款			应付债券		
长期股权投资			长期应付款		
投资性房地产			专项应付款		
固定资产	4180000.00	4640000.00	预计负债		
在建工程	220000.00	380000.00	递延所得税负债		
固定资产清理			其他非流动负债		

续表

资　　　产	期末余额	年初余额	负债和所有者权益（或股东权益）	期末余额	年初余额
生产性生物资产			**非流动负债合计**	**400000.00**	**430000.00**
无形资产	426000.00	448000.00	**负债合计**	**3929245.24**	**3854015.24**
开发支出			所有者权益（或股东权益）		
商誉			实收资本（或股本）	3000000.00	3000000.00
长期待摊费用			资本公积	100000.00	100000.00
递延所得税资产			减：库存股		
其他非流动资产			盈余公积	980000.00	980000.00
非流动资产合计	**4826000.00**	**5468000.00**	未分配利润	1640034.76	1626434.76
资产总计	**9649280.00**	**9560450.00**	所有者权益（或股东权益）合计	**5720034.76**	**5706434.76**
			负债和所有者权益（或股东权益）总计	**9649280.00**	**9560450.00**

单位负责人：　　　　　　会计主管：　　　　　　复核：　　　　　　制表：何萍

【演练 84·单选题】 编制资产负债表时，根据明细账户的余额计算填列的项目是（　　）。

A.货币资金　　　　　　　　　　B.应付票据及应付账款

C.存货　　　　　　　　　　　　D.应付票据

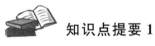 **知识点提要 1**

资产负债表的概念和作用	概念	反映企业在**某一特定日期**的**财务状况**的财务报表
	作用	(1)提供**资产的总额及其结构**，表明企业拥有或控制的资源及其分布情况
		(2)提供**负债总额及其结构**，表明企业未来需要用多少资产或劳务清偿债务以及清偿时间
		(3)反映**所有者所拥有的权益**，据以判断**资本保值、增值**的情况以及对负债的保障程度
资产负债表的列示要求	资产负债表列报总体要求	分类别列报
		资产和负债按流动性列报
		列报相关的合计、总计项目
资产负债表的列示要求	资产的列报	至少应当单独列示的项目：货币资金、以公允价值计量且其变动计入当期损益的金融资产、应收款项、预付款项和存货（流动资产）等
	负债	至少应当单独列示的项目：短期借款、应付款项、预收款项、应付职工薪酬、应交税费（流动负债）和长期借款、应付债券（非流动负债）
	所有者权益	至少应当单独列示的项目：实收资本（或股本）、资本公积、盈余公积和未分配利润等

续表

我国企业资产负债表的一般格式	在我国,**资产负债表采用账户式的格式**			
	资产负债表由表头和表体两部分组成。表体部分反映资产、负债和所有者权益的内容,**表体部分是资产负债表的主体和核心**			
	各项资产、负债和所有者权益按流动性排列,所有者权益项目按稳定性排列			
资产负债表编制的基本方法	"期末余额"栏的填列方法	资产负债表项目的填列方法	1.根据一个或几个总账科目的余额填列	(1)有些项目直接根据总账科目的期末余额填列	如"应付票据"、"短期借款"等
				(2)有些项目根据几个总账科目的期末余额计算填列	如:货币资金=库存现金+银行存款+其他货币资金
			2.根据明细科目的余额计算填列	(1)应收票据及应收账款="应收票据"明细科目金额+"应收账款"明细账户的期末借方余额+"预收账款"明细账户的期末借方余额"坏账准备"	
				(2)预付款项="预付账款"明细账户的期末借方余额+"应付账款"明细账户的期末借方余额"坏账准备"	
				(3)应收票据及应付账款="应对票据"明细科目余额+"应付账款"明细账户的期末贷方余额+"预付账款"明细账户的期末贷方余额	
				(4)预收款项="预收账款"明细账户的期末贷方余额+"应收账款"明细账户的期末贷方余额	
			3.根据总账科目和明细账科目的余额分析计算填列	"长期借款"="长期借款"总账科目余额-"长期借款"科目所属的明细账科目中将在一年内到期,且企业不能自主地将清偿义务展期的长期借款	
			4.根据有关科目余额减去其备抵科目余额后的净额填列	(1)固定资产=固定资产-累计折旧-固定资产减值准备	
				(2)无形资产=无形资产-累计摊销-无形资产减值准备	
				(3)"应收账款"、"在建工程"、"长期股权投资"和"持有至到期投资"项目,均应根据其相应总账账户的期末余额减去其相应减值准备后的净额填列	
			5.综合运用上述填列方法填列	"存货"="原材料"+"库存商品"+"委托加工物资"+"周转材料"+"材料采购"+"在途物资"+"发出商品"+"材料成本差异"-"存货跌价准备"	
				【注意】"工程物资"和"在建工程"不属于存货,它们与"固定资产"同一条线	
资产负债表的列示要求	"年初余额"栏的填列方法	本表的"年初余额"栏通常根据上年末有关项目的期末余额填列,且与上年末资产负债表"期末余额"栏一致			

资产负债表的各项目均需填列"年初余额"和"期末余额"两栏数字
【注意】第二列是"年初余额",不是"期初余额"

259

 知识点提要 2

资产负债表的填列说明。

项目	填列说明
货币资金	＝库存现金＋银行存款＋其他货币资金
交易性金融资产	直接根据总账科目的期末余额填列
应收票据及应收账款	＝账面余额－坏账准备＋(应收账款＋预收账款)明细账借方余额－坏账准备
预付款项	＝(应付账款＋预付账款)明细账借方余额－坏账准备
存　货	＝原材料＋在途物资＋周转材料＋委托加工物资＋库存商品＋发出商品＋生产成本＋委托代销商品＋材料成本差异(借方余额)[或－材料成本差异(贷方余额)]材料成本差异(借方余额)或－材料成本差异(贷方余额)－存货跌价准备
长期股权投资	＝账面余额－减值准备
固定资产	＝账面余额－累计折旧－固定资产减值准备
在建工程	＝"在建工程"和"工程物资"账面余额－减值准备
无形资产	＝账面余额－累计摊销－无形资产减值准备
一年内到期的非流动资产	一年内到期的长期待摊费用
短期借款	直接根据总账科目的期末余额填列
应付票据及应付账款	应付票据＋(应付账款＋预付账款)明细账贷方余额
应付票据	直接根据总账科目的期末余额填列
预收款项	(应收账款＋预收账款)明细账贷方余额
应付职工薪酬	直接根据总账科目的期末余额填列
应交税费	直接根据总账科目的期末余额填列
其他应付款	根据应付利息＋应付股利＋其他应付款总账科目的期末余额填列
一年内到期的非流动负债	一年内到期的长期借款
实收资本	直接根据总账科目的期末余额填列
盈余公积	直接根据总账科目的期末余额填列
未分配利润	＝本年利润±利润分配 【解释】余额在贷方用"＋",余额在借方用"－"

本节演练答案及解析

81. D

82. B

83. B 【解析】我国资产负债表采用的格式为账户式。

84. B 【解析】本题考核资产负债表项目的填列。应付票据及应付账款项目根据"应付票据"科目余额、"应付账款"和"预付账款"科目所属各明细科目的期末贷方余额合计数填列。

利　润　表

会企 02 表

编制单位：　　　　　　　　　　　　年　　月　　　　　　　　　　　　　　单位：元

项　　目	行　次	本期金额	本年累计金额
一、营业收入	1		
减：营业成本	2		
税金及附加	3		
销售费用	4		
管理费用	5		
财务费用	6		
其中：利息费用			
利息收入			
资产减值损失	7		
信用减值损失			
加：其他收益	8		
投资收益（损失以"－"号填列）	9		
其中：对联营企业和合营企业的投资收益	10		
净敞口套期收益（损失以"－"号填列）			
资效量收益（损失以"－"号填列）			
二、营业利润（亏损以"－"号填列）	11		
加：营业外收入	12		
减：营业外支出	13		
其中：非流动资产处置损失	14		
三、利润总额（亏损总额以"－"号填列）	15		
减：所得税费用	16		
四、净利润（净亏损以"－"号填列）	17		
五、其他综合收益的税后净额	18		
（一）不能重分类进损益的其他综合收益	20		
1.	21		
2.	22		
3.	23		
4.	24		
（二）以后将重分类进损益的其他综合收益	25		
1.	26		
2.	27		
3.	28		
4.	29		
5.	30		
六、综合收益总额	31		
七、每股收益	32		
（一）基本每股收益	33		
（二）稀释每股收益	34		

单位负责人：　　　　　　会计主管：　　　　　　　　复核：　　　　　　　制表人：

第三节　利润表

 实训六:编制利润表

准备:利润表一张。

其他资料:所得税税率25%。

要求:根据实训四、实训五和上述资料,编制2019年1月的利润表。

一、利润表的概念与作用

利润表是反映企业在一定会计期间的经营成果的财务报表。利润表属于动态报表。

企业编制利润表的目的是如实反映企业实现的收入、发生的费用以及应当计入当期利润的利得和损失等金额及其结构情况,帮助使用者分析评价企业的盈利能力、利润构成及其质量。利润表包括的项目有营业收入、营业成本、营业利润、利润总额、净利润、其他综合收益、综合收益总额和每股收益等。

利润表的作用主要有:

(1)反映一定会计期间收入的实现情况;

(2)反映一定会计期间费用的耗费情况;

(3)反映企业经济活动成果的实现情况,据以判断资本保值增值等情况。

【演练85·多选题】 关于利润表的表述正确的有(　　　)。

A.表中各项目是按照流动性排列的

B.可据以分析企业的获利能力和利润的未来发展趋势

C.是企业的主要财务报表之一

D.可据以分析、评价企业的盈利状况和工作业绩

二、利润表的列报要求

利润表列示的基本要求如下:

(1)企业在利润表中应当对费用按照功能分类,分为从事经营业务发生的成本、管理费用、销售费用和财务费用等。

(2)利润表至少应当单独列示反映下列信息的项目,但其他会计准则另有规定的除外:①营业收入;②营业成本;③税金及附加;④管理费用;⑤销售费用;⑥财务费用;⑦资产减值损失;⑧其他收益;⑨投资收益;⑩公允价值变动损益;⑪资产处置损益;⑫营业外收入;⑬营业外支出;⑭所得税费用;⑮净利润;⑯其他综合收益税后净额;⑭综合收益总额。金融企业可以根据其特殊性列示利润表项目。

(3)其他综合收益项目应当根据其他相关会计准则的规定分为不能重分类进损益的其他综合收益项目和将重分类进损益的其他综合收益项目两类列报。

（4）在合并利润表中,企业应当在净利润项目之下单独列示归属于母公司所有者的损益和归属于少数股东的损益,在综合收益总额项目之下单独列示归属于母公司所有者的综合收益总额和归属于少数股东的综合收益总额。

【演练86·多选题】 利润表中的期间费用指的是(   )。

A. 制造费用   B. 财务费用   C. 销售费用   D. 管理费用

三、我国企业利润表的一般格式

利润表基本结构是根据"收入－费用＝利润"这一等式设计的。按照利润表各具体内容的排列方式的不同,利润表分单步式和多步式两种格式。

在我国,企业应当采用多步式利润表,将不同性质的收入和费用分别进行对比,以便得出一些中间性的利润数据,帮助使用者理解企业经营成果的不同来源。

利润表通常包括表头和表体两部分。表头应列明报表名称、编表单位名称、财务报表涵盖的会计期间和人民币金额单位等内容;利润表的表体,反映形成经营成果的各个项目和计算过程。我国企业利润表的格式一般如表8-5所示。

表 8-5 利 润 表

会企 02 表

编制单位:　　　　　　　　　　年　　月　　　　　　　　　　　　单位:元

项　　目	行　次	本期金额	本年累计金额
一、营业收入	1		
减:营业成本	2		
税金及附加	3		
销售费用	4		
管理费用	5		
财务费用	6		
其中:利息费用			
利息收入			
资产减值损失	7		
信用减值损失			
加:其他收益	8		
投资收益(损失以"－"号填列)	9		
其中:对联营企业和合营企业的投资收益	10		
净敞口套期收益(损失以"－"号填列)			
资效量收益(损失以"－"号填列)			
二、营业利润(亏损以"－"号填列)	11		
加:营业外收入	12		
减:营业外支出	13		
其中:非流动资产处置损失	14		

续表

项　　目	行　次	本期金额	本年累计金额
三、利润总额(亏损总额以"－"号填列)	15		
减:所得税费用	16		
四、净利润(净亏损以"－"号填列)	17		
五、其他综合收益的税后净额	18		
(一)不能重分类进损益的其他综合收益	20		
1.	21		
2.	22		
3.	23		
4.	24		
(二)以后将重分类进损益的其他综合收益	25		
1.	26		
2.	27		
3.	28		
4.	29		
5.	30		
六、综合收益总额	31		
七、每股收益	32		
(一)基本每股收益	33		
(二)稀释每股收益	34		

单位负责人:　　　　　　会计主管:　　　　　　复核:　　　　　　制表人:

【演练87·判断题】　多步式利润表是通过一次计算求得净利润(或净亏损)的,没有提供营业利润和利润总额指标。　　　　　　　　　　　　　　　　　　　(　　)

四、利润表编制的基本方法

为了使报表使用者通过不同期间利润的实现情况判断企业经营成果的未来发展趋势,企业需要提供比较利润表。所以,利润表各项目需要分为"本期金额"和"上期金额"两栏分别填列。

(一)"本期金额"栏的填列方法

"本期金额"栏根据"主营业务收入"、"主营业务成本"、"税金及附加"、"销售费用"、"管理费用"、"财务费用"、"资产减值损失"、"公允价值变动损益"、"投资收益"、"营业外收入"、"营业外支出"、"所得税费用"等科目的发生额分析填列。其中,"营业利润"、"利润总额"、"净利润"等项目根据该表中相关项目计算填列。

(二)"上期金额"栏的填列方法

"上期金额"栏应根据上年该期利润表"本期金额"栏内所列数字填列。如果上年该期利润表规定的各个项目的名称和内容同本期不一致,应对上年该期利润表各项目的名称和数字按本期的规定进行调整,填入利润表"上期金额"栏内。

利润表的主要项目的内容及其填列方法如下。

1."营业收入"项目

"营业收入"反映企业经营业务所取得的收入总额。本项目应根据"主营业务收入"科目的发生额加上"其他业务收入"科目的发生额合计填列。

2."营业成本"项目

"营业成本"反映企业经营业务所发生的实际成本。本项目应根据"主营业务成本"科目的发生额加上"其他业务成本"科目的发生额合计填列。

3."税金及附加"项目

"税金及附加"反映企业经营业务应负担的营业税、消费税、城市维护建设税、资源税、土地增值税和教育费附加等。本项目应根据"税金及附加"科目的发生额分析填列。

4."销售费用"项目

"销售费用"反映企业在销售商品过程中发生的费用。本项目应根据"销售费用"科目的发生额分析填列。

5."管理费用"项目

"管理费用"反映企业发生的管理费用。本项目应根据"管理费用"科目的发生额分析填列。

6."研发费用"项目

"研发费用"项目反映企业进行研究与开发过程中发生的费用化支出。该项目应根据"管理费用"科目下"研发费用"明细科目的发生额分析填列。

7."财务费用"项目

"财务费用"反映企业发生的财务费用。本项目应根据"财务费用"科目的发生额分析填列。

8."资产减值损失"项目

反映企业各项资产发生的减值损失。

9."信用减值损失"项目

反映企业计提的各项金融工具减值准备所形成的预期信用损失。该项目根据"信用减值损失"科目的发生额分析填列。

10."其他收益"项目

反映计入其他收益的政府补助等。本项目根据"其他收益"科目的发生额分析填列。

11."投资收益"项目

"投资收益"反映企业以各种方式对外投资所取得的收益。本项目应根据"投资收益"科目的发生额分析填列;如为投资损失,以"一"号填列。

12."公允价值变动收益"项目

反映企业按照相关准则规定应当计入当期损益的资产或负债公允价值变动净收益。如"交易性金融资产当期公允价值"的变动额。如为净损失,以"一"号填列。

13."资产处置收益"项目

反映企业处置未划分为持有待售的固定资产、在建工程、生产性生物资产及无形资产的处置利得或损失。本项目根据"资产处置损益"科目的发生额分析填列;如为处置损失,以"一"号填列。

14．"营业外收入"项目和"营业外支出"项目

"营业外收入"项目和"营业外支出"反映企业发生的与其生产经营无直接关系的各项收入和支出。这两个项目分别根据"营业外收入"科目和"营业外支出"科目的发生额分析填列。

15．"利润总额"项目

"利润总额"反映企业实现的利润总额。如为亏损数,以"一"号填列。

16．"所得税费用"项目

"所得税费用"反映企业按规定从本期损益中减去的所得税。本项目应根据"所得税费用"科目的发生额分析填列。

17．"净利润"项目

"净利润"反映企业实现的净利润。如为亏损数,以"一"号填列。

五、利润表编制的举例

（一）2019年众兴财纺织贸易公司损益类账户的发生额资料（见表8-6）

表8-6　2017年损益类账户发生额

会计科目	2019年1月至11月累计发生额		2019年12月发生额	
	借方	贷方	借方	贷方
主营业务收入		13450000.00		1200000.00
其他业务收入		1260000.00		110500.00
主营业务成本	11877725.00		1000200.00	
其他业务成本	1082000.00		98000.00	
税金及附加	191700.00		17400.00	
销售费用	285000.00		25000.00	
管理费用	440275.00		40000.00	
财务费用	50000.00		4500.00	
资产减值损失	30000.00		1000.00	
资产处置收益		40000.00		2000.00
投资收益		200000.00		18000.00
营业外收入		3800.00		300.00
营业外支出	4500.00		400.00	
所得税费用	248150.00		36075.00	

(二)利润表编制过程演示(见表 8-7)

表 8-7　利润表分析过程

项目	12 月金额	2019 年金额
营业收入	＝1200000.00＋110500.00 ＝1310500.00	＝(13450000.00＋1260000.00)＋1310500.00 ＝16020500.00
营业成本	＝1000200.00＋98000.00 ＝1098200.00	＝(11877725.00＋1082000.00)＋1098200.00 ＝14057925.00
税金及附加	17400.00	＝191700.00＋17400.00＝209100.00
销售费用	25000.00	＝285000.00＋25000.00＝310000.00
管理费用	40000.00	＝440275.00＋40000.00＝480275.00
财务费用	4500.00	＝50000.00＋4500.00＝54500.00
资产减值损失	1000.00	＝30000.00＋1000.00＝31000.00
资产处置收益	2000.00	＝40000.00＋2000.00＝42000.00
投资收益	18000.00	＝200000.00＋18000.00＝218000.00
营业利润	＝1310500.00－1098200.00 －17400.00－25000.00 －40000.00－4500.00 －1000.00＋2000.00＋18000.00 ＝144400.00	＝16020500.00－14057925.00－209100.00 －310000.00－480275.00－54500.00 －31000.00＋42000.00＋218000.00 ＝1137700.00
营业外收入	300.00	＝3800.00＋300.00＝4100.00
营业外支出	400.00	＝4500.00＋400.00＝4900.00
利润总额	＝144400.00＋300.00－400.00 ＝144300.00	＝1137700.00＋4100.00－4900.00 ＝1136900.00
所得税费用	36075.00	＝248150.00＋36075.00＝284225.00
净利润	＝144300.00－36075.00 ＝108225.00	＝ 1136900.00 － 284225.00 ＝8526750.00
其他综合收益的税后净额	0	0
综合收益总额	＝108225.00＋0 ＝108225.00	＝8526750.00＋0 ＝8526750.00

(三)众兴财纺织贸易公司 2019 年利润表(见表 8-8)

表 8-8　利　润　表

会企 02 表

编制单位:众兴财纺织贸易公司　　　　　　2019 年　　　　　　　　　　单位:元

项　　目	本期金额	上期金额
一、营业收入	16020500.00	略
减:营业成本	14057925.00	略

续表

项　　目	本期金额	上期金额
税金及附加	209100.00	略
销售费用	310000.00	略
管理费用	480275.00	略
财务费用	54500.00	略
资产减值损失	31000.00	略
加:资产处置收益(损失以"－"号填列)	42000.00	略
投资收益(损失以"－"号填列)		
其他收益(损失以"－"号填列)	218000.00	略
其中:对联营企业和合营企业的投资收益		略
资产处置收益		
二、营业利润(亏损以"－"号填列)	1137700.00	略
加:营业外收入	4100.00	略
减:营业外支出	4900.00	略
其中:非流动资产处置损失		略
三、利润总额(亏损总额以"－"号填列)	1136900.00	略
减:所得税费用	284225.00	略
四、净利润(净亏损以"－"号填列)	852675.00	略
五、其他综合收益的税后净额		略
六、综合收益总额	852675.00	略
七、每股收益		略

单位负责人:　　　会计主管:　　　　　复核:　　　　　　制表:何萍

【演练88·单选题】　下列各项中,不应列入利润表"营业收入"项目的是(　　　)。

A. 销售商品收入

B. 处置固定资产净收入

C. 提供劳务收入

D. 让渡无形资产使用权收入

【演练89·单选题】　多步式利润表是通过对当期的收入、费用按(　　　)加以归类,按利润形成的主要环节列示一些中间性利润指标,分步计算当期净损益。

A. 内容　　　　　　　　　　　　B. 种类

C. 性质　　　　　　　　　　　　D. 顺序

【演练90·单选题】　企业编制报表的要求是:应当每(　　　)编制资产负债表和利润表,至少每(　　　)编制现金流量表。

A. 月、季　　　　　　　　　　　B. 月、年

C. 月、月　　　　　　　　　　　D. 季、季

知识点提要 1

利润表(简表)

2019 年 12 月

一、营业收入
−1 营业−1 税金−3 费用−1 损失＋4 收益
二、营业利润
＋营业外收入−营业外支出
三、利润总额
−所得税费用
四、净利润
五、其他综合收益的税后净额

 知识点提要 2

利润表的 概念与 作用	概念	又称**损益表**,是指反映企业在**一定会计期间**的**经营成果**的财务报表
		利润＝收入−费用＋利得−损失
	作用	1.反映一定会计期间**收入**的实现情况
		2.反映一定会计期间的**费用**耗费情况
		3.反映企业经济活动成果的实现情况,据以判断**资本保值增值**等情况
利润表的 列示要求		企业在利润表中应当对费用按照功能分类,分为从事经营业务发生的成本、管理费用、销售费用和财务费用等
我国企业 利润表的 一般格式		在我国,企业应当采用**多步式**利润表
		利润表通常包括**表头**和**表体**两部分
		多步式利润表分为**三层次**,分步计算
利润表编 制的基本 方法		利润表各个项目需填列的数字分为"**本期金额**"和"**上期金额**"两栏
	本期金额栏 的填列方法	**营业收入＝主营业务收入＋其他业务收入**
		营业成本＝主营业务成本＋其他业务成本
	上期金额栏 的填列方法	"上期金额"栏应根据上年该期利润表"本期金额"栏内所列数字填列

本节演练答案及解析

85. BCD 【解析】选项 A 表述错误,不是按流动性。

86. BCD 【解析】期间费用指的是销售费用、管理费用和财务费用。制造费用计入资产负债表中"存货"项目。

87. ×

88. B 【解析】处置固定资产净收入应计入"资产处置收益"。

89. C 【解析】多步式利润表是通过对当期的收入、费用按性质加以归类。

90. B 【解析】本题考核财务会计报告的编制要求。按照企业编制报表的要求是：应当每月编制资产负债表和利润表，至少每年编制现金流量表。

【习题八】

一、多项选择题

以下属于财务报表构成内容的有( )

A. 资产负债表   B. 利润表   C. 会计报表附注   D. 财务情况分析

二、判断题

1. 会计目标是指向财务会计报告使用者提供与企业财务状况、经营成果和现金流量等有关的会计信息，反映企业管理层受托责任履行情况，有助于投资者作出经济决策。 ( )

2. 资产负债表是指反映企业在某一时期的财务状况的会计报表，它反映的是企业某一时点上关于财务状况的静态信息，是一种静态报表。 ( )

3. 利润表是指反映企业在一定会计期间的经营成果的会计报表，它反映的是企业在一定期间关于经营成果的静态信息，是一种静态报表。 ( )

|第九章|
账务处理程序

 本章内容导读

　　会计"新手"走完了会计工作流程的"三八",即三步(证账表)和前八章,现在我们先回顾一下会计的核心账本——总账是根据什么登记的?是根据记账凭证登记的,这就是本章学习的开始,即记账凭证账务处理程序。这种程序登记总账的工作量比较大,为了减少工作量,会计大师们又发明了科目汇总表账务处理程序和汇总记账凭证账务处理程序,后两张程序并不完美,也有各自的缺点。

　　从考试的角度,我们要牢记三种程序的流程图,牢记他们的优缺点和适用范围。

 本章基本要求

了解	账务处理程序的概念与意义
熟悉	记账凭证账务处理程序的一般步骤、汇总记账凭证的编制方法、科目汇总表账务处理程序的一般步骤、科目汇总表的编制、汇总记账凭证账务处理程序的一般步骤
掌握	账务处理程序的种类、记账凭证账务处理程序的内容、科目汇总表账务处理程序的内容、汇总记账凭证账务处理程序的内容

第一节　账务处理程序概述

一、账务处理程序的概念与意义

　　账务处理程序,又称会计核算组织程序或会计核算形式,是指会计凭证、会计账簿、财务报表相结合的方式,包括账簿组织和记账程序。账簿组织是指会计凭证和会计账簿的种类、格式,会计凭证与账簿之间的联系方法;记账程序是指由填制、审核原始凭证到填制、审核记账凭证,登记日记账、明细分类账和总分类账,编制财务报表的工作程序和方法等。把不同的会计凭证组织、账簿组织按不同的记账程序和方法结合在一起,就形成不同的账务处理程序。

账务处理程序解决的是会计核算工作的技术组织方式问题。科学、合理地选择账务处理程序的意义主要有:

(1)有利于规范会计工作,保证会计信息加工过程的严密性,提高会计信息质量;

(2)有利于保证会计记录的完整性和正确性,增强会计信息的可靠性;

(3)有利于减少不必要的会计核算环节,提高会计工作效率,保证会计信息的及时性。

二、账务处理程序的种类

企业常用的账务处理程序主要有记账凭证账务处理程序、科目汇总表账务处理程序和汇总记账凭证账务处理程序等。它们之间的主要区别为登记总分类账的依据和方法不同。

(一)记账凭证账务处理程序

记账凭证账务处理程序是指对发生的经济业务,先根据原始凭证或汇总原始凭证填制记账凭证,再直接根据记账凭证登记总分类账的一种账务处理程序。

(二)科目汇总表账务处理程序

科目汇总表账务处理程序,又称记账凭证汇总表账务处理程序,是指根据记账凭证定期编制科目汇总表,再根据科目汇总表登记总分类账的一种账务处理程序。

(三)汇总记账凭证账务处理程序

汇总记账凭证账务处理程序是指先根据原始凭证或汇总原始凭证填制记账凭证,定期根据记账凭证分类编制汇总收款凭证、汇总付款凭证和汇总转账凭证,再根据汇总记账凭证登记总分类账的一种账务处理程序。

以上三种账务处理程序中,记账凭证账务处理程序是最基本的账务处理程序,是其他账务处理程序的基础。

【演练91·单选题】 在各种账务处理程序中,期末都是根据( )编制会计报表的。

A.原始凭证或汇总原始凭证

B.总分类账和明细分类账

C.记账凭证或汇总记账凭证

D.科目汇总表

【演练92·多选题】 各种账务处理程序的相同之处表现为( )。

A.根据原始凭证编制汇总原始凭证

B.根据原始凭证和汇总原始凭证编制记账凭证

C.根据各种记账凭证和有关原始凭证或汇总原始凭证登记明细账

D.根据总账、明细账的记录编制会计报表

知识点提要

概念	账务处理程序,又称会计核算组织程序或会计核算形式,是指**会计凭证、会计账簿、财务报表**相结合的方式,包括账簿组织和记账程序	
种类	企业常用的账务处理程序主要有**记账凭证账务处理程序、汇总记账凭证账务处理程序和科目汇总表账务处理程序**等	
	它们之间的主要区别为**登记总分类账的依据和方法不同**	
	记账凭证账务处理程序	是指对发生的经济业务,先根据原始凭证或汇总原始凭证填制记账凭证,再**直接根据记账凭证登记总分类账**
	汇总记账凭证账务处理程序	是指先根据原始凭证或汇总原始凭证填制记账凭证,定期根据记账凭证分类编制**汇总收款凭证、汇总付款凭证和汇总转账凭证**,再**根据汇总记账凭证登记总分类账**
	科目汇总表账务处理程序	又称记账凭证汇总表账务处理程序,是指根据记账凭证定期编制科目汇总表,再**根据科目汇总表登记总分类账**

本节演练答案及解析

91. B 【解析】会计报表是依据账簿记录编制的。

92. ABCD 【解析】三种账务处理程序下都是根据原始凭证或汇总原始凭证,编制记账凭证,根据收款凭证、付款凭证逐笔登记现金日记账和银行存款日记账,期末根据总分类账和明细分类账的记录,编制会计报表。

第二节 记账凭证账务处理程序

记账凭证账务处理程序是指对发生的经济业务事项,根据原始凭证或汇总原始凭证编制记账凭证,然后直接根据记账凭证逐笔登记总分类账的一种账务处理程序。它是最基本的一种账务处理程序。

记账凭证账务处理程序是最基本的账务处理程序,它既是理解账务处理程序的基础,也是掌握其他账务处理程序的基础。

一、记账凭证账务处理程序的一般步骤

在记账凭证账务处理程序下,记账凭证可以采用通用格式,但一般都采用收款凭证、付款凭证和转账凭证三种格式。账簿需设置库存现金日记账、银行存款日记账、明细账和总账。明细账可根据实际需要采用三栏式、多栏式和数量金额式。(记账凭证账务处理程序下会计凭证与账簿种类如图 9-1 所示)

记账凭证账务处理程序的一般步骤是:

(1)根据原始凭证填制汇总原始凭证;

(2)根据原始凭证或汇总原始凭证,填制收款凭证、付款凭证和转账凭证,也可以填制

通用记账凭证；

（3）根据收款凭证和付款凭证逐笔登记库存现金日记账和银行存款日记账；

（4）根据原始凭证、汇总原始凭证和记账凭证，登记各种明细分类账；

（5）根据记账凭证逐笔登记总分类账；

（6）期末，将库存现金日记账、银行存款日记账和明细分类账的余额与有关总分类账的余额核对相符；

（7）期末，根据总分类账和明细分类账的记录，编制财务报表。

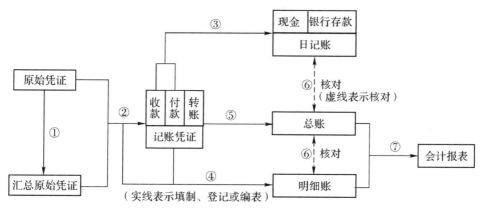

图 9-1　记账凭证账务处理程序

【演练 93·判断题】　记账凭证账务处理程序是根据科目汇总表登记总分类账的一种账务处理程序。　　　　　　　　　　　　　　　　　　　　　　　　（　　）

二、记账凭证账务处理程序的内容

（一）特点

记账凭证账务处理程序的特点是对发生的经济业务事项，要根据原始凭证或汇总原始凭证编制记账凭证，然后直接根据记账凭证对总分类账进行逐笔登记。

（二）优缺点

记账凭证账务处理程序的优点是：简单明了，易于理解；而总分类账可以较详细地反映经济业务的发生情况，来龙去脉清楚，便于查账、对账。记账凭证账务处理程序的缺点是：登记总分类账的工作量较大。

（三）适用范围

记账凭证账务处理程序适用于规模较小、经济业务量较少的单位。因而，为了最大限度地克服其局限性，实务工作中，应尽量将原始凭证汇总编制汇总原始凭证，再根据汇总原始凭证编制记账凭证，从而简化总账登记的工作量。

【演练 94·单选题】　下列关于记账凭证账务处理程序缺点的表述中，正确的是（　　　）。

A. 记账程序非常复杂,难以理解 B. 总分类账无法详细地反映经济业务的发生情况
C. 可以起到试算平衡的作用 D. 登记总分类账的工作量较大

 知识点提要

一般步骤	根据原始凭证或汇总原始凭证,填制**收款凭证、付款凭证**和**转账凭证**,也可以填制**通用记账凭证**		
内容	特点		直接根据记账凭证对总分类账进行逐笔登记。**它是最基本的账务处理程序**,其他各种账务处理程序都是在此基础上发展形成的
	优缺点	优点	(1)简单明了,易于理解
			(2)总分类账可以较详细地反映经济业务的发生情况
			【补充】(3)来龙去脉清楚,便于查账、对账
		缺点	登记总分类账的工作量较大
	适用		这种程序只适用于一些规模小、业务量少的单位

本节演练答案

93. ×
94. D

第三节 科目汇总表账务处理程序

一、科目汇总表的编制

科目汇总表,又称记账凭证汇总表,是企业通常定期对全部记账凭证进行汇总后,按照不同的会计科目分别列示各账户借方发生额和贷方发生额的一种汇总凭证。其格式如表 9-1 所示。

表 9-1 科目汇总表

年 月 日至 日 字第 号

会计科目	本期发生额		记账凭证起讫号码
	借方	贷方	

科目汇总表的编制方法是,根据一定时期内的全部记账凭证,按照会计科目进行归类,定期汇总出每一个账户的借方本期发生额和贷方本期发生额,填写在科目汇总表的相关栏内。科目汇总表可每月编制一张,按旬汇总,也可每旬汇总一次编制一张。任何格式的科目汇总表,都只反映各个账户的借方本期发生额和贷方本期发生额,不反映各个账户之间

的对应关系。

【演练 95·单选题】 科目汇总表是依据(　　)编制的。

A. 记账凭证　　　　B. 原始凭证　　　　C. 原始凭证汇总表　　　　D. 各种总账

二、一般步骤

科目汇总表账务处理程序的一般步骤是：

(1)根据原始凭证填制汇总原始凭证；

(2)根据原始凭证或汇总原始凭证填制记账凭证；

(3)根据收款凭证、付款凭证逐笔登记库存现金日记账和银行存款日记账；

(4)根据原始凭证、汇总原始凭证和记账凭证,登记各种明细分类账；

(5)根据各种记账凭证编制科目汇总表；

(6)根据科目汇总表登记总分类账；

(7)期末,将库存现金日记账、银行存款日记账和明细分类账的余额同有关总分类账的余额核对相符；

(8)期末,根据总分类账和明细分类账的记录,编制财务报表。

科目汇总表账务处理程序的格式如图 9-2 所示。

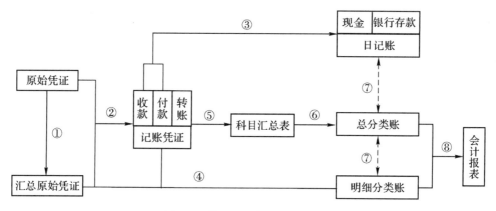

图 9-2　科目汇总表账务处理程序

【演练 96·单选题】 会计凭证方面,科目汇总表账务处理程序比记账凭证账务处理程序增设了(　　)。

A. 原始凭证汇总表　　　　　　　　B. 汇总原始凭证

C. 科目汇总表　　　　　　　　　　D. 记账凭证

三、科目汇总表账务处理程序的内容

(一)特点

科目汇总表账务处理程序的特点是:先将所有记账凭证汇总编制成科目汇总表,然后以科目汇总表为依据登记总分类账。

总分类账可以根据每次汇总编制的科目汇总表随时进行登记,也可以在月末根据科目汇总表的借方发生额和贷方发生额的全月合计数一次登记。

(二)优缺点

科目汇总表账务处理程序的优点是:根据科目汇总表一次或分次登记总分类账,大大减轻了登记总分类账的工作量;科目汇总表的编制和使用易于理解,方便学习,可做到试算平衡,保证总账登记的正确性。

科目汇总表账务处理程序的缺点是:科目汇总表不能反映各个账户之间的对应关系,不利于对账目进行检查。

(三)适用范围

科目汇总表账务处理程序适用范围较广,特别适用于规模大、业务量多的企业。

【演练97·单选题】 下列关于科目汇总表账务处理程序优点的表述中,正确的是( )。

A. 登记总分类账的工作量较小

B. 总分类账可以详细地反映经济业务的发生情况

C. 可以清晰反映科目之间的对应关系

D. 编制汇总记账凭证的程序比较简单

 知识点提要

科目汇总表的编制	科目汇总表,又称记账凭证汇总表,是企业通常定期对全部记账凭证进行汇总后,按照不同的会计科目分别列示各账户**借方发生额**和**贷方发生额**的一种汇总凭证

【思路】牢记图有利于理解记忆

内容	特点		先将所有记账凭证汇总编制成科目汇总表
			然后以科目汇总表为依据登记总分类账
	优缺点	优点	减轻了登记总分类账的工作量
			易于理解,方便学习
			可做到试算平衡
		缺点	(来龙去脉不清楚)不能反映各个账户之间的对应关系,不利于对账目进行检查
	适用		经济业务较多的单位

本节演练答案及解析

95. A 【解析】本题考核科目汇总表的编制依据。应该根据各种记账凭证编制科目汇总表。

96. C 【解析】本题考核科目汇总表账务处理程序的特点。

97. A

第四节　汇总记账凭证账务处理程序

汇总记账凭证账务处理程序是根据原始凭证或汇总原始凭证编制记账凭证,定期根据记账凭证分类编制汇总收款凭证、汇总付款凭证、汇总转账凭证,再根据汇总记账凭证登记总分类账的一种账务处理程序。

在汇总记账凭证账务处理程序下,设置的账簿主要有:库存现金日记账、银行存款日记账、总分类账和明细分类账。总分类账可以采用三栏式,也可以采用多栏式,其他各种账簿的格式同记账凭证核算程序基本相同。在记账凭证方面,除设收款凭证、付款凭证和转账凭证三种记账凭证外,还应增设汇总收款凭证、汇总付款凭证和汇总转账凭证,并分别根据库存现金、银行存款的收款和付款凭证以及转账凭证汇总填制。

一、汇总记账凭证的编制方法

汇总记账凭证是指对一段时期内同类记账凭证进行定期汇总而编制的记账凭证。汇总记账凭证可以分为汇总收款凭证、汇总付款凭证和汇总转账凭证,三种凭证有不同的编制方法。

（一）汇总收款凭证的编制

汇总收款凭证根据"库存现金"和"银行存款"账户的借方进行编制。汇总收款凭证是在对各账户对应的贷方分类之后,进行汇总编制。总分类账根据各汇总收款凭证的合计数进行登记,分别记入"库存现金"、"银行存款"总分类账户的借方,并将汇总收款凭证上各账户贷方的合计数分别记入有关总分类账户的贷方。

（二）汇总付款凭证的编制

汇总付款凭证根据"库存现金"和"银行存款"账户的贷方进行编制。汇总付款凭证是在对各账户对应的借方分类之后,进行汇总编制。总分类账根据各汇总付款凭证的合计数进行登记,分别记入"库存现金"、"银行存款"总分类账户的贷方,并将汇总付款凭证上各账户借方的合计数分别记入有关总分类账户的借方。

在填制时,应注意库存现金和银行存款之间相互划转的业务,如同时填制收款凭证和付款凭证,应以付款凭证为依据。汇总收款凭证和汇总付款凭证要定期,一般5天或10天填制一次,每月填制一张。

（三）汇总转账凭证的编制

汇总转账凭证通常根据所设置账户的贷方进行编制。汇总转账凭证是在对所设置账户相对应的借方账户分类之后,进行汇总编制。总分类账根据各汇总转账凭证的合计数进行登记,分别记入对应账户的总分类账户的贷方,并将汇总转账凭证上各账户借方的合计数分别记入有关总分类账户的借方。值得注意的是,在编制的过程中贷方账户必须唯一,借方账户可一个或多个,即转账凭证必须一借一贷或多借一贷。

如果在一个月内某一贷方账户的转账凭证不多,可不编制汇总转账凭证,直接根据单个的转账凭证登记总分类账。

【演练 98·判断题】 汇总付款凭证,是按库存现金科目、银行存款科目贷方分别编制,按与所设置科目相对应的借方科目加以归类、汇总填列。 ( )

二、汇总记账凭证账务处理程序的一般步骤

汇总记账凭证账务处理程序的一般步骤是:

(1)根据原始凭证填制汇总原始凭证;

(2)根据原始凭证或汇总原始凭证,填制收款凭证、付款凭证和转账凭证,也可以填制通用记账凭证;

(3)根据收款凭证、付款凭证逐笔登记库存现金日记账和银行存款日记账;

(4)根据原始凭证、汇总原始凭证和记账凭证,登记各种明细分类账;

(5)根据各种记账凭证编制有关汇总记账凭证;

(6)根据各种汇总记账凭证登记总分类账;

(7)期末,将库存现金日记账、银行存款日记账和明细分类账的余额与有关总分类账的余额核对相符;

(8)期末,根据总分类账和明细分类账的记录,编制财务报表。

汇总记账凭证账务处理程序如图 9-3 所示。

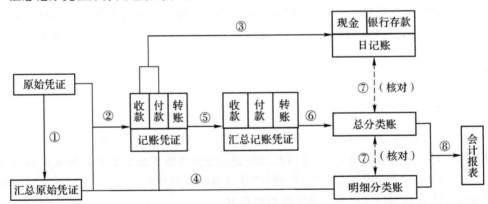

图 9-3 汇总记账凭证账务处理程序

【演练 99·判断题】 汇总记账凭证账务处理程序是根据科目汇总表登记总分类账的一种账务处理程序。 ( )

三、汇总记账凭证账务处理程序的内容

(一)特点

汇总记账凭证账务处理程序的特点是先根据记账凭证编制汇总记账凭证,再根据汇总

记账凭证登记总分类账。

（二）优缺点

汇总记账凭证账务处理程序的优点是：根据汇总记账凭证月终一次登记总分类账，大大减轻了登记总分类账的工作量；由于汇总记账凭证是按照会计科目的对应关系进行归类、汇总编制的，在总分类账中也注明了对方科目，因而在汇总记账凭证和总分类账中，可以清晰地反映科目之间的对应关系，便于查对和分析账目。

汇总记账凭证账务处理程序的缺点是：当转账凭证较多时，编制汇总转账凭证的工作量较大；并且按每一贷方账户编制汇总转账凭证，不考虑交易或事项的性质，不利于会计核算的日常分工。

（三）适用范围

汇总记账凭证账务处理程序适用于规模较大、经济业务较多的单位。特别是转账业务少，而收、付款业务较多的单位。

【演练100·单选题】根据汇总记账凭证登记总分类账的账务处理程序是(   )。

A. 记账凭证账务处理程序   B. 汇总记账凭证账务处理程序

C. 科目汇总表账务处理程序   D. 日记总账账务处理程序

 知识点提要

汇总记账凭证编制方法	汇总记账凭证是指对一段时期内同类记账凭证进行定期汇总而编制的记账凭证。汇总记账凭证可以分为**汇总收款凭证、汇总付款凭证**和**汇总转账凭证**，三种凭证有不同的编制方法	
	汇总收款凭证的编制	按"**库存现金**"和"**银行存款**"科目的借方进行编制
		对**各账户对应的贷方分类**之后，进行**汇总**编制。一般可5天或10天汇总一次
	汇总付款凭证的编制	汇总付款凭证是指按"**库存现金**"和"**银行存款**"科目的贷方分别设置的一种汇总记账凭证
		根据"**库存现金**"和"**银行存款**"账户的**贷方**进行编制。汇总付款凭证是在对**各账户对应的借方分类**之后，进行**汇总**编制。一般可5天或10天汇总一次
	汇总转账凭证的编制	汇总转账凭证通常根据所设置**账户的贷方**进行编制。汇总转账凭证是在对所设置账户相对应的**借方账户分类**之后，**进行汇总编制**
		在编制的过程中**贷方账户必须唯一**，借方账户可一个或多个，即转账凭证必须一借一贷或多借一贷。（**不得编制"一借多贷"或"多借多贷"的会计分录**）
		如果在一个月内某一贷方账户的**转账凭证不多**，可不编制汇总转账凭证，直接**根据单个的转账凭证登记总分类账**

【思路】牢记程序图有利于理解记忆

续表

内容	特点	先根据各种记账凭证编制有关汇总记账凭证		
		再根据各种汇总记账凭证登记总分类账		
	优缺点	优点	减轻了登记总分类账的工作量	
			便于账户之间的对应关系(来龙去脉清楚)	
		缺点	当转账凭证较多时,编制汇总转账凭证的工作量较大	
			按每一贷方账户编制汇总转账凭证,不利于会计核算的日常分工	
	适用	规模较大,交易或事项较多的单位		

本节演练答案及解析

98. √

99. ×

100. B 【解析】本题考核汇总记账凭证账务处理程序的特点。

【习题九】

一、单项选择题

不符合科目汇总表账户处理程序特点的是( )

A. 能够减少登记总额的工作量

B. 不能反映账户间的对应关系

C. 简单易懂,方便易学

D. 适应于规模小、业务量少、凭证不多的单位

二、多项选择题

1. 以下关于记账凭证账务处理程序的表述中,正确的有( )。

A. 账务处理程序简单明了,易于理解

B. 总分类账可以较详细地反映交易或事项的发生情况,便于查账、对账

C. 登记总分类账的工作量较大

D. 这种程序只适用于一些规模大、业务量多、凭证多的单位

2. 汇总记账凭证账务处理程序与科目汇总表账务处理程序的共同点有( )。

A. 减少登记总账的工作量

B. 总账可以比较详细地反映经济业务的发生情况

C. 有利于查账

D. 均适用于经济业务较多的单位

3. 汇总记账凭证按格式不同分为( )。

A. 汇总收款凭证 B. 汇总付款凭证

C. 汇总转账凭证 D. 汇总原始凭证

4. 关于汇总记账凭证账务处理程序的编制步骤,表述正确的有( )。

A. 根据原始凭证或汇总原始凭证,编制收款凭证、付款凭证和转账凭证,不可以采用通用的记账凭证

B.根据原始凭证、汇总原始凭证和记账凭证,登记各种明细分类账

C.根据各种记账凭证编制有关汇总记账凭证

D.根据各种汇总记账凭证登记总分类账

5.以下关于汇总记账凭证账务处理程序的优缺点与适用范围的表述中正确的有（　　）。

A.记账凭证通过汇总记账凭证汇总后月末一次登记总分类账,减轻了登记总账的工作量

B.汇总记账凭证按会计科目的对应关系归类、汇总编制,能够明确地反映账户之间的对应关系,便于查账用账

C.汇总转账凭证按每一贷方科目汇总编制,不利于会计核算工作的分工

D.主要适用于规模较大,交易或事项较多,特别是转账业务少而收、付款业务较多的单位

6.能够起到简化登记总分类账工作的账务处理程序有（　　）。

A.汇总记账凭证账务处理程序　　　　　B.记账凭证账务处理程序

C.科目汇总表账务处理程序　　　　　　D.日记账账务处理程序

7.各种账务处理程序的相同之处表现为（　　）。

A.根据原始凭证编制汇总原始凭证

B.根据原始凭证或原始凭证汇总表编制记账凭证

C.根据各种记账凭证和有关的原始凭证或原始凭证汇总表登记明细账

D.根据总账和明细账的记录编制会计报表

三、判断题

1.记账凭证账务处理程序、汇总记账凭证账务处理程序、科目汇总表账务处理程序的不同之处在于登记总账的依据和方法不同。　　　　　　　　　　　　　　（　　）

2.汇总转账凭证是指按每一个贷方科目分别设置,用来汇总一定时期内转账业务的一种记账凭证。　　　　　　　　　　　　　　　　　　　　　　　　　　　（　　）

|第十章|
会计基本理论

 本章内容导读

  会计"新手"在编者的引导下按照会计实际工作的流程学完考试内容,但是考试中会涉及很多理论知识,为了减少"新手"的负担,编者把这部分与实际工作不紧密相关的知识归类到最后一章,"新手"只需要在考前一个月甚至更短的时间内记忆理解本章内容即可。

 本章基本要求

了解	会计的目标、会计的核算方法、会计信息的使用者、事业单位会计准则
熟悉	会计准则的构成
掌握	会计的职能、会计基本假设、会计基础、会计信息的质量要求、企业会计准则

第一节　会计的目标

  会计目标也称会计目的,是要求会计工作完成的任务或达到的标准,即向财务会计报告使用者提供与企业财务状况、经营成果和现金流量等有关的会计信息,反映企业管理层受托责任履行情况(受托责任观),有助于财务会计报告使用者做出经济决策(决策有用观)。

  会计目标主要包括以下两方面的内容:

  (1)反映企业管理层受托责任履行情况。现代企业制度强调企业所有权和经营权相分离,企业管理层是受委托人之托经营管理企业及其各项资产,负有受托责任,即企业管理层所经营管理的企业各项资产基本上由投资者投入的资本(或者留存收益作为再投资)和向债权人借入的资金形成,企业管理层有责任妥善保管并合理、有效运用这些资产。为了评价企业管理层的责任情况和业绩,并决定是否需要调整投资或者信贷政策,是否需要加强企业内部控制和其他制度建设,是否需要更换管理层等,企业投资者和债权人等也需要及时或者经常性地了解企业管理层保管、使用资产的情况。因此,会计应当反映企业管理层受托责任的履行情况,以便外部投资者和债权人等评价企业的经营管理责任和资源使用的有效性。

(2)向财务会计报告使用者提供决策有用信息。财务会计报告使用者主要包括投资者、债权人、政府及其有关部门和社会公众等。

会计主要是通过财务会计报告向其使用者提供与企业财务状况、经营成果和现金流量等有关的会计信息,有助于财务会计报告使用者做出是否投资或继续投资、是否发放或收回贷款的决策,有助于政府及其有关部门做出促进经济资源分配公平与合理、市场经济秩序公正和有序的宏观经济决策。

【演练 101 · 单选题】　在财产所有权与管理权相分离的情况下,会计的根本目标是(　　)。

A. 向财务报告使用者提供会计信息

B. 核算和监督特定主体的经济活动

C. 反映企业管理层受托责任履行情况

D. 提供经济效益

本节演练答案

101. C

第二节　会计的职能与方法

一、会计的职能

会计的职能是指会计在经济管理过程中所具有的功能。会计具有会计核算和会计监督两项基本职能,还具有预测经济前景、参与经济决策、评价经营业绩等拓展职能。

(一)基本职能

1. 核算职能

会计核算职能,又称会计反映职能,是指会计以货币为主要计量单位,对特定主体的经济活动进行确认、计量和报告。

会计核算贯穿于经济活动的全过程,是会计最基本的职能。会计核算的内容主要包括:

(1)款项和有价证券的收付;(**钱、券**)

(2)财物的收发、增减和使用;(**财物**)

(3)债权、债务的发生和结算;(**债**)

(4)资本、基金的增减;(**资本**)

(5)收入、支出、费用、成本的计算;(**收支**)

(6)财务成果的计算和处理;(**成果**)

(7)需要办理会计手续、进行会计核算的其他事项。**(其他)**

2.监督职能

会计监督职能,又称会计控制职能,是指对特定主体经济活动和相关会计核算的真实性、合法性和合理性进行监督检查。会计监督是一个过程,它分为事前监督、事中监督和事后监督。对不合法的经济业务,会计人员有权提出意见、不予办理或事后提出报告。

真实性审查是指检查各项经济业务是否根据实际发生的经济业务进行。

合法性审查是指检查各项经济业务是否符合国家有关法律法规、遵守财经纪律,执行国家的各项方针政策,以杜绝违法乱纪行为。

合理性审查是指检查各项财务收支是否符合客观经济规律及经营管理方面的要求,能否保证各项财务收支符合特定的财务收支计划、实现预算目标。

3.会计核算与会计监督的关系

会计核算与会计监督是相辅相成、辩证统一的。会计核算是会计监督的基础,没有核算所提供的各种信息,监督就失去了依据;会计监督是会计核算质量的保障,只有核算,没有监督,就难以保证核算所提供信息的真实性、可靠性。

(二)拓展职能

会计的拓展职能主要有:①预测经济前景;②参与经济决策;③评价经营业绩。

 知识点提要

会计基本职能	核算(反映)职能		是指会计以货币为主要计量单位,对特定主体的经济活动进行**确认、计量**和**报告**
	监督(控制)职能	概念	对特定主体经济活动和相关会计核算的**真实性、合法性、合理性**进行监督检查
		特点	包括**事前、事中和事后**监督
	两者关系		(1)**会计核算是会计监督的基础** (2)**会计监督是会计核算的质量保障**

【演练102·多选题】 下列属于会计职能的有(　　　)。

A.会计核算   B.会计监督

C.预测经济前景   D.参与经济决策

二、会计核算方法

会计核算方法是指对会计对象进行连续、系统、全面、综合的确认、计量和报告所采用的各种方法。

(一)会计核算方法体系

会计核算方法体系由填制和审核会计凭证、设置会计科目和账户、复式记账、登记会计账簿、成本计算、财产清查、编制财务会计报告等专门方法构成。

1.填制和审核会计凭证

填制和审核会计凭证记账必须有根有据,这种根据就是凭证。通过凭证的填制和审核,可以提供既真实可靠又合理合法的原始依据。它是保证核算质量的必要手段,也是实行会计监督的重要方面。

2.设置会计科目和账户

设置会计科目和账户是对会计对象的具体内容进行分类、核算和监督的两种专门方法。会计科目是在账簿中开设账户的依据。账户的名称叫会计科目。通过账户可以分类、连续记录各项经济业务,为经营管理提供各种不同性质的核算指标。

3.复式记账

复式记账是一种科学的记账方法。通过复式记账,可以了解每笔经济业务的来龙去脉及其相互联系。

4.登记会计账簿

登记账簿就是在账簿上连续、完整、科学地记录和反映经济业务的一种方法。登记必须以凭证为依据,利用账户和复式记账的方法,把经济业务分门别类地登记到账簿中去,并定期进行结账和对账,以便编制会计报表,提供完整而又系统的会计数据。

5.成本计算

成本计算主要应用于工业部门,它是按照一定对象归集和分配生产经营各阶段中所发生的各项费用,且确定各对象的总成本和单位成本的一种专门方法。进行成本计算,可以确定材料采购、生产和销售的成本。

6.财产清查

财产清查就是通过盘点实物、核实账面数额,以保持账实相符的一种方法。

7.编制财务会计报告

编制财务会计报告是定期总括地反映经济活动和财务收支情况,考核计划、预算执行结果的一种专门方法。

以上会计核算方法相互联系、紧密结合,形成了一套完整的方法体系,确保会计工作有序进行,对于做好会计核算工作、提高会计管理工作质量都具有重要的作用。

(二)会计循环

会计循环是指按照一定的步骤反复运行的会计程序。从会计工作流程看,会计循环由确认、计量和报告等环节组成;从会计核算的具体内容看,会计循环由填制和审核会计凭证、设置会计科目和账户、复式记账、登记会计账簿、成本计算、财产清查、编制财务会计报告等组成。填制和审核会计凭证是会计核算的起点。

这些会计程序从一个会计期间的期初开始,至会计期末结束,并在各个会计期间循环往复,周而复始,故被称为会计循环。

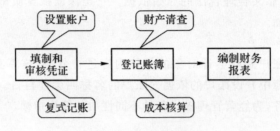 知识点提要

会计核算方法体系速记图

【演练 103·单选题】 下列各项中,属于会计核算最终环节的是( )。

A. 计量
B. 确认当期应缴纳的所得税
C. 报告
D. 记录

本节演练答案

102. ABCD
103. C

第三节 会计基本假设与会计基础

一、会计基本假设

会计基本假设是企业会计确认、计量和报告的前提,是对会计核算所处时间、空间环境等所做的合理假定。会计基本假设包括会计主体、持续经营、会计分期和货币计量。

(一)会计主体

会计主体是指企业会计确认、计量和报告的空间范围,即会计核算和监督的特定单位或组织。

在会计主体假设下,企业应当对其本身发生的交易或者事项进行会计确认、计量和报告。反映企业本身所发生的经济活动,明确界定会计主体是开展会计确认、计量和报告工作的重要前提。

首先,明确会计主体,才能划定会计所要处理的各项交易事项的范围。

其次,明确会计主体,才能将会计主体的交易或者事项与会计主体所有者的交易或者事项以及其他会计主体的交易或者事项区分开来。

会计主体不同于法律主体。一般而言,法律主体必然是一个会计主体。例如,一个企业作为一个法律主体,应当建立财务会计系统,独立反映其财务状况、经营成果和现金流量。但是,会计主体不一定是法律主体。例如,企业集团中的母公司拥有若干子公司,母、子公司虽然是不同的法律主体,但是母公司对子公司拥有控制权,为了全面反映企业集团

的财务状况、经营成果和现金流量,有必要将企业集团作为一个会计主体,编制合并财务报表,在这种情况下,尽管企业集团不属于法律主体,但它却是会计主体。再如,由企业管理的证券投资基金、企业年金基金等,尽管不属于法律主体,但属于会计主体,应当对每项基金进行会计确认、计量和报告。

(二)持续经营

持续经营是指在可以预见的未来,企业将会按当前的规模和状态继续经营下去,不会停业,也不会大规模削减业务。

在持续经营假设下,会计确认、计量和报告应当以企业持续、正常的经济活动为前提。一个企业在不能持续经营时,应当停止使用根据该假设所选择的会计确认、计量和报告原则与方法,否则不能客观反映企业的财务状况、经营成果和现金流量,会误导会计信息使用者的经济决策。

(三)会计分期

会计分期是指将一个企业持续经营的经济活动划分为一个个连续的、长短相同的期间,以便分期结算账目和编制财务会计报告。

根据持续经营假设,一个企业将按当前的规模和状态持续经营下去。但是,无论是企业的生产经营决策还是投资者、债权人等的决策都需要及时的信息,需要将企业持续的生产经营活动划分为一个个连续的、长短相同的期间,分期确认、计量和报告企业的财务状况、经营成果和现金流量。由于会计分期,才产生了当期与以前期间、以后期间的差别,才使不同类型的会计主体有了记账的基准,进而出现了折旧、摊销等会计处理方法。

在会计分期假设下,企业应当划分会计期间,分期结算账目和编制财务报表。会计期间通常分为年度和中期。在我国,会计年度自公历1月1日起至12月31日止。中期是指短于一个完整的会计年度的报告期间,通常包括半年度、季度和月度。

(四)货币计量

货币计量是指会计主体在会计确认、计量和报告时以货币作为计量尺度,反映会计主体的经济活动。

在有些情况下,统一采用货币计量也有缺陷。某些影响企业财务状况和经营成果的因素,往往难以用货币来计量,但这些信息对于使用者决策而言也很重要。为此,企业可以在财务会计报告中补充披露有关非财务信息来弥补上述缺陷。

我国会计核算以人民币为记账本位币。业务收支以人民币以外的货币为主的单位,也可以选定其中一种货币作为记账本位币,但编制的财务报表应当折算为人民币反映。在境外设立的中国企业向国内报送的财务报表,也应当折算为人民币来反映。

📖 **知识点提要**

会计主体	概念	是企业会计确认、计量和报告的**空间范围**
	与法律主体的关系	**法律主体必然是一个会计主体,但是会计主体不一定是法律主体**
	运用	**会计主体可以是非独立法人,如独资企业、合伙企业、企业的分支机构或企业内部的某一单位或部门,企业集团**
		会计主体也可以是法人:某个企业
持续经营	概念	指在可以预见的将来,企业将会按当前的规模和状态持续经营下去,不会停业,也不会大规模削减业务
	界定	明确了会计核算的**时间范围**
会计分期	概念	指将一个企业持续经营的生产经营活动期间划分为一个个连续的、长短相同的期间,以便分期结算账目和编制财务会计报告
	内容	**会计期间分为年度和中期(月度、季度、半年度)**
		在我国,会计年度自公历 1 月 1 日至 12 月 31 日止
		由于会计分期,才产生了当期与以前期间、以后期间的差别,进而出现了折旧、摊销等会计处理方法
货币计量	运用	**我国会计核算应以人民币作为记账本位币**
		业务收支以人民币以外的货币为主的单位,可以**选定其中一种外币作为记账本位币**,但编制的财务报告应当折算为人民币反映。在境外设立的中国企业向国内报送的财务报表,也应当折算为人民币反映

【巧记】会计主体规定了空间范围,犹如下图圆圈内的范围;持续经营是指不会清算和破产,就像下图的射线;会计分期就是人为地把太长的时间分成相等的时间段,就像下图的射线分成等距的线段;货币计量可以写个人民币符号¥。这样一幅图就把没有联系的四个假设轻松记住了。

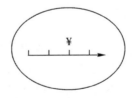

【演练 104·单选题】 会计分期是把企业持续经营过程划分为若干个起讫日期较短的会计期间,其起讫日期通常为(　　)。

A. 一个会计日度　　　B. 一个会计月度　　　C. 一个会计年度　　　D. 一个会计季度

二、会计基础

会计基础是指会计确认、计量和报告的基础,包括权责发生制和收付实现制。会计基础是确认一定会计期间的收入和费用,从而确定损益的标准。

(一)权责发生制

权责发生制,也称应计制,是指收入、费用的确认应当以收入和费用的实际发生作为确认的标准,合理确认当期损益的一种会计基础。

在我国,企业会计核算采用权责发生制。

在权责发生制下,凡是当期已实现的收入和已经发生或应当负担的费用,无论款项是否收付,都应当作为当期的收入和费用,计入利润表;凡是不属于当期的收入和费用,即使款项已在当期收付,也不应该作为当期的收入和费用。为了真实、公允地反映特定时点的财务状况和特定期间的经营成果,企业在会计确认、计量和报告中应当以权责发生制为基础。

(二)收付实现制

收付实现制,也称现金制,是以收到或支付现金作为确认收入和费用的标准,是与权责发生制相对应的一种会计基础。

《政府会计准则——基本准则》规定,政府会计由预算会计和财务会计组成。预算会计实行收付实现制(国务院另有规定的,依照其规定),财务会计实行权责发生制。

 知识点提要

会计基础	是会计确认、计量和报告的基础,包括**权责发生制**和**收付实现制**
权责发生制	又称应收应付制,是指收入、费用的确认应当以收入和费用的**实际发生**作为确认的标准,合理确认当期损益的一种会计基础 即**收入**(看"**卖**")和**费用**(看"**买**")的归属期间的制度,不管收到或支付多少现金
收付实现制	又称现收现付制,也称现金制,是以**收到**或**支付**现金作为确认收入和费用的标准,是与权责发生制相对应的一种会计基础 即**收入**(看"**收到**")和**费用**(看"**支付**")的归属期间的制度
准则规定	企业(做生意)的会计确认、计量和报告应当以权责发生制为基础
具体运用	**行政单位**(资金来于财政拨款,即"吃皇粮")会计采用收付实现制 **事业单位**会计除经营业务(做生意)可以采用权责发生制外,其他大部分业务(资金来于财政拨款,即"吃皇粮")也采用收付实现制

【**演练 105·单选题**】 甲企业于 2010 年 8 月临时租入一套设备用于生产产品,9 月支付 8、9、10 三个月租金共计 90000 元,对该项租金支出正确的处理是(   )。

A.按一定的方法分摊计入 8、9、10 月的制造成本

B.全额计入 8 月的制造成本

C.全额计入 10 月制造成本

D.全额计入 9 月制造成本

本节演练答案及解析

104.C 【解析】本题考核会计分期假设的内容。会计期间是指会计核算工作中为核算生产经营活动或预算执行情况规定的起讫日期,通常为一年,称为会计年度。会计年度具体划分为月度、季度和半年度。

105.A

第四节 会计信息的使用者及其质量要求

一、会计信息的使用者

内容精读

会计信息的使用者主要包括投资者、债权人、企业管理者、政府及其相关部门和社会公众等。

企业投资者通常关心企业的盈利能力和发展能力,他们需要借助会计信息等相关信息来决定是否调整投资、更换管理层和加强企业的内部控制等。

企业贷款人、供应商等债权人通常关心企业的偿债能力和财务风险,他们需要借助会计信息等相关信息来判断企业能否按约支付所欠货款、偿还贷款本金和支付利息等。

企业管理者是会计信息的重要使用者,他们需要借助会计信息等相关信息来管理企业,对企业进行控制,做出财务决策。

政府及其有关部门作为经济管理和经济监管部门,通常关心经济资源分配的公平、合理,市场经济秩序的公正、有序,宏观决策所依据信息的真实可靠等,他们需要会计信息来监管企业的有关活动(尤其是经济活动)、制定税收政策、进行税收征管和国民经济统计等。

社会公众也关系企业的生产经营活动,包括企业对其所在地经济发展的贡献,如增加就业、刺激消费、提供社区服务等。

知识点提要

投资者	关心企业的**盈利能力**和**发展能力**
债权人	关心企业的**偿债能力**和**财务风险**
企业管理者、政府及相关部门和社会公众	

二、会计信息的质量要求

会计信息质量要求是对企业财务会计报告中所提供高质量会计信息的基本规范,是使财务会计报告中所提供会计信息对投资者等使用者决策有用应具备的基本特征,主要包括可靠性、相关性、可理解性、可比性、实质重于形式、重要性、谨慎性和及时性等。

（一）可靠性（真实性）

可靠性要求企业应当以实际发生的交易或者事项为依据进行确认、计量和报告，如实反映符合确认和计量要求的各项会计要素及其他相关信息，保证会计信息真实可靠、内容完整。

可靠性是对会计信息质量的基本要求。

（二）相关性（有用性）

相关性要求企业提供的会计信息应当与财务会计报告使用者的经济决策需要相关，有助于财务会计报告使用者对企业过去和现在的情况做出评价，对未来的情况做出预测。

会计信息的价值在于有助于决策，与决策有关。相关性质量要求要求会计信息，首先，能够预测未来，并据以做出某种决策，从而具有预测价值；其次，有助于会计信息使用者评价过去的决策，证实或修正某些决策，从而具有反馈价值；最后，要达到相关性质量要求还要求会计信息提供者在使用者做出决策前及时地提供会计信息。所以，预测性、反馈性和及时性是相关性质量要求的构成内容。

（三）可理解性（明晰性）

可理解性要求企业提供的会计信息应当清晰明了，便于财务会计报告使用者理解和使用。

会计信息是一种专业性较强的信息产品，在强调会计信息的可理解性要求的同时，还应假定使用者具有一定的有关企业经营活动和会计方面的知识，并且愿意付出努力去研究这些信息。对于某些复杂的信息，如交易本身较为复杂或者会计处理较为复杂，但其与使用者的经济决策相关，企业就应当在财务会计报告中予以充分披露。

（四）可比性

可比性要求企业提供的会计信息应当相互可比。这主要包括以下两层含义。

1. 同一企业不同时期可比（纵向可比）

会计信息质量的可比性要求同一企业不同时期发生的相同或者相似的交易或者事项，应当采用一致的会计政策，不得随意变更。但是，如果按照规定或者在会计政策变更后可以提供更可靠、更相关的会计信息，可以变更会计政策。有关会计政策变更的情况，应当在附注中予以说明。

2. 不同企业相同会计期间可比（横向可比）

会计信息质量的可比性要求不同企业同一会计期间发生的相同或者相似的交易或者事项，应当采用统一规定的会计政策，保证会计信息口径一致，相互可比。

（五）实质重于形式

实质重于形式要求企业应当按照交易或者事项的经济实质进行会计确认、计量和报告，不应仅以交易或者事项的法律形式为依据。

会计信息如果想如实地反映经济业务或会计事项,那就必须根据它们的经济实质而不是仅仅根据它们的法律形式进行核算和反映。因为经济业务或会计事项的实质并非总是和法律的外在形式或人为形式一致,比如,企业通过用文件宣称将某资产的法定所有权过户给某会计主体来处置资产。然而,协议中仍存在保证企业继续享有所转让资产中所包含的未来经济利益的条款。在这种情况下,把这项资产转让作为销售来报告就不能如实地反映这笔交易。

(六)重要性

重要性要求企业提供的会计信息应当反映与企业财务状况、经营成果和现金流量有关的所有重要交易或者事项。

财务会计报告中提供的会计信息的省略或者错报会影响投资者等使用者据此做出决策的,该信息就具有重要性。重要性的应用需要依赖职业判断,企业应当根据其所处环境和实际情况,从项目的性质和金额大小两方面加以判断。

(七)谨慎性

谨慎性要求企业对交易或者事项进行会计确认、计量和报告时保持应有的谨慎,不应高估资产或者收益、低估负债或者费用。

会计信息质量的谨慎性要求,需要企业在面临不确定性因素的情况下做出职业判断时,应当保持应有的谨慎,充分估计到各种风险和损失,既不高估资产或者收益,也不低估负债或者费用。

谨慎性的应用不允许企业设置秘密准备,否则,会损害会计信息质量,扭曲企业实际的财务状况和经营成果,从而对使用者的决策产生误导,这是不符合会计准则要求的。

(八)及时性

及时性要求企业对于已经发生的交易或者事项,应当及时进行确认、计量和报告,不得提前或者延后。

会计信息的价值在于帮助会计信息使用者做出经济决策,即应当具有时效性。在会计确认、计量和报告过程中贯彻及时性:一是要求及时收集会计信息;二是要求及时处理会计信息;三是要求及时传递会计信息,便于其及时使用和决策。

 知识点提要

可靠性(真实性)	可靠性要求企业应当以**实际发生的交易或者事项**为依据进行确认、计量和报告,**如实**反映符合确认和计量要求的各项会计要素及其他相关信息,**保证会计信息真实可靠、内容完整**	
可比性	纵向可比	**同一企业不同时期**发生的相同或相似的交易或事项,应当采用一致的会计政策,不能随意变更
	横向可比	**同一时期不同企业**发生的相同或相似的交易或事项,应当采用规定的会计政策,确保会计信息口径一致、相互可比

续表

实质重于形式	实质重于形式要求企业按照交易或者事项的**经济实质**进行会计确认、计量和报告,不应仅以交易或者事项的**法律形式**为依据
	(背)例如,融资租赁方式租入固定资产,售后回购
重要性	重要性的应用依赖于职业判断,从项目的**性质**(质)和金额大小(量)两方面判断
谨慎性	企业**不应高估资产或者收益,不应低估负债或者费用**
	不允许企业设置秘密准备(不能滥用谨慎性)
及时性	及时进行确认、计量和报告,**不得提前或者延后**

【巧记】"两石两重,湘西比景"。

【解释】两石:真实性和及时性,谐音为"石";两重:重要性和实质重于形式;湘西比景:相关性的"相"、明晰性的"晰"、可比性的"比"、谨慎性的"谨",相、晰和谨的谐音为"湘、西、景",湘西比景的意思为湖南的西部比风景。

【演练106·单选题】 甲企业2011年5月份购入了一批原材料,会计人员在7月份才入账,该事项违背的会计信息质量要求是( )要求。

A.相关性 B.客观性 C.及时性 D.明晰性

本节演练答案及解析

106.C 【解析】企业5月份发生的业务应在5月份及时入账。

第五节 会计准则体系

一、会计准则的构成

 内容精读

会计准则是反映经济活动、确认产权关系、规范收益分配的会计技术标准,是生成和提供会计信息的重要依据,也是政府调控经济活动、规范经济秩序和开展国际经济交往等的重要手段。会计准则具有严密和完整的体系。我国已颁布的会计准则有《企业会计准则》、《小企业会计准则》、《事业单位会计准则》和《政府会计准则——基本准则》

【演练107·多选题】 下列属于我国会计准则体系的内容有( )。

A.《企业会计准则》 B.《小企业会计准则》

C.《事业单位会计准则》 D.《企业会计制度》

二、《企业会计准则》

我国的企业会计准则体系包括基本准则、具体准则、应用指南和解释公告等。2006年2

月 15 日,财政部发布了《企业会计准则》,自 2007 年 1 月 1 日起在上市公司范围内施行,并鼓励其他企业执行。

(一)基本准则

基本准则是企业进行会计核算工作必须遵守的基本要求,是企业会计准则体系的概念基础,是制定具体准则、会计准则应用指南、会计准则解释的依据,也是解决新的会计问题的指南,在企业会计准则体系中具有重要的地位。

基本准则包括以下内容:①财务会计报告目标;②会计基本假设;③会计基础;④会计信息质量要求;⑤会计要素分类及其确认、计量原则;⑥财务会计报告。

(二)具体准则

具体准则是根据基本准则的要求,主要就各项具体业务事项的确认、计量和报告做出的规定,分为一般业务准则、特殊业务准则和报告类准则。

(三)会计准则应用指南

会计准则应用指南是根据基本准则、具体准则制定的,用以指导会计实务的操作性指南。

(四)企业会计准则解释

企业会计准则解释,主要针对企业会计准则实施中遇到的问题做出的相关解释。

三、《小企业会计准则》

《小企业会计准则》适用于在中华人民共和国境内依法设立的、符合《中小企业划型标准规定》所规定的小型企业标准的企业。小企业具有一些共同的特点:一是规模小,投资少,投资与见效的周期相对较短,同样投资使用劳动力更多;二是对市场反应灵敏,具有以新取胜的内在动力和保持市场活力的能力;三是小企业环境适应能力强,对资源获取的要求不高,能广泛地分布于各种环境条件中;四是在获取资本、信息、技术等服务方面处于劣势,管理水平较低。

为了促进小企业发展以及财税政策日益丰富完善,形成以减费减免、资金支持、公共服务等为主要内容的促进中小企业发展的财税政策体系,2011 年 10 月 18 日,财政部发布《小企业会计准则》,要求相关小企业自 2013 年 1 月 1 日起执行,并鼓励提前执行。

四、《事业单位会计准则》

2012 年 12 月 6 日,财政部修订发布了《事业单位会计准则》,自 2013 年 1 月 1 日起在各级各类事业单位施行。该准则对我国事业单位的会计工作予以规范,共九章,包括总则、会计信息质量要求、资产、负债、净资产、收入、支出或者费用、财务会计报告和附则等。

与《企业会计准则》相比,《事业单位会计准则》的主要特点有:

（1）要求事业单位采用收付实现制进行会计核算,部分另有规定的经济业务或事项才能采用权责发生制核算;

（2）将事业单位会计要素划分为资产、负债、净资产、收入、支出(或费用)五类;

（3）要求事业单位的会计报表至少包括资产负债表、收入支出表(或收入费用表)和财政补助收入支出表。

五、《政府会计准则》

2015 年 10 月 23 日,财政部发布了《政府会计准则——基本准则》,自 2017 年 1 月 1 日起,在各级政府、各部分、各单位施行。

我国的政府会计准则体系由政府会计基本准则、具体准则和应试指南三部分组成。

 知识点提要

《企业会计准则》	2006 年 2 月 15 日,财政部发布,自 2007 年 1 月 1 日起在上市公司范围内施行	包括基本准则、具体准则、应用指南和解释公告
《小企业会计准则》	2011 年 10 月 18 日,财政部发布,要求符合适用条件的小企业自 2013 年 1 月 1 日起执行	一般适用于在我国境内依法设立、经济规模较小的企业
《事业单位会计准则》	2012 年 12 月 6 日,财政部修订发布,自 2013 年 1 月 1 日起施行	对我国事业单位的会计工作予以规范
《政府会计准则》	2015 年 10 月 23 日,财政部发布,自 2017 年 1 月 1 日起施行	由政府会计基本准则、具体准则和应试指南三部分组成

【演练 108·单选题】 我国目前在使用的《企业会计准则》是(　　　　)年颁布的。

A.1993　　　　　B.2006　　　　　C.2007　　　　　D.2009

本节演练答案及解析

107.ABC

108.B 【解析】2006 年 2 月 15 日,财政部发布了《企业会计准则》,自 2007 年 1 月 1 日起在上市公司范围内施行,并鼓励其他企业执行。

【习题十】

一、单项选择题

1.以下不属于会计的拓展职能的是(　　　　)。

A.预测经济前景　　　　　　　B.参与经济决策

C.评价经营业绩　　　　　　　D.会计核算

2.下列各项中,不属于会计核算具体内容的是(　　　　)。

A.收入的计算　　　　　　　　B.财务成果的计算

C.资本、基金的增减　　　　　　D.会计计划的制订

3.根据《企业会计准则》的规定,下列时间段中,不作为会计期间的是(　　　　)

A.年度　　　　　B.半月　　　　　C.季度　　　　　D.月度

4.企业应当按照交易或者事项的经济实质进行会计确认、计量和报告,不仅仅以交易或者事项的法律形式为依据,其所体现的会计信息质量特征是_____。

A.可靠性　　　B.实质重于形式　　C.可比性　　　　D.谨慎性

5.在遵循会计核算的基本原则,评价某些项目的( )时,很大程度上取决于会计人员的职业判断。

A.真实性　　　B.完整性　　　　C.重要性　　　　D.可比性

6.下列各项中,属于会计核算基本原则的有( )。

A.明晰性原则　　　　　　　　　B.配比原则

C.权责发生制原则　　　　　　　D.统一性原则

二、多项选择题

1.以下关于会计的目标的说法正确的是( )

A.会计的目标是要求会计工作完成的任务或达到的标准

B.会计的目标是向财务会计报告使用者提供与企业财务状况、经营成果和现金流量等有关的会计信息

C.会计的目标反映企业管理层受托责任履行情况

D.会计的目标有助于投资者作出经济决策

2.会计的基本职能包括( )。

A.会计核算　　B.会计决策　　　C.会计监督　　　D.会计分析

3.属于企业会计核算基础条件的会计基本假设包括( )

A.会计主体　　B.货币计量　　　C.持续经营　　　D.会计分期

4.会计基础包括( )。

A.历史成本　　B.权责发生制　　C.重置成本　　　D.收付实现制

5.目前,我国事业单位会计可采用的会计计量基础有( )。

A.持续经营　　B.权责发生制　　C.货币计量　　　D.收付实现制

6.我国新《企业会计准则》规定的会计信息质量要求包括_____。

A.可靠性　　　B.相关性　　　　C.重要性　　　　D.完整性

三、判断题

1.会计的基本职能包括会计核算和会计分析。　　　　　　　　　　　( )

2.核算和监督两项基本会计职能是相辅相成、辩证统一的关系,会计核算是会计监督的基础和保障,没有核算所提供的各种信息,监督就失去了依据。　　　( )

3.《企业会计准则》规定,会计的确认、计量和报告应当以权责发生制为基础。( )

4.收付实现制是以收取或支付的现金作为确认收入和费用的依据。　　　( )

5.事业单位部分经济业务或者事项的会计核算采用权责发生制,其他业务或事项均采用收付实现制核算。　　　　　　　　　　　　　　　　　　　　　( )

6.根据经济实质重于法律形式的会计核算原则,将融资租赁方式租入的资产作为本企业资产进行核算是正确的。　　　　　　　　　　　　　　　　　　　( )

习题答案

习题一

一、单项选择题

1. C

2. B

3. D 【解析】原始凭证金额有错误的,应当由出具单位重开,不得在原始凭证上更正。

4. D

5. C 【解析】对应的记账凭证号数不属于原始凭证的基本内容。

二、多项选择题

1. ABCD

2. CD 【解析】选项 A 中大写金额数字应用正楷或行书填写,不能用草书书写。选项 B 中大写金额数字有"分"的,"分"后面不写"整"(或"正")字,不是可以不写"整"(或"正")字。

3. ABC 【解析】自制原始凭证,如收料单、领料单、入库单,还包括限额领料单、产成品出库单、借款单、工资发放明细表、折旧计算表等。凡是不能用来证明经济业务实际上发生或完成的文件和单据,如购货合同、材料请购单,都不能作为原始凭证。

4. BD 【解析】原始凭证按其来源不同分为外来原始凭证和自制原始凭证两种。按照格式的不同分为通用凭证和专用凭证。

5. ACD 【解析】差旅费报销单属于专用原始凭证。

6. ABCD 【解析】除以上四个性之外,还包括合理性和完整性。

7. ABCD 【解析】原始凭证真实性的审核包括凭证日期是否真实、业务内容是否真实、数据是否真实等内容的审核。对外来原始凭证,必须有填制单位公章和填制人员签章。此外,对通用原始凭证,还应审计凭证本身的真实性,防止以假冒的原始凭证记账。

三、判断题

1. √

2. × 【解析】原始凭证不是登记账簿的唯一依据。

3. × 【解析】累计凭证是指一定时期内连续记录若干项经济业务的自制原始凭证,如限额领料单。

4. √

5．× 【解析】一次凭证是指一次填制完成的,只记录一笔经济业务的原始凭证

习题二

一、单项选择题

1．A 【解析】负债是企业承担的现时义务,这是负债的一个基本特征。

2．B 【解析】重置成本又称现行成本,是指按照当前市场条件,重新取得同样一项资产所需支付的现金或现金等价物金额。

3．B 【解析】"收入－费用＝利润"等式中的三要素都属于动态的会计要素。

4．B 【解析】该半成品的历史成本＝4000(元),也就是实际发生的成本;可变现净值＝5000－800－400＝3800(元)。

5．C 【解析】2011 年 1 月 1 日的现值＝100000/(1＋10％)＝90909.09(元)。

6．D

7．C 【解析】选项 A 为资产内部一增一减;选项 B 为资产、负债同时减少;选项 C 为资产和所有者权益同时增加;选项 D 为所有者权益内部一增一减。

8．C 【解析】短期借款属于负债,负债减少,对本公司投资即为实收资本增加。

9．B

10．B 【解析】收到投资者投入的作为出资的原材料,原材料增加,实收资本增加,所以资产和所有者权益同时增加。

11．B 【解析】企业以银行存款偿还所欠购货款,银行存款减少,应付账款减少,属于资产与负债同时减少。

12．B

13．A

14．A 【解析】"制造费用"账户属于成本类账户。

15．B 【解析】甲材料不是总账科目,可以在原材料科目下设甲材料科目。

16．A

17．B 【解析】选项 ACD 属于损益类账户。

二、多项选择题

1．BC 【解析】静态会计要素为资产、负债和所有者权益。而收入、费用、利润为动态会计要素。

2．ABCD 【解析】企业在对会计要素进行计量时,一般应当采用历史成本。采用重置成本、可变现净值、现值、公允价值计量的,应当保证所确定的会计要素金额能够取得并可靠计量。

3．ACD 【解析】资产特征:(1)资产是企业过去的交易或者事项所形成;(2)资产是企业拥有或者控制的资源(控制:如融资租入固定资产);(3)预期给企业带来经济利益。

4．ABD 【解析】会计计量属性主要包括历史成本、重置成本、可变现净值、现值和公允价值。

5．ABCD

6．BCD 【解析】资产＝负债＋所有者权益是某一日期(时点)的要素,是会计上的第一等式。

7．ABD 【解析】①是某一时期的要素;②表现资金运动的显著变动状态;③反映企业的经

营成果;④是编制利润表的依据;⑤是会计上的第二等式。

8. CD 【解析】动态会计要素有收入、费用和利润。

9. ACD 【解析】银行将短期借款 200000 元转为对本公司的投资,一方面短期借款减少,即负债减少;另一方面实收资本(股本)增加,即所有者权益增加。

10. ACD 【解析】资产 60000 元;以银行存款 20000 元偿还短期借款,导致银行存款减少,即资产减少 20000 元,短期借款减少,即负债减少 20000 元;以银行存款 15000 元购置设备,导致固定资产增加 15000 元,即资产增加 15000 元,银行存款减少 15000 元,即资产减少 15000 元。最终,资产＝60000－20000＋15000－15000＝40000(元)。

11. ACD 【解析】月初资产 50 万元。(1)向银行借款 30 万元存入银行,导致资产增加 30 万元,负债增加 30 万元。(2)用银行存款购买材料 2 万元,导致银行存款减少 2 万元,原材料增加 2 万元,不影响资产总额。(3)收回应收账款 8 万元存入银行,导致银行存款增加 8 万元,应收账款减少 8 万元,不影响资产总额。(4)以银行存款偿还借款 6 万元,导致资产减少 6 万元,负债减少 6 万元。则月末资产总额＝50＋30－6＝74(万元)。

12. AC

13. AD 【解析】这一会计等式可称为第二会计等式,是资金运动的动态表现,体现了企业一定时期内的经营成果,是编制利润表的依据。

14. AB 【解析】会计科目按其所提供信息的详细程度及其统驭关系不同,分为总分类科目和明细分类科目。总分类科目是对会计要素具体内容进行总括分类、提供总括信息的会计科目;明细科目是对总分类科目进一步分类、提供更详细更具体会计信息的科目。

15. BCD 【解析】执行《企业会计准则》的企业,会计科目分为资产类、负债类、所有者权益类、成本类、损益类、共同类。

16. BD 【解析】预收账款和应付账款账户属于负债类账户。

17. BD 【解析】"借"表示增加,还是"贷"表示增加,则取决于账户的性质与所记录经济内容的性质。

三、判断题

1. × 【解析】企业的利得和损失除了有计入当期损益的,还有直接计入所有者权益的。

2. √

3. √

4. × 【解析】费用是指企业在日常活动中发生的、会导致所有者权益减少的、与向所有者分配利润无关的经济利益的总流出。

5. √

6. × 【解析】"资产＝负债＋所有者权益"是复式记账的理论基础和编制资产负债表的依据。而"收入－费用＝利润"是编制利润表的依据。

7. √

8. √

9. × 【解析】企业收回以前的销货款存入银行,导致银行存款增加,即资产增加,应收账款减少,即资产减少,不影响资产总额。

10. √

11. × 【解析】"税金及附加"账户应该属于损益类账户。

习题三

一、单项选择题

1. C

2. B 【解析】权益类账户的贷方表示增加、借方表示减少,期初期末余额均在贷方。

3. A

4. C 【解析】"应付账款"账户属于负债类账户,贷方登记本期增加发生额,借方登记本期减少发生额,期末余额一般在贷方,该账户的期末余额=期初余额-本期借方发生额+本期贷方发生额。

5. B

6. C 【解析】该业务使得甲企业的应收账款减少,长期股权投资增加,属于资产内部项目变动,资产总额不变。

7. D 【解析】全年实现盈利,企业的未分配利润项目会增加,所以所有者权益增加。选项ABC都是所有者权益内部项目变化,所有者权益总额不变。

8. B 【解析】应收账款期末余额=期初余额+本期借方发生额-本期贷方发生额=8000+10000-6000=12000(元),和期初余额方向一样,是借方余额,所以选项B正确。

二、多项选择题

1. ABC

2. BD 【解析】选项AC通过"贷"字表示。

3. ABD

4. ABCD

5. BD 【解析】损益类账户反映企业发生的收入和费用,不是成本;损益支出类账户借方登记费用的增加数。

6. ABCD

7. ABC 【解析】选项ABC并不会破坏试算平衡,所以无法通过试算平衡表检查出来。漏列了某个账户的余额,由于其对应的科目已经填列,所以会造成试算不平衡,可以检查出来。

8. AB 【解析】负债类账户的贷方登记负债的增加数,借方登记负债的减少数;期末余额在贷方,表示期末负债的结存数。负债类账户的期末贷方余额=期初贷方余额+本期贷方发生额-本期借方发生额。

9. AD

三、判断题

1. × 【解析】应当采用借贷记账法记账。

2. √

习题四

一、单项选择题

1. C

2. B

3. C

4. D

5．B 【解析】小规模纳税人不能抵扣增值税进项税税额，进项税税额要计入固定资产成本。

6．D 【解析】企业计提固定资产折旧时，借记"制造费用""销售费用""管理费用"等科目，贷记"累计折旧"科目。

7．A 【解析】季节性停用的设备，属于企业使用中的固定资产，仍然要计提折旧。当月购入的设备，当月不提折旧，自下个月开始计提折旧。未提足折旧而提前报废的设备，由于已从企业的固定资产账户中转出，不计提折旧。已提足折旧仍继续使用的固定资产，不计提折旧。

二、多项选择题

1．BD

2．ABC 【解析】甲公司编制的综合会计分录如下：

借：生产成本 2000

　制造费用 100

　销售费用 200

　贷：原材料 2300

3．ACD 【解析】财务部门和人力资源部门属于管理部门，其固定资产折旧应记入"管理费用"。

4．ABC 【解析】结转报废固定资产发生的净损失时：

借：营业外支出 12500

　贷：固定资产清理 12500

5．ABCD

三、判断题

1．× 【解析】固定资产是指同时具有上述两个特征的有形资产。

2．√

3．√ 【解析】固定资产的清理净损益计入当期营业外收支，不仅包括营业外收入，还包括营业外支出。

4．× 【解析】短期借款利息属于筹资费用，应记入"财务费用"账户。

5．√

6．× 【解析】期末"制造费用"分配后，该账户一般无余额。

7．√

8．× 【解析】管理费用不包括产品展览费，其属于销售费用。

9．√

四、实训题一

1．借：银行存款 100000

　贷：短期借款 10000

2．借：银行存款 20000

　贷：实收资本 20000

3．借：无形资产 50000

　贷：实收资本 50000

4．借：银行存款 200000

　贷：长期借款 200000

5.借:固定资产 2000000
　　贷:实收资本 2000000
6.借:短期借款 300000
　　贷:银行存款 300000
7.借:盈余公积 280000
　　贷:实收资本 280000
8.借:长期借款 500000
　　贷:银行存款 500000
9.借:固定资产 150000
　　贷:实收资本 150000

五、实训题二

1.借:原材料——A材料 10100
　　应交税费——应交增值税(进项税税额) 1600
　　贷:银行存款 10700
2.借:在途物资——B材料 101000
　　应交税费——应交增值税(进项税税额) 16000
　　贷:银行存款 117000
3.运费分摊率＝4500/(5000＋4000)＝0.5
甲材料承担运费＝5000×0.5＝2500
乙材料承担运费＝4000×0.5＝2000
借:原材料——甲材料 102500
　　　　——乙材料 202000
　　应交税费—应交增值税(进项税税额) 48000
　　贷:银行存款 352500
4.借:应付账款 20000
　　贷:银行存款 20000
5.借:原材料——B材料 101000
　　贷:在途物资——B材料 101000

六、实训题三

1.借:生产成本 679800
　　制造费用 5800
　　管理费用 4000
　　贷:原材料 689600
2.借:生产成本 75000
　　制造费用 20000
　　管理费用 5000
　　贷:应付职工薪酬 100000
3.借:制造费用 4000
　　管理费用 500
　　贷:累计折旧 4500

4.借:制造费用   900

   管理费用   400

    贷:银行存款   1300

5.借:财务费用   6500

    贷:应付利息   6500

6.借:制造费用   600

   管理费用   840

    贷:银行存款   1440

7.借:制造费用   27000

   管理费用   5500

    贷:银行存款   32500

8.制造费用=5800+20000+4000+900+600+27000=58300

借:生产成本   58300

  贷:制造费用   58300

9.生产成本=679800+75000+58300=813100

借:库存产品   813100

  贷:生产成本   813100

七、实训题四

1.借:制造费用   350

    贷:库存现金   350

2.借:其他应收款   1000

    贷:库存现金   1000

3.借:预付账款   3000

    贷:银行存款   3000

4.借:生产成本——A   68000

      ——B   47000

   制造费用   9300

   管理费用   2400

    贷:原材料   126700

5.借:生产成本——A   60000

      ——B   40000

   制造费用   25000

   管理费用   15000

    贷:应付职工薪酬——工资   140000

6.借:库存现金   140000

    贷:银行存款   140000

7.借:应付职工薪酬——工资   140000

    贷:库存现金   140000

8.借:预付账款   4500

    贷:银行存款   4500

9.借:制造费用　　　　　　　　　　　　　900
　　管理费用　　　　　　　　　　　　　600
　　贷:预付账款　　　　　　　　　　　　　　　1500
10.借:制造费用　　　　　　　　　　　　7800
　　管理费用　　　　　　　　　　　　　3600
　　贷:累计折旧　　　　　　　　　　　　　　　11400
11.借:财务费用　　　　　　　　　　　　　880
　　贷:应付利息　　　　　　　　　　　　　　　880
12.借:管理费用　　　　　　　　　　　　　500
　　贷:库存现金　　　　　　　　　　　　　　　500
13.借:管理费用　　　　　　　　　　　　1140
　　库存现金　　　　　　　　　　　　　　60
　　贷:其他应收款　　　　　　　　　　　　　1200
14.借:生产成本——A　　　　　　　　26010
　　　　　　　　——B　　　　　　　　17340
　　贷:制造费用　　　　　　　　　　　　　43350

43350÷(60000＋40000)＝0.4335

A产品分摊的制造费用＝0.4335×60000＝26010

B产品分摊的制造费用＝0.4335×40000＝17340

15.借:库存产品——A　　　　　　　　154010
　　　　　　　　——B　　　　　　　　104340
　　贷:生产成本——A　　　　　　　　　154010
　　　　　　　　——B　　　　　　　　　104340

A产品成本＝68000＋60000＋26010＝154010

B产品成本＝47000＋40000＋17340＝104340

八、实训题五

1.借:银行存款　　　　　　　　　　　174000
　　贷:应交税费——应交增值税(销项税额)　　24000
　　　　主营业务收入　　　　　　　　　　150000
2.借:应收账款　　　　　　　　　　　185600
　　贷:应交税费——应交增值税(销项税额)　　25600
　　　　主营业务收入　　　　　　　　　　160000
3.借:销售费用　　　　　　　　　　　　2500
　　贷:银行存款　　　　　　　　　　　　　2500
4.借:主营业务成本　　　　　　　　　196000
　　贷:库存产品——A　　　　　　　　　100000
　　　　　　　　——B　　　　　　　　　96000
5.借:税金及附加　　　　　　　　　　　4960
　　贷:应交税费——城建税　　　　　　　　3472
　　　　　　　　——教育费附加　　　　　　1488

6. 借:销售费用   800

    贷:银行存款   800

7. 借:银行存款   60000

    贷:应收账款   60000

8. 借:应交税费——城建税   3472

         ——教育费附加   1488

    贷:银行存款   4960

九、实训题六

1. 借:营业外支出   5000

    贷:库存现金   5000

2. 借:银行存款   1200

    贷:营业外收入   1200

3. 借:营业外支出   4500

    贷:银行存款   4500

4. 借:主营业务收入   1000000

    其他业务收入   3500

    投资收益   60000

    营业外收入   6200

    贷:本年利润   1069700

5. 借:本年利润   722300

    贷:主营业务成本   550000

    税金及附加   80000

    销售费用   10000

    其他业务成本   3000

    营业外支出   9500

    管理费用   65000

    财务费用   4800

6. 利润总额＝1069700－722300＝347400

借:所得税费用   347400×25％＝86850

    贷:应交税费——应交所得税   86850

7. 借:本年利润   86850

    贷:所得税费用   86850

8. 净利润＝347400－86850＝260550

借:利润分配   (260550×10％)26055

    贷:盈余公积   26055

9. 借:利润分配   (260550×30％)78165

    贷:应付股利   78165

习题五

一、单项选择题

1. A 【解析】借：银行存款   5000

        贷：主营业务收入   5000

收到银行存款，所以填收款凭证。

2. D 【解析】该经济业务的会计分录为（分录中的金额单位为万元）：

借：固定资产   60

  贷：银行存款   60

借：固定资产   40

  贷：应付票据   40

（或将上述两笔分录合并为一笔）

根据第一笔分录应编制银行存款付款凭证，第二笔分录应编制转账凭证。

3. B 【解析】为了避免重复记账，对于涉及现金和银行存款之间相互划转的经济业务，即从银行提取现金或把现金存入银行的经济业务，统一只编制付款凭证，不编制收款凭证。该业务是将现金存入银行，因此只编制现金付款凭证，不编制银行存款收款凭证。

4. B 【解析】若从外单位取得的原始凭证遗失时，应取得原签发单位注明原始凭证的号码、金额、内容并加盖公章的证明后，由本单位会计机构负责人、会计主管人员和单位负责人批准后，才能代作原始凭证。

二、多项选择题

1. AB

2. BD 【解析】除结账和更正错误的记账凭证可以不附原始凭证外，其他记账凭证必须附有原始凭证。

3. AC 【解析】在记账以后，发现记账凭证上应借、应贷的会计科目并无错误，但所填写金额小于应填金额，可采用补充登记法，即用蓝字编写一张调增900元的记账凭证，所以选项C正确。或者可以采用红字更正法，即用红字填写一张与原内容相同的记账凭证，同时再用蓝字发票重新填制一张正确的记账凭证，所以选项A正确。

4. ABCD 【解析】本题的考点为记账凭证的基本内容。

5. ACD 【解析】选项B不对，原因是为了便于监督，反映收付款业务的会计凭证不得由出纳人员编号。

三、判断题

1. × 【解析】会计凭证（不是记账凭证）是记录经济发生或完成情况的书面证明，也是登记账簿的凭据。

2. √

3. × 【解析】银行进账通知单属于银行存款收款凭证。

4. √

5. × 【解析】发现以前年度记账凭证有错误的，应当用蓝字填制一张更正的记账凭证。

习题六

一、单项选择题

1.D 【解析】数量金额式账簿适用于"原材料"、"库存商品"等账户的明细分类核算。

2.A 【解析】账簿按用途不同,可分为序时账簿、分类账簿和备查账簿。

3.B 【解析】会计账簿的基本内容包括封面、扉页和账页。

4.D 【解析】选项 A、B 属于账实核对,选项 C 属于账证核对。

5.D 【解析】对账主要包括账证核对、账账核对、账实核对。

6.A 【解析】会计人员在审核记账凭证时,发现错误,尚未入账,只需重新填制,不需用其他方法更正。

7.C 【解析】记账后,如果发现记账凭证中的会计科目或金额有错,致使账簿记录错误,应采用红字更正法予以更正。

8.C 【解析】红字更正法通常适用于两种情况:一是记账后在当年内发现记账凭证所记的会计科目错误;二是记账凭证会计科目无误而所记金额大于应记金额,从而引起记账错误。本题属于第二种情况,应采用红字更正法进行更正。

二、多项选择题

1.ABD 【解析】活页账在更换新账后,要装订成册或予以封扎,并妥善保管。

2.ABD 【解析】选项 C,为了使账簿记录清晰,防止涂改,记账时应使用蓝黑墨水或碳素墨水书写,不能使用圆珠笔(银行的复写账簿除外)或铅笔书写。

3.ABC 【解析】在不设借贷等栏的多栏式账页中,登记减少数可以用红色墨水记账,所以选项 D 不正确。

4.ABC 【解析】平行登记的要点是方向相同、期间一致、金额相等。

5.ABC 【解析】选项 D 属于账实核对。

6.ABD 【解析】年度终了结账时,有余额的账户,要将其余额结转下年,并在摘要栏注明"结转下年"字样,不需要编制记账凭证;在下一年度新建有关会计账户的第一行余额栏内填写上年结转的余额,并在摘要栏注明"上年结转"字样。

7.BCD 【解析】错账更正的方法主要有划线更正法、红字更正法、补充登记法。

三、判断题

1.√

2.× 【解析】按经济业务发生的时间先后顺序,逐日逐笔进行登记的账簿日记账。

3.× 【解析】三栏式账簿一般适用于只需要反映价值指标的资本、债权、债务明细账。

4.× 【解析】平行登记是指对所发生的每项经济业务,都要以会计凭证为依据,一方面登记有关总分类账户,另一方面又要登记该总分类账户所属的明细分类账户的方法。

5.√

6.× 【解析】12月末的"本年累计"就是全年累计发生额,全年累计发生额下通栏划双红线。

习题七

一、单项选择题

C 【解析】对账单法是将自身的账簿记录与对方开出的对账单进行核对,或根据账簿记录给对方开出对账单,提供给对方进行核对的财产清查方法。这种方法适用于银行存款和往来款项的清查。

二、多项选择题

1. AD　【解析】财产清查可以按不同的标准进行分类,主要有以下两种:按清查的范围分为全面清查和局部清查;按清查的时间分为定期清查和不定期清查。

2. ABCD

3. AC　【解析】选项 B,单位撤销、分立、合并或改变隶属关系,需进行全面清查,单位刚成立不需要进行全面财产清查;选项 D,单位主要负责人调离工作,需要进行全面清查,不是财务负责人。

4. ABCD

5. AC

6. BC

7. ABD　【解析】编制银行存款余额调节表的目的是为了消除未达账项的影响,核对银行存款账目有无错误。该表本身并非原始凭证,不能根据该表在银行存款日记账上登记,而要等到银行转来有关原始凭证后再按记账程序登记入账。

8. AB　【解析】账存实存对比表是财产清查的重要报表,是调整账簿记录的原始凭证,也是分析差异原因、明确经济责任的重要依据。

三、判断题

1. ×　【解析】财产清查时应本着先清查数量、核对有关账簿记录等,后认定质量的原则进行。

2. ×　【解析】财产清查按照清查的执行系统分为内部清查和外部清查。

3. √

4. √

5. ×　【解析】实存账存对比表是财产清查的重要报表,是调整账簿记录的原始凭证。往来款项清查结束后,应将清查结果编制"往来款项清查结果报告表",不是原始凭证。

习题八

一、多项选择题

ABC　【解析】财务报表构成内容包括资产负债表、利润表、现金流量表和会计报表附注。

二、判断题

1. ×　【解析】不是投资者,而是财务报告使用者。

2. ×　【解析】资产负债表是指反映企业在某一特定日期的财务状况的会计报表,它反映的是企业某一时点上关于财务状况的静态信息,是一种静态报表。

3. ×　【解析】利润表是指反映企业在一定会计期间的经营成果的会计报表,它反映的是企业在一定期间关于经营成果的动态信息,是一种动态报表。

习题九

一、单项选择题

D　【解析】科目汇总表账户处理程序特别适用于规模大、业务量多的大、中型企业。

二、多项选择题

1. ABC

2. AD

3. ABC

4. BCD 【解析】根据原始凭证或汇总原始凭证,编制收款凭证、付款凭证和转账凭证,也可采用通用的记账凭证。

5. ABCD

6. AC

7. ABCD

三、判断题

1. √

2. √

习题十

一、单项选择题

1. D 【解析】会计核算是基本职能,不属于拓展职能。

2. D 【解析】会计核算的具体内容:(1)款项和有价证券的收付;(2)财物的收发、增减和使用;(3)债权、债务的发生和结算;(4)资本、基金的增减;(5)收入、支出、费用、成本的计算;(6)财务成果的计算和处理;(7)需要办理会计手续、进行会计核算的其他事项

3. B

4. B 【解析】这是新《企业会计准则》规定的会计信息质量要求中关于"实质重于形式"的定义解释。

5. C

6. A

二、多项选择题

1. ABC 【解析】会计的目标有助于财务会计报告使用者作出经济决策,不仅仅是投资者。

2. AC 【解析】会计的基本职能包括进行会计核算和实施会计监督。

3. ABCD 【解析】会计基本假设包括会计主体、货币计量、持续经营和会计分期。

4. BD 【解析】历史成本和重置成本属于会计计量属性。

5. BD 【解析】事业单位会计除经营业务可以采用权责发生制外,其他大部分业务也采用收付实现制。

6. ABC 【解析】新《企业会计准则》规定的会计信息质量要求包括可靠性、相关性、可比性、可理解性、实质重于形式、重要性、谨慎性和及时性。而完整性不在其内容之中。

三、判断题

1. × 【解析】会计的基本职能包括进行会计核算和实施会计监督两个方面。

2. × 【解析】会计核算是会计监督的基础,会计监督是会计核算的保障。

3. √

4. √

5. × 【解析】事业单位除部分经济业务或者事项的会计核算采用权责发生制核算的,还有部分行业事业单位的会计核算采用权责发生制核算的,财政部在相关会计制度中有具体规定。

6. √